이대동창문인회
작가 대표작품선집

— 일러두기 —

* 『이대동창문인회 작가 대표작품선집』은 문단 활동 중인 이화여자전문학교 문학부 및 이화여자대학교 학부·대학원 졸업생들의 대표 작품으로 구성하였습니다.
* 대표작은 장르 구분 없이 등단 연도 순으로 게재하였으며, 전체 구성은 5부로 나누었습니다.
* 문장 부호는 다음과 같이 통일하였습니다. 저서는 『 』, 작품은 「 」, 신문·잡지는 《 》, 논문 및 보고서는 〈 〉, 대화나 직접 인용은 " ", 강조는 ' ', 말줄임표는 ……로 표기하였습니다.
* 작고 문인의 대표작 게재는 편집위원회의 논의를 거쳐 네 분을 선정하였으며, 각 작품과 함께 약력을 수록하였음을 밝힙니다.
* 대표작은 각 작가의 작품 전체 또는 일부를 실었고, 작품평은 평론가의 평과 더불어 작가 본인이 직접 작성한 자평도 포함되어 있습니다.
* 회원의 활동 장르는 한 장르만 표기하였으며, 이름 표기는 '2025년도 회원수첩'에 준하였습니다.
* 이대동창문인회 역대 작고 회장 연보를 간단히 정리하여 게재하였습니다.

— 이대동창문인회 작가 대표선집 편집위원회

이대동창문인회
작가 대표작품선집

이대동창문인회 지음

개미

|발간사|

　이대동창문인회는 '25년 연간 수필집 대신『이대동창문인회 작가 대표작품선집』을 발간하기로 뜻을 모았습니다.

　이는 최숙경 이화 역사자료 실장께서, 梨花百年史 자료를 수집하는 과정에서 동창들의 분야별 다양한 활동에 감탄하셨고, 특히 107년 역사 속에서 100여 명 이상의 뛰어난 문인들을 배출한 문학 분야를 택해 1991~1993년까지 이대문학사를 정리하신 깊은 뜻이 녹아있습니다.
　3년이란 시간과 만만치 않은 예산상의 어려움 속에서도, 원로 동창문인들의 격려와 각계의 후원으로『이화동창문인자료집』이 출간되어, 이화인의 귀중한 문학사 자료로 남았음은 매우 다행한 일입니다.

　그 후 32년 만의『이대동창문인회 작가 대표작품선집』출간은, 이대동창문인 작가 100여 명들의 숨결과 발자취를 담아낸 또 하나의 기록물입니다. 작가 자신이 평생 쌓아온 삶의 성찰과 인식에 기인한 대표작품을, 평론가에서 받은 작품평 그리고 약력을 정리한 문학사로서, 개인의 과업을 넘어 이화여자대학교와 문단에 끼친 영향을 조명하는 일입니다. 이대동창문인회의 뿌리를 이어가는 일환으로, 후학에게 전하는 이화의 문학사이며 나아가서는 한국 문단의 문학적 유산이 될 것이라 믿습니다.

T.S.엘리엇은 "위대한 시인은 자신에 대해 쓰는 동시에 자기 시대를 그린다"고 합니다. 지구는 지금 기후의 변화와 어디선가 야기되는 전쟁과 고도의 문명에 상처 입은 심신의 치유가 절실한 때입니다. 문학이 위안과 희망을 주는 본령(本領)을 지킨다면, 문학은 제자리에 굳건히 서서 세상의 혼돈을 바르게 이끄는 힘을 지닐 것입니다.

이번에 출간되는 역사적 기록물인 『이대동창문인회 작가 대표작품선집』에 축사를 해주신 이향숙 총장님과 이명경 동창회장님께 감사의 말씀을 드리며, 자랑스러운 모교의 무궁한 발전을 기원합니다.

이제 우리는 이 한 권의 책에 각인된 동문의 그 깊고도 넓은 오랜 문학의 진경(眞境)을 펼쳐 들고, 지혜와 사랑과 인내와 용기를 배우는 따뜻한 겨울을 지나 빛과 소리가 생동하는 새 봄으로 건너갈 것입니다.
책을 읽는 모든 분의 안녕과 행복을 기도합니다.

2025년 10월
이대동창문인회 회장 김현숙

축사

 이화는 지난 139년의 역사 속에서 한국 여성 고등교육의 길을 개척하며 수많은 '최초'와 '최고'를 기록해 왔습니다. 그 여정 속에서 문학은 단순한 글쓰기를 넘어, 여성의 목소리로 사회를 밝히고 시대를 열어가는 창조적 힘으로 자리해 왔습니다. 오늘의 『이대동창문인회 작가 대표작품선집』은 바로 그러한 이화 문학의 전통과 정신을 집대성한 결실로서, 한 세기를 넘어 축적된 문학적 성취를 다시금 확인하게 하는 소중한 이정표가 될 것입니다.

 이번 『이대동창문인회 작가 대표작품선집』은 이화의 교정을 거쳐 간 문인들의 장르별 대표작을 한자리에 담아내어, 개인의 문학사가 이화의 문학사로, 더 나아가 한국 문단의 귀중한 유산으로 확장되는 과정을 보여줍니다. 이는 단지 작품의 모음집이 아니라, 한 세대의 창작과 열정, 그리고 그것이 시대와 사회에 남긴 흔적을 온전히 기록한 역사이기도 합니다.

 오늘의 성과는 30여 년 전 『이화동창문인자료집』을 발간하여 이화 문학사의 큰 줄기를 정리하신 선배님들의 헌신 위에 서 있으며, 다시금 원로 문인들의 격려와 후원, 그리고 후배들의 정성스러운 참여로 이루어졌습니다. 이 자리를 빌려 이 뜻깊은 작업에 힘을 모아주신 김현숙 회장님과 동창문인회 회원 여러분, 그리고 출판을 위해 애써주신 모든 분들께 감사와 경의를 표합니다.

문학은 인간의 내면과 사회의 현실을 동시에 비추는 거울이며, 다음 세대에게 지혜와 통찰을 전하는 가장 강력한 언어입니다. 『이대동창문인회 작가 대표작품선집』이 이화의 후학들에게는 창작의 용기와 영감을 주고, 더 넓게는 한국 문학의 지평을 확장하는 귀중한 자산으로 오래도록 남기를 기대합니다.

다시 한 번 『이대동창문인회 작가 대표작품선집』의 발간을 축하드리며, 이화 문학의 빛나는 전통이 앞으로도 이어져 나가길 기원합니다.

이화여자대학교
총장 이향숙

축사

모교 '이화'가 창립 139주년이 되고 총동창회는 117주년이 되며, 이화여자전문학교가 설립된 지 100주년이 되는 뜻깊은 올해에, 동창문인회 선후배님들께서 문학 분야의 뿌리를 든든히 잇대어 가고자 『이대동창문인회 작가 대표작품선집』을 발간한다니 감동이 물밀듯이 밀려옵니다.

그동안 여러모로 준비하느라 노심초사 애써 오신 김현숙 회장님을 비롯한 임원들께 큰 박수를 보내면서 지면으로나마 축하를 전합니다.

바라기는, 이대동창문인회 선후배님들이 오랜 시간 기도 가운데 한마음으로 엮어 온, 사랑과 인내의 열매들이 소중한 선물이 되어 곳곳에 나누어지고, 나아가서 후학들에게 선하고 아름다운 도전이 되어 그 숨결과 발자취를 면면히 이어가게 될 것을 기대합니다.

문인회 선후배님들이 사유하며 글을 매만지던 시간을 기억하면서, 고 김옥길 선생님의 글로 저의 '축사'를 갈음하고자 합니다.

'기다림은 꿈 있는 사람들만의 자랑스러운 특권이다. 꿈이 크면 기다림도 크다. 오래 가꾼 나무에서만 아름다운 꽃을 기대할 수 있다. 눈앞의 손가락만 보고 멀리 떠 있는 달을 보지 못하는 사람에게는 꿈이 있을 수 없고 따라서 기다림도 있을 수 없다. 꿈도 없고 기다림도 없다면 이 인생이 무슨

살만한 가치가 있는 것이겠는가?' (「큰 스승 김옥길」에서)

이화여자대학교 제19대 총동창회
회장 **이명경**

제1부
작고 문인 대표시

모윤숙
국군은 죽어서 말한다

노천명
사슴

김양식
아, 아, 어머니 — 원추리꽃 같은

신동춘
山寺 일기 · 4 — 약사여래 백일기도 10일째

|작고 문인 대표시|

국군은 죽어서 말한다

모윤숙

나는 광주 산곡을 헤메다가 문득 혼자 죽어 넘어진 국군을 만났다.

산 옆의 외따른 골짜기에
혼자 누워 있는 국군을 본다
아무 말 아무 움직임 없이
하늘을 향해 눈을 감은 국군을 본다

누런 유니포움 햇빛에 반짝이는 어깨의 표지
그대는 자랑스런 대한민국의 소위였구나
가슴에선 아직도 더운 피가 뿜어 나온다

장미 냄새보다 더 짙은 피의 향기여!
엎드려 그 젊은 죽음을 통곡하며
듣노라! 그대가 주고 간 마지막 말을…

나는 죽었노라 스물다섯 젊은 나이에
대한민국의 아들로 숨을 마치었노라
질식하는 구름과 원수가 밀려온 조국의 산맥을 지키다가

드디어 드디어 숨지었노라

내 손에 범치 못할 총대 내 머리엔 깨지지 않을 철모가 씌어져
원수와 싸우기에 한 번도 비겁하지 않았노라
그보다도 내 피 속엔 더 강한 혼이 소리쳐
달리었노라 산과 골짜기 무덤과 가시 숲을
이순신(李舜臣)같이 나폴레옹같이 시어저같이
조국의 위험을 막기 위해 밤낮으로 앞으로 앞으로 진격! 진격!
원수를 밀어가며 싸웠노라
나는 더 가고 싶었노라 저 머나먼 하늘까지
밀어서 밀어서 폭풍우같이 뻗어가고 싶었노라

내게는 어머니 아버지 귀여운 동생도 있노라
어여뻐 사랑하는 소녀도 있었노라
내 청춘은 봉오리지어 가까운 내 사람들과
이 땅에 살고 싶었었나니
내 나라의 새들과 함께 자라고 노래하고 싶었노라
그래서 더 용감히 싸웠노라 그러다가 죽었노라
아무도 나의 죽음을 아는 이는 없으리라
그러나 나의 조국 나의 사랑이여!
숨지어 넘어진 이 얼굴의 땀방울을
지나가는 미풍이 이처럼 다정하게 씻어주고
저 푸른 별들이 밤새 내 외롬을 위안해 주지 않는가!
— 후략 —

모윤숙(1910~1990)
이화여자전문학교 영문과 졸업. 시인. 대한민국예술원 회원.

|작고 문인 대표시|

사슴

노천명

모가지가 길어서 슬픈 짐승이여

언제나 점잖은 편 말이 없구나

관(冠)이 향그러운 너는

무척 높은 족속이었나 보다

물 속의 제 그림자를 들여다보고

잃었던 전설을 생각해 내고는

어찌할 수 없는 향수에

슬픈 모가지를 하고 먼데 산을 바라본다

노천명(1911~1957)
이화여자전문학교 영문과 졸업. 시인. 소설가. 언론인. 대학교수.

|작고 문인 대표시|

아, 아, 어머니 — 원추리꽃 같은

김양식

초여름 풀섶 사이사이 바람 일면
어느새 긴 꽃대 위로 받쳐 올린
연살빛 향내음의 원추리꽃엔

벌써 가신 어머니 우리 어머니의
살폿한 보조개 패이던 고운 미소가
잔잔히 겹치어 눈앞에 아른댄다

눈 부비고 부비고 다시 바라보아도
어김없이 참으로 고우시던 그 미소가
자꾸만 꽃길에 아른댄다

김양식(1931~2024)
이화여자대학교 영어영문학과 졸업. 시인. 인도문화연구원 원장.

|작고 문인 대표시|

山寺 일기 · 4 — 약사여래 백일기도 10일째

신동춘

이름 없는 꽃들이 반겨주는 비탈길로
바람이 찾아든다
풀꽃들이 바람에 흔들린다
크고 작은 꽃가지들이 바람을 탄다
솔방울들이 덩달아 춤을 춘다
인형극의 오뚜기처럼
누군가의 손에 놀아나고 있다
내가 보이지 않는 손에 끌려 산을 타듯이

들꽃이 간밤에 내린 비에 젖었다
아니 환하게 깨어났다

신동춘(1931~2014)
이화여자대학교 영어영문학과 졸업. 시인. 대학교수.

차례

발간사 | 회장 김현숙 ___ 004
축사 | 이화여자대학교 총장 이향숙 ___ 006
축사 | 이화여자대학교 총동창회장 이명경 ___ 008

제1부
작고 문인 대표시
모윤숙 | 국군은 죽어서 말한다 ___ 012
노천명 | 사슴 ___ 014
김양식 | 아, 아, 어머니 – 원추리꽃 같은 ___ 015
신동춘 | 山寺 일기 · 4 – 약사여래 백일기도 10일째 ___ 016

제2부
1957~1986

정연희 [소설 분과 | 1958년 졸업] _____ 024
박정순 [소설 분과 | 1962년 졸업] _____ 030
천양희 [시 분과 | 1966년 졸업] _____ 034
안혜초 [시 분과 | 1965년 졸업] _____ 040
김용희 [소설 분과 | 1971년 졸업] _____ 046
이재연 [소설 분과 | 1967년 졸업] _____ 050
한정희 [소설 분과 | 1972년 졸업] _____ 054

한혜선 [아동 분과 | 1970년 졸업] _____ 058

임완숙 [시 분과 | 1968년 졸업] _____ 064

김옥경 [소설 분과 | 1966년 졸업] _____ 070

오세아 [소설 분과 | 1965년 졸업] _____ 076

김현자 [평론 분과 | 1966년 졸업] _____ 082

임인진 [아동 분과 | 1958년 졸업] _____ 087

김소엽 [시 분과 | 1965년 졸업] _____ 094

남지심 [소설 분과 | 1967년 졸업] _____ 101

신필주 [시 분과 | 1973년 졸업] _____ 105

이사라 [시 분과 | 1975년 졸업] _____ 109

김현숙 [시 분과 | 1969년 졸업] _____ 115

한영자 [수필 분과 | 1962년 졸업] _____ 121

김선주 [소설 분과 | 1965년 졸업] _____ 127

최자영 [아동 분과 | 1966년 졸업] _____ 133

이주남 [시조 분과 | 1969년 졸업] _____ 138

이현명 [수필 분과 | 1964년 졸업] _____ 142

전연희 [시조 분과 | 1969년 졸업] _____ 147

하경민 [시조 분과 | 1963년 졸업] _____ 151

제3부

1987~1995

오희숙 [수필 분과 | 1962년 졸업] _____ 156

유선진 [수필 분과 | 1959년 졸업] _____ 162

김순이 [시 분과 | 1969년 졸업] _____ 166

김영두 [소설 분과 | 1977년 졸업] _____ 169

이진화 [수필 분과 | 1978년 졸업] _____ 174
정끝별 [시 분과 | 1987년 졸업] _____ 179
김남순 [수필 분과 | 1965년 졸업] _____ 183
김선진 [시 분과 | 1966년 졸업] _____ 188
김현숙 [소설 분과 | 1973년 졸업] _____ 192
박명희 [소설 분과 | 1971년 졸업] _____ 198
오은주 [소설 분과 | 1980년 졸업] _____ 204
주문희 [수필 분과 | 1970년 졸업] _____ 210
조한숙 [수필 분과 | 1969년 졸업] _____ 214
신정희 [시 분과 | 1971년 졸업] _____ 220
이옥진 [시 분과 | 1980년 졸업] _____ 225
조연경 [수필 분과 | 1975년 졸업] _____ 229
김정희 [번역 분과 | 1963년 졸업] _____ 234
류선희 [시 분과 | 1968년 졸업] _____ 238
이정자 [시조 분과 | 1966년 졸업] _____ 243
이종수 [수필 분과 | 1976년 졸업] _____ 248
김국자 [수필 분과 | 1966년 졸업] _____ 252
박영자 [소설 분과 | 1963년 졸업] _____ 257
주연아 [수필 분과 | 1976년 졸업] _____ 261
홍애자 [수필 분과| 1960년 졸업] _____ 266
고은주 [소설 분과 | 1990년 졸업] _____ 272
김행숙 [시 분과 | 1966년 졸업] _____ 277
서승석 [시 분과 | 1980년 졸업] _____ 284
정부영 [수필 분과 | 1969년 졸업] _____ 290

제4부
1996~2004

남금희 [시　분과ㅣ1979년 졸업] _____	296
박후자 [시　분과ㅣ1964년 입학] _____	301
권지예 [소설 분과ㅣ1983년 졸업] _____	305
김창란 [수필 분과ㅣ1966년 졸업] _____	309
임정아 [수필 분과ㅣ1978년 졸업] _____	314
한혜경 [수필 분과ㅣ1981년 졸업] _____	318
문복희 [시조 분과ㅣ1986년 졸업] _____	323
박순자 [수필 분과ㅣ1960년 졸업] _____	327
이명환 [수필 분과ㅣ1964년 졸업] _____	333
이우경 [수필 분과ㅣ1971년 졸업] _____	338
정숙향 [아동 분과ㅣ1986년 졸업] _____	344
김우남 [소설 분과ㅣ1981년 졸업] _____	348
이상희 [아동 분과ㅣ1962년 졸업] _____	351
이수애 [아동 분과ㅣ1989년 졸업] _____	356
정훈모 [수필 분과ㅣ1974년 졸업] _____	360
서용좌 [소설 분과ㅣ1967년 졸업] _____	365
신수희 [수필 분과ㅣ1963년 졸업] _____	370
육미승 [수필 분과ㅣ1969년 졸업] _____	276
이예경 [수필 분과ㅣ1970년 졸업] _____	381
김선화 [수필 분과ㅣ1967년 졸업] _____	386
배정향 [시　분과ㅣ1961년 졸업] _____	391
이자숙 [시　분과ㅣ1972년 졸업] _____	395
허숭실 [수필 분과ㅣ1964년 졸업] _____	400
권민정 [수필 분과ㅣ1975년 졸업] _____	406
장명숙 [수필 분과ㅣ1962년 졸업] _____	410

제5부
2006~2024

김은자 [수필 분과ㅣ1960년 졸업] _____ 418
박숙희 [시　분과ㅣ1970년 졸업] _____ 424
서혜정 [수필 분과ㅣ1960년 졸업] _____ 429
성민선 [소설 분과ㅣ1990년 졸업] _____ 435
유소영 [아동 분과ㅣ1965년 졸업] _____ 439
이승신 [시　분과ㅣ1972년 졸업] _____ 444
홍경자 [시　분과ㅣ1964년 졸업] _____ 448
임덕기 [시　분과ㅣ1972년 졸업] _____ 453
신도자 [수필 분과ㅣ1960년 졸업] _____ 459
이연숙 [수필 분과ㅣ1962년 졸업] _____ 465
최양자 [수필 분과ㅣ1967년 졸업] _____ 470
김미란 [시　분과ㅣ1983년 졸업] _____ 475
이혜경 [시　분과ㅣ1983년 졸업] _____ 481
권은영 [시　분과ㅣ1962년 졸업] _____ 486
유수진 [시　분과ㅣ1994년 졸업] _____ 491
송마나 [수필 분과ㅣ1973년 졸업] _____ 497
송영숙 [아동 분과ㅣ1970년 졸업] _____ 501
한해경 [시　분과ㅣ1973년 졸업] _____ 505
김영애 [수필 분과ㅣ1962년 졸업] _____ 510
김영희 [희곡 분과ㅣ1973년 졸업] _____ 515
신옥희 [시　분과ㅣ1985년 졸업] _____ 521

이대동창문인회 역대 작고 회장 연보 ___ 525

제2부

1957~1986

정연희(소설)	박정순(소설)
천양희(시)	안혜초(시)
김용희(소설)	이재연(소설)
한정희(소설)	한혜선(동화)
임완숙(시)	김옥경(소설)
오세아(소설)	김현자(평론)
임인진(아동)	김소엽(시)
남지심(소설)	신필주(시)
이사라(시)	김현숙(시)
한영자(수필)	김선주(소설)
최자영(아동)	이주남(시조)
이현명(수필)	전연희(시조)
하경민(시조)	

소설

정연희
[소설 분과 / 국어국문학과 / 1958년 졸업]

대표작
땅끝의 달

작품평

프로필

novel

대표작

땅끝의 달

정연희

현서는 으스스한 한기를 느끼며 먼 바다를 바라보았다. 바닷새도 달가워하지 않는 듯, 땅끝의 바다에는 그 흔한 갈매기도 눈에 띄는 일이 없다. 해무(海霧)가 낀 것도 아닌데, 삼형제섬이 부끄럼 타듯 바다 밑으로 가라앉을 듯 흐릿하다. 바다는 뒤척일 힘도 없는 듯 잔잔하고, 등성이로 지나가던 바람도 숨을 죽이고, 바다는 조금씩 달빛에 취해가고 있다. 땅끝으로 흘러와 생계라고 만난 것이 바다 쓰레기를 치우는 일과, 기간제 근무요원 산불감시 일로 생계를 해결해가며 그럭저럭 살아가고 있었는데, 무슨 일로, 어디서 불시에 날아든, 삶의 의문부호(疑問符號)같은 여자. 도무지 갈피를 잡을 수 없는, 놀랍도록 똑똑한가 하면, 어딘가 으스스하게 느껴질 정도의 귀기를 거느리고 있는…… 어쩐지 그 자리에 더 있다가는 무엇에 말려들고 말 것 같은 불길함까지 치밀어, 현서는 자리에서 일어났다.

"아, 참을 수 없으셔서…… 하지만 이제 정작 고해성사를 받으실 차례인데……"

여자는 앉은 자리에서 고개를 들고 지금까지와는 다르게 간절한 어투로 입을 열었다. 현서는 묵묵하게 여자를 내려다보았다. 그렇다면 순서를 이어가자는 뜻이었다. 여자가 다소곳이 일어섰다. 그리고 간신히 입을 열었다.

"제가요…… 제가요…… 사람 둘을 죽인 살인자예요."

아니 이건 또 무슨 소리야? 세상에! 현서가 부르르 떨었다. 드디어…… 드디어…… 사단이 시작되는가. 이 밤에 살인자와 함께 주저리, 주저리 떠들고 있었다니. 이런! 이런! 도대체! 어쩌자고! 그러면 그렇지…… 살인자가 수사(搜査)의 손길을 피해 찾아왔다는 자리가 땅끝이었나.

"놀라셨어요? 놀라셨겠지요. 무서워하고 계시네요. 죄송해요. 이제 말씀 드릴게요."

"아니, 아니……이건 또 무슨…… 고해성사라면서, 왜……"

현서는 전신의 힘이 빠져 다시 바위등걸에 주저앉았다. 여자도 따라서 가만히 자리를 잡았다. 그리고 숨을 가다듬어 가며 긴 한숨 끝에 말을 시작했다.

— 중략 —

"추워요."

현서는 말없이 현관문을 열었다. 안으로 따라 들어온 여자가 침대 앞에서 잠시 눈을 감고 서 있었다. 그리고 얼마 후 옷을 벗기 시작했다. 한 겹, 두 겹, 마지막 속옷까지. 그가 나신(裸身)이 되기까지 현서는 들숨도 날숨도 없이 서 있었다. 어떻게 여자를 품었는지 모른다. 여체(女體)는 주술이었다. 더는 채울 것 없는 충일(充溢). 그리고 황홀한 주검이었다. 죽은 듯 엎드려 있던 현서는 여자가 콜택시 부르는 소리를 들었지만 꼼짝도 할 수 없었다.

"마지막 고해성사……아재의 짝사랑을 내가 안고 갑니다."

— 『땅끝의 달』 일부

작품평

정연희(1936~)는 작품의 수준, 활동기간, 작품의 양 등에서 한국문단을 대표하는 소설가이다. 단독자로 서고자 하는 욕망으로 가득한 등단작 「파류상(波流狀)」(《동아일보》, 1957. 1.)을 발표한 이래로 팔십이 넘은 지금까지 단 한 차례의 공백도 없이 꾸준한 작품 활동을 펼치고 있다. 그러한 지속적이고도 성실한 활동을 통해 수많은 장편과 작품집을 남겼다. 그녀의 이 지속적이고도 정렬적인 활동은 그 자체만으로도 하나의 모범이 되기에 충분하다.

소설집 『땅끝의 달』의 의미를 좀 더 분명히 이해하기 위해서는 작가 정연희의 소설세계에 대해 간단히 살펴볼 필요가 있다. 정연희의 초기 소설은 단독자를 향한 열망으로 가득 차 있었다. 자기만의 세계를 찾기 위해 주인공들은 기존의 모든 구속적 상황에서 벗어나려는 당당한 발걸음을 보여주었던 것이다. 이처럼 뜨거운 열망은 모든 것을 이분법적 구도로 나누어 버리는 집단주의와 획일성에 대한 저항에 기초한 것이다. 1970년대에 접어들면서, 이러한 단독성에 대한 가치부여와 열망은 방향을 달리 하게 된다. 단독성을 넘어서는 연대의 상상력을 조금씩 개화시켜 나간 것이다. 시간이 지날수록 자기만의 세계라는 것이 얼마나 비루할 수 있는지를 보여줌으로써 세상(혹은 주님)과 함께 하는 삶의 아름다움을 부각시켰다. 정연희는 반세기가 넘는 시간을 통해 분열에서 조화로, 고립에서 연대로의 모습을 보여주었던 것이다. 그러한 어울림의 상상력은 최근에 이르러 인간 사이의 분별과 차이를 넘는데 그치지 않고, 자연과의 합일이라는 차원으로까지 그 범위를 넓히고 있다. 최근의 소설은 몇 가지 공통점을 공유하고 있다. 첫 번째는 문명과 자연의 이분법적 구도이다. 이때 문명은 인간의 본질적 삶을 어지럽히는 부정적인 것으로 자리매김된다. 두 번째는 자연과의 합일적 상상력이다. 그것은 문명과 도시를 버리고 찾아간 남자 주인공이 발견하는 자연이나 그 자연과 하나가 된 여인을 통해 상징적으로 그려진다.

이번 소설집도 문명비판 의식을 바탕으로 자연과의 조화로운 삶을 추구한다. 이러한 문제의식은 보다 치열해졌으며, 이를 담아내는 작가적 기량은 더욱 깊은 예술적 향훈을 내뿜는다. 특히 문명비판 의식은 근대(성)의 본질적 한계를 묻는 작업으로까지 이어지고 있다. 모든 작품들은 환경 문제, 축산 문제, 인구 문제 등의 시급한 인류사적 과제에 맞닿아 있다. 『땅끝의 달』을 일관하는 핵심적인 특징을 꼽자면, 그것은 인간중심주의(anthropocentrism)에 대한 비판이다. 인간중심주의는 인간이 세계의 중심에 있다는 사상체계로서, 인간에게는 어떤 무엇과도 비교할 수 없는 가치와 존엄성이 있으며, 인간은 동물, 식물, 물리적 우주, 신보다 우월한 입장에 놓여있다고 보는 태도를 의미한다. 이러한 인간중심주의는 세계사적 맥락에서 본다면, 근대에 가장 본격화된 사유방식이라고 할 수 있다. 인간중심주의에 대한 비판은, 자연스럽게 개인의 자아중심주의에 대한 비판으로도 연결된다.

 사상적으로 더욱 심화되고 기법적으로 더욱 완성된 이번 작품집을 보며, 대가들의 말년 작품들에서 발견되는 미적 실험과 노력의 완성 내지는 종합을 떠올리게 된다. 이러한 말년성은 렘브란트와 마티스, 바흐와 바그너에게서 확인할 수 있다. 이때 이들의 작품은 세계관적 차원에서의 성숙과 해결의 징표일 뿐만 아니라 기법적인 차원에서의 완성과 조화의 징표이기도 하다. 정연희는 한 세기가 훌적 넘어선 한국현대문학에도 이제 조화와 완성으로서의 말년성이 존재함을 실증하는 귀한 사례라고 할 수 있다.

 소설집 『땅끝의 달』은 정연희가 반세기가 넘는 세월을 통해 보여주고 있는, 고립에서 연대로의 이행이라는 변모를 확인시켜 주는 작품이다. 이번 작품집에서 두드러지는 것은 현대문명에 대한 날카로운 문제의식이며, 그러한 비판은 인간중심주의에 초점을 맞추고 있다. 근대에 본격화된 인간중심주의는 나름의 의의에도 불구하고, 시간이 갈수록 인간의 오만과 탐욕을 끊임없이 부추기는 문제적 사상이 되어 가고 있다. 특히 작가는 이번 작품집을 통해 인간중심주의가 낳은 자연 파괴에 대해 심각한 위기의식을 보여준다. 사상적으로 더욱 심화되고 기법적으로 더욱 완성된 이번 작품집은 정연희 문학의 한 결산이라고 할 수 있다. 동시에 『땅끝의 달』은 지치지 않는 문학적 영혼의 끝을 알 수 없는 문학적 탐색의 위대함을 실증해주는 사례이기도 하다. 끊임없이 자신을 채찍질하며, 새로운 삶의 영역을 천의무봉의 솜씨로 엮어 나가는 작가의 모습은, 정연희의 문학이 새로운 모습으로 계속 우리 앞에 나타날 것임을 확신케 한다. 그렇기에 정연희의 문학은 말년성의 한 전범인 동시에, 청년성의 한 전범으로 우리 앞에 오늘도 오롯하게 솟아 있다.

— **이경재** 문학평론가, 숭실대 교수

정연희

등단 : 1957년 《동아일보》 신춘문예 단편소설 「파류상」 당선으로 등단.
대표작 : 장편소설 『목마른 나무들』 『석녀』 『내 잔이 넘치나이다』 『난지도』 『별이 숨은 호수』 『소리치는 깃발』 『쓸개』 『고려의 혼』 외 30권. 창작집 『갇힌 自由』 『뿔』 『바위눈물』 『가난의 비밀』 『바람의 날개』 『땅끝의 달』 외 10권. 시집 『외로우리』 『빈 들로 가거라』 『묵상의 숲』 외 다수.
수상 : 한국소설가협회상, 대한민국문학상, 윤동주문학상, 한국문학작가상, 유주현문학상, 김동리문학상, 한국펜문학상 등 수상.
현재 : 대한민국예술원 회원.

소설

박정순
[소설 분과 / 국어국문학과 / 1962년 졸업]

대표작
몇 번째의 자세
설상화

작품평

프로필

novel

대표작

몇 번째의 자세

박정순

십자가에서 퍼져 나오는 빛이 후광처럼 십자가를 싸고 빙빙 맴돈다.

"여긴 좁은 문이에요. 높고 험하지요? 절대 뒤돌아보지 마세요. 앞만 보고 올라가세요."

수군거리는 소리가 울려 퍼지는 것 같다.

서로 이해하고 통하려면 얼마든지 통할 수 있는 인간관계의 일인 것이다. 그런데 그런 인간관계를 모두 끊어내려 했던 자신의 어리석음에 민은 가슴이 한없이 시려왔다.

"민! 당신은 막힌 듯한 골목에서 돌아서고 만 거예요."

사실 그곳은 아주 막힌 곳이 아니에요.

산 위에서 말하던 미현의 소리가 바람소리에 묻어왔다.

무(無) 무! 나는 아무것도 아닌 인간 허수아비가 되기를 원했던 것이야. 안정된 행복한 삶이란 괴로움을 이겨나가는 사람에게만 오는 것. 상처가 두려워 아무 행동도 하지 않고 방관하려는 것은 옳은 태도가 아니다. 더욱 행복한 삶은 될 수가 없다. 이제 내가 해야 할 한 숙제가 남아있다. 내일 그녀의 결혼식에 가서 축복해 줘야 하는 일이다. 모든 잘못은 그녀를 사랑하면서도 거부한 나의 어리석음 때문이다. 아직도 여전히 언제까지나 사랑한다는 것을 보여줘야 해. 그래서 그녀의 상처를 씻어줘야 한다.

—「몇 번째의 자세」 일부

설상화

　내 안에서 손짓하며 불러내던 피리소리. 그 소리를 끝까지 따라가 보니 나와 네가 그곳에 함께 있었다. 우리 모두가 그 안에 함께 있었다.
　그러므로 모든 것을 받아들이고 사랑해야 한다. 일단 받아들이고 나니 절망이 이미 절망이 아니었다. 자연스럽게 서서히 힘과 용기가 살아난다. 평화로운 세상이 먼동이 트듯 열리기 시작했다.
　"네 이웃을 네 몸과 같이 사랑하라."
　실행하기 힘들다고 생각했던 이 말은 이미 내 안에 네가 존재한다는 뜻이었다. 나와 똑같이, 그것을 암시하며 알려주는 말이었다. 자신을 사랑하지 못할 때 너와 나는 모두 사라지고 너를 사랑하지 못할 때 나도 사라지고 마는 것이다.
　　— 「설상화」 일부

작품평

　가난과 무지와 불화한 부모 밑에서 유소년 시기를 보낸 청년이 자신의 불행 불우한 환경에 굴함 없이 인생의 진실을 찾아나가는 성실하고 굳건한 행로를 그려줌으로 해서 혼란하고 비극적인 현실 속에서 취해야 할 지성청년의 정신의 자세를 제시한 작품이다. 주제의 설정도 좋았으나 자칫하면 평이적이요 지루할 수도 있는 주인공의 과거를 현재의 재기 발랄한 여대생과의 애정의 교섭과 점철시킴으로써 작품의 효과를 거두었다는 점이 심사의원의 공통된 점이었다.
　　— 「몇 번째의 자세」를 문단에 소개하면서. 안수길 소설가

『설상화』

선혜학원하면 많은 시간이 흐른 지금도 몇 년 전 일처럼 생각난다. 오지 중의 오지인 곳에 오셔서 학교에 다니지 못하는 학생들을 온갖 고생을 무릅쓰고 가르치시던 선생님들이 제일 생각난다. 오늘 나를 있게 한 선생님들께 감사드리며 그때를 다시 볼 수 있는 책이 나와 기쁘다.

— 김인수 당시 선혜학원 학생

박정순
등단 : 1962년 《자유문학》 중편 「몇 번째의 자세」, 2016년 《창조문예》 시 당선으로 등단.
대표작 : 소설집 『가장 보잘것없는 사람 하나에게』 『설상화』. 시집 『하늘을 바라보면』 외 다수.
수상 : 창조문예상 수상.
현재 : 이대동창문인회, 가톨릭문인회, 창조문예문인회 회원. 동대문문인회 이사.

시 ▶

천양희
[시 분과 / 국어국문학과 / 1966년 졸업]

대표작
직소포에 들다
50년

작품평

프로필

poem

대표작

직소포에 들다

천양희

폭포 소리가 산을 깨운다. 산꿩이 놀라 뛰어오르고
솔방울이 툭, 떨어진다. 다람쥐가 꼬리를 쳐드는데
오솔길이 몰래 환해진다.

와! 귀에 익은 명창의 판소리 완창이로구나.

관음산 정상이 바로 눈앞인데
이곳이 정상이란 생각이 든다
피안이 이렇게 가깝다
백색 정토(淨土)! 나는 늘 꿈꾸어왔다.

무소유로 날아간 무소새들
직소포의 하얀 물방울들, 환한 수궁(水宮)을.

폭포 소리가 계곡을 일으킨다. 천둥소리 같은 우레 같은
기립박수 소리 같은…… 바위들이 몰래 흔들린다.

하늘이 바로 눈앞인데

이곳이 무한천공이란 생각이 든다.

여기 와서 보니
피안이 이렇게 좋다.

나는 다시 배운다.

절창(絶唱)의 한 대목, 그의 완창을.
―「직소포에 들다」 전문

50년

반세기의 세월은
다리가 놓이고
숲이 베어지고
바다를 메우기에도
충분한 시간이다

꽃과 열매의
아픈 허리가 휘어지고
푹신한 의자가 삐걱거리기에도
충분한 시간이다

어린아이가 늙어가고
늙은이가 죽어가기에도
충분한 시간이다

일요일, 일찍 일어났다
오늘은 나의 시력 50년째 되는 날이다

이제는
살려고 하기에도
충분한 시간이다
─「50년」 전문

작품평

「직소포에 들다」

  살아있음의 환희와 싱그러움이 철철 넘쳐나지 않는가. 천양희의 절창들 속에서 풀과 나무, 바람과 바위, 숲과 바다들은 너무도 생기에 넘쳐 시가 마침내 감당하지 못하고 곧 터져버릴 듯하다. "다람쥐가 꼬리를 쳐드는데 오솔길이 몰래 환해진다"(작고한 김남주 시인이 이 구절을 두고 거듭 감탄하던 일이 기억에 새롭다)고 쓰는 일, 바위들이 몰래 흔들하는 것을 보아내는 일. "바람소리 왁자지껄 우이령을 넘는다 바람보다 먼저 넘은 세월이 어깨를 반쯤 골짜기에 묻고 있다 벼랑 아래 손목도 놓아버리고 산자락도 놓아버려. 나무들의 귀때기가 파래진다"(숲을 지나다) 같은 격조는 시인의 예지가 바야흐로 한 절정에 도달했음을 스스로 입증하는 것이다. 모든 산 것들을 본래보다 더욱 강렬하게 생동케 만드는 천양희의 이 장한 신명은 도대체 어디서 오는 것인가.

그의 절창들이 이룩하고 있는 발견의 신선함은 관념에 기대거나 어슬픈 감정이입에 편승한 접근으로는 얻어질 수 없는 것이다. '마음가난함'이 어느 경지에 이르지 못하는 한 시인이란 이름 하나로 대상에 즉卽 해가는 일이 결코 가능하지 않음을 우리는 잘 아는 터이다.

천양희 시인이 터뜨려내고 있는 시적인 에너지는 눈부신 것이다.
― **김사인** 시인

「50년」

천양희 시의 50여 년 일관된 중심 모티브는 길찾기이다. 때로는 높게 혹은 낮게 쉬지 않고 몰아치는 생의 사나운 파도에도 자신의 진정한 길을 찾겠다는 그의 의지는 거의 퇴색하지 않았다.

그는 산다는 것이 무엇이며 시란 무엇인가에 대한 진지한 탐색과 성찰을 거듭한다. 정직한 성찰과 지적고뇌가 그의 시를 이끄는 동력이다. 그는 시란 어떤 존재인가에 대해 끊임없이 질문을 던지면서도 그 답을 말한 적이 없다. 끊임없는 질문으로 자신의 몸을 밀고 나간다는 점에서 그의 자세는 고행 수도승과 닮았다.

어떤 때에는 우리가 가져야 할 질문을 그가 대신 짊어지고 괴로워한다는 생각도 든다. 우리를 위해 고뇌의 십자가를 대신 진 것인가? 스스로 고역을 어깨에 얹음으로써 우리 마음을 가볍게 하는 의인의 이미지가 그의 시에 존재하기 때문이다. 그러나 그의 말씨는 고통에 신음하는 고행자의 거친 음색이 아니다. 그의 어조는 낮게 가라앉아 있고 호흡은 절도가 있다. 차분하고 사색적인 시인의 어조는 서정시의 기품을 우하하게 유지한다. 1965년에 등단한 그는 50년의 세월을 몇 줄 시행으로 농축하는 담백한 어조는 그의 원숙한 정신력을 암시한다. 압축의 행간 사이에 희로애락의 세월이 파랑을 일으킨다.

  반세기의 세월 동안 많은 것이 변했다. 바다를 메워 흙을 덮고 그 위에 길이 뚫리고 다리가 놓였다. 소년이 노인이 되고 노인은 세상을 떠났다. 생명을 구가하던 꽃과 열매가 시들어 허리가 꺾인지도 오래되었다. 그러나 시쓰기의 자세는 변하지 않았다. 시력 50년이 되는 날 아침 어제와 다름없이 일찍 일어나 삐걱거리는 의자에 앉는다. 그는 읽고 쓰면서 생각하고 찾고 버티고 솟아오른다. 50년 전에도 그러했고 50년 후에도 그러하리라.

  — **이숭원** 문학평론가

천양희
등단 : 1965년 《현대문학》으로 등단.
대표작 : 시집 『마음의 수수밭』 『새벽에 생각하다』 『몇차례 바람 속에서도 우리는 무사하였다』 외 다수.
수상 : 소월시문학상, 현대문학상, 만해문예대상 등 수상.
현재 : 대한민국예술원 회원.

> 시

안혜초
[시 분과 / 영어영문학과 / 1965년 졸업]

대표작
푸르름 한 줌

작품평
프로필

poem

대표작

푸르름 한 줌

안혜초

―

1
어떻게 떨구어진 풀씨였을까
누구의 손길에 의한 풀씨였을까
앞으로 뒤로 옆으로 위로
가도 가도 보이는 것은 오직
석회용암으로 빚어진 돌기둥과
돌고드름 돌벽천지의
워싱턴 근교 루레이동굴
지구촌 동굴 중에서 으뜸으로
크고도 볼거리가 많다는
기기묘묘 기기묘묘
황홀하고도 신비스럽기
그지없는 대자연의 축제
사람의 솜씨로는 도저히
흉내낼 수 없는 또 하나
神의 경이로운 걸작품
천년만년 그 모습 그대로
죽어서 죽어서 침묵으로

웅변하고 있는 태고 이래의
아우성에 나 또한 현기증이
날 듯 말을 잃어 가는데
저것 봐! 남편이 가리키는
손가락 저 끝에 파릇파릇
푸르름을 더해 가고 있는
풀잎 한 무더기!

2
어디서 스며 나온 물기였을까
누구에 의한 물이었을까
방울방울 神의 땀방울로
다져진 듯한 둥그러운
쟁반 크기의 바위 구덩이에 한줄기 인공형광등 불빛이
따스로이 따스로이 감싸 안고
만들어 내는 그 눈물겹도록
갸륵한 새싹 키우기!
눈부신 생명의 작업!
사람들은 그런 걸 가리켜
희망 또는 소망이라
일컬음하곤 하느니
십 년이 다 되어 가는
해와 달 사이
바람과 구름 사이
내 가슴속 깊숙이
아직도 시들지 않은 채

파릇파릇 피어나곤
하는 푸르름 한 줌!
— 「푸르름 한 줌」 전문

작품평

1) 안혜초의 첫시집 『귤·레먼·탱자』
— 건전하고 긍정적인 인생관 및 세계관
이 시집이 갖고 있는 매력의 중심은 '童心의 나체언어'이다. 천질적인 기지와 단순 명쾌한 직관, 지혜, 직소의 힘으로 부딪쳐온다. 그만큼 부담을 주지 않고 순탄한 감흥을 준다.
— **미당 서정주** 시인

2) 안혜초 제2시집 『달 속의 뼈』
— 사물의 본질을 추구
우선 이 시집의 표제시인 『달 속의 뼈』는 그의 시인으로서의 성장을 보여준다. 달 속의 뼈가 보인다는 것은 곧 사물의 본질을 갈구하는 매우 진지하고 강인한 자세의 구현이다.
— **신동춘** 시인, 한양대 교수

3) 안혜초 세 번째 시집 『쓸쓸함 한 줌』
우리 누구나의 보편적인 진실을 추구하는데 뜨거움을 보이는 안혜초의 시를 대할 때 독자들이 맨처음 느끼게 되는 것은 시적 진술에서 맛보게 되는 편안함이다. 그것은 문자로 기록된 언어가 아니라 살아서 숨쉬는 생활의 언어 바로 그것이라 할 수 있다. 즉 구어체를 아주 적절하게 활용하고 있는 시인인 것이다.

― **오세영** 시인, 문학평론가, 서울대 교수

4) 안혜초의 시가 보여주는 그 감수성의 세계는 대충 다음과 같은 두 가지 특징을 지니고 있다. 첫째는 일상이나 사물의 외피를 한꺼풀씩 벗겨 마침내 그 핵심이나 본질에 이르는 번거로운 절차를 과감하게 생략하고 순간적인 투시로서 일상이나 사물의 핵심에 도달하는 기민성을 보여준다. 일상이나 사물에 대한 그의 시선이 안과 밖을 동시에 천착하고 있음을 앞에 언급한 바 있거니와 '닫힘 속에서 열림'을 찾고, '막힘 속에서 트임'의 의미를 찾으려는, 그의 詩的 노력이 거의 모든 시와 시편들에서 나타나고 있음은 주목할 만한 일이다. 안혜초의 시들은 이번 세 번째 시집에 이르러 그 시각이 '따사로운 관조의 세계'를 펼쳐보임으로 해서 우리로 하여금 쉽사리 그 세계에 동참할 수 있게 한다. 그와 같은 변모는 어디에서 비롯된 것일까. 그것은 존재하는 모든 사물에 대한 이 시인의 시각이 넓을 대로 넓어져서 모든 것에 대한 화해와 관용이 바탕을 이루고 있음을 의미한다. 그 화해와 관용이 인간의 본질적인 '사랑'으로부터 움트기 시작한 것임은 두말할 나위가 없다.

― **정규웅** 문학평론가, 前 중앙일보 문화부장

5) 한때 '생활문학의 기수'임을 자처하던 안혜초에게 민족적 비극이나 시련이 어떻게 받아들여지고 있는가.

"우리 민족의 최대 비극인 6·25 한국전쟁으로 나의 친조부 민세 안재홍(민족지도자, 언론인, 사학자, 문필인)께서 납북, 그곳에서 돌아가셨고, 어머니는 피난처에서 산후더침으로 돌아가셨지요." 그러나 안혜초는 이런 아픔이나 큰 시련을 개인적 차원에 머물게 하지 않고 민족적인 아픔으로 승화시켰던 것. 이산가족의 문제에도 관심이 깊어지고 전쟁이야말로 이 땅이나 지구촌 어디에서건 다신 발발해선 안된다는 신념을 글로서 다짐하곤 했다. (우린 진정 누구인가, 평화를 위한 기도시)

— **박재삼** 시인, 언론인

6) 안혜초의 인생과 문학에서 결코 간과해선 안될 전환기가 있는데 그것은 기독교에의 귀의이다. 그는 나이 사십 살 전후 건강문제로 전지전능하신 구원의 하나님께 매달려 열심히 간구한 끝에 참으로 놀라운 성령체험을 갖게 된다. 이후 점점 건강이 좋아지게 되면서 안혜초의 시와 문학에서 믿음에 관한 신앙시가 점점 더 많은 비중을 차지하고 있다.

— **박이도** 시인, 문학평론가, 경희대 교수

안혜초
등단 : 1967년 《현대문학》으로 등단.
대표작 : 시집 『살아있는 것들에는』 『푸르름 한 줌』 『달 속의 뼈』 외 다수.
수상 : 한국PEN문학상, 윤동주문학상, 영랑문학상 대상 등 수상.
현재 : 미당시맥회 명예회장. 국제펜한국본부 자문위원. 이대동창문인회 고문.

소설

김용희
[소설 분과 / 국어국문학과 / 1971년 졸업]

대표작
자격정지
길

작품평

프로필

novel

대표작

자격정지

김용희

―

 빌어먹을.
 아침까지만 해도 유난스럽게 강추위를 하던 날씨가 점점 풀려오는 모양이다…… 기차에서 자리를 같이했다는 인연밖에 없는 생면부지 사람들의 선량한 대화가 기차와 함께 달리고 있다. 투박한 오바의 무게가 그의 어깨를 누른다. 담배 한 대를 피우기 위해 움추렸던 그의 온몸에서 진땀이 흐른다…… 회색의 집 사이로 꽤 넓은 개천이 흐른다. 어느 날쎈 친구가 개천을 얼려서 스케이트장을 만들어 돈을 벌고 있었다.
 ― 1970년 4월 이대학보 중편소설 당선작 「자격정지」 일부

길

 하얗게 쏟아지는 햇빛이 검은 물과 검은 땅, 검은 사람들 위에서 반사되고 있었다. 하얀 햇빛만큼의 열기가 땅 위로 쏟아지고 있을 것이었다. 검고 두꺼운 작업복과 검은 얼굴, 그들의 머리 위에 씌어진 갱모 등이 그들에게 열기를 더해 줄 것이었다. 천천히 걷는 그들의 움직임이 심한 더위를 말해

주고 있었다. 교대 시간이 아직 되지 않은 탄광은 몇 명의 광부들이 수갱(垂坑)쪽으로 갱목을 나르고 있을 뿐이었다. 하얀 햇빛과 열기는 그녀가 있는 방 안의 냉기와 심하게 대조되었다. 정현은 서늘한 방 안의 쾌적함 속에서, 천천히 느리게 움직이는 밖의 사람들을 아무 생각 없이 바라보고 있었다. 그녀는 따뜻한 차 안에서 추운 날씨의 바깥 풍경을 내다보듯이 그렇게 그냥 바라보고 있었다. 그녀는 유리창 밖의 생활과 전혀 다른 별개의 세계가 유리되어 흘러가는 것을 느꼈다. 정확한 디지털시계는 3시 22분을 가리켰다.

― 1986년 5월 이화 창립 100주년 기념 장편소설 당선작 「길」 일부

작품평

「마감날」 1968년 4월 이대학보 중편소설 공모 가작

자의식의 병폐에 물들지 않은 건강한 눈으로 천막촌의 생활을 그려주고 있다. 무엇보다 비참한 생활 속에서도 인정의 꽃을 피우면서 등록금을 만들기 위해 노력하는 생활 태도가 눈물겹다.

― 심사위원 **나영균, 안수길, 정연희**

「자격정지」 1970년 4월 이대학보 중편소설 당선작

소재, 인물, 주제, 시점의 선택이 모두 잘 들어맞은 작품이었다. 겉으로 들어난 법률상의 자격정지와 인생에 있어서의 자격정지도 잘 어울렸다. 묘사가 비교적 드라이하고, 센티멘탈리즘도 최소한으로 억압되어 있다.

― 심사위원 **나영균, 안수길, 이어령**

「길」 1986년 이화 창립 100주년 기념 장편소설 당선작

「길」은 탄광지대라는 소재 자체가 우선 강하게 어필해 왔다. 그 숨막힐 듯한 소재를 더욱 수직적으로 깊이 뚫고 들어가 치열한 현장감을 생생하게 전달할 뿐만 아니라, 절제된 언어, 의식 내면을 조명한 묘사 등이 호감이 갔고 무엇보다 삶 전체를 보는 시각이 진지하고 건강하며, 신뢰감을 주었다.

— 심사위원 **황순원, 이어령, 이규희**

김용희

등단 : 1968년 이대학보 중편소설 공모「마감날」가작, 1970년 이대학보 중편소설「자격정지」, 1986년 이화 창립 100주년 기념 장편소설「길」당선.

대표작 : 장편소설『길』, 소설집『흘러간 노래』, 수필집『내 삶의 파일들을 정리하고 싶다』 외 다수.

소설

이재연
[소설 분과 / 독어독문학과 / 1967년 졸업]

대표작
무채색 여자
섬

작품평

프로필

novel

대표작

언약의 새

이재연

—

"생의 마지막이 다할수록 더 높은 곳을 향해 날아갑니다. 저는 미래지향적인 사람입니다."

무슨 말끝에 그는 이 말을 했던가. 회원들은 의아한 얼굴로 정신과 의사를 보았다. 그러나 그의 말은 오직 자신에게만 보내는 암호 같았다. 진아는 자신만의 비밀 노트에 붉은 펜으로 또박또박 썼다.

"점점 높이 날아라!"

그 순간 그 말은 언약이 되어 온몸을 감아버렸다.

— 소설집 『무채색 여자』, 「언약의 새」 일부

섬

어젯밤 꿈이 좋았다. 가슴속 문이 보였다. 문의 한쪽은 침침하고 한쪽은 환한 기운이 감돌았다. 문으로 나뉘어진 두 세계처럼 몸 안의 살고자 하는 밝은 기운과 어두운 기운이 맞붙어 끙끙거렸다. 어느 한쪽이 또 다른 쪽을 누르기 위해 상대방 쪽을 쳐들어갔다. 신음하며 허우적대는 어느 순간이었다. 살짝 열린 문으로 어두운 정체가 밖으로 쑥 빠져나갔다.

  병이라는 이방인이 몸 밖으로 빠져나간 것이다.

  이제 나는 나를 찢어 비로소 결박에서 풀려났다.

  —「섬」일부

작품평

「무채색 여자」

  '나'는 의사의 권유를 받고 여행을 떠나기로 작정한다. 현실 탈출은 어둡고 우울한 분위기를 한 겹 풀어내는 서사적 행보이다. 그 출구는 사소한 이야기지만, 경우에 따라 현격한 존재증명의 형용이 될 수도 있다. 모든 작은 일들은 큰일들과 연동되어 있고, 또 큰일들은 이윽고 작은 일들 속으로 사라지지 않던가.

  여기 이 '무채색 여자'는 순식간에 '극채색 여자'가 될 수도 있다. 그의 삶이 갖는 의미가 지속적으로 유동하면서, 일탈의 잠재력을 가진 내포적 차원에 무게 중심을 두고 있기 때문이다.

  미국의 시인 월트 휘트먼이 '추위에 떠는 사람만이 태양을 따뜻하게 느끼고, 인생의 번민을 통과한 사람만이 생명의 존귀함을 안다'고 했다. 이재연의 작품세계가 이처럼 극채색의 어둠과 우울과 절망을 둘러쓰고 있으므로, 오히려 그바탕에 강력한 향일向日 지향성을 가질 수 있는 것이 아닌가 하는 느낌이다. 그의 '무채색 여자'가 '극채색 여자'가 될 수 있는 비의 또는 함의가 거기에 있다 할 것이다.

  — **김종회** 문학평론가

「섬」

 멈춰있는 듯 보여도 섬은 조금씩 움직이고 있다. 고이고 기우는 듯했던 새아의 삶도 실은 '사는 쪽'을 향해 끊임없이 흘러가고 있었음을 알겠다.

 "이젠 내가 사는 것이 중요해."

 사람을 살게 하는 데 스스로 살고자 하는 마음 말고 달리 무엇이 필요하겠는가. 어지러운 감정들 사이를 뚫고 솟아나온 '살아야 한다'는 말, 그것이 스스로 '결박'을 풀어내고 그녀를 살게 했다. 마지막 장면에서 새아는 다시 길을 떠나기 위해 용산역으로 향한다. '밝고' '따스한' '햇살'과 '환한 기운' 속으로, '달콤한' '희망'과 '설렘'을 안고.

— **임연정** 문학평론가

이재연
등단 : 1970년 《현대문학》으로 등단.
대표작 : 장편소설 『황혼 무렵엔 그리운 사람을 만나러 간다』. 소설집 『무채색 여자』. 산문집 『누군가 나를 부른다』 『바람의 항구』 외 다수.
수상 : 율목문학상 등 수상.
현재 : 작가포럼 편집위원. 한국소설가협회, 국제펜한국본부 이사.

소설

한정희
[소설 분과 / 국어국문학과 / 1972년 졸업]

대표작

불타는 폐선
유리집

작품평

프로필

novel

대표작

불타는 폐선

한정희

―

 이것은 함정이라는 강한 반발이 그를 때렸다. 사카다의 눈은 마치 왜 이리 새삼스럽게 놀라느냐는 식으로 인원과 회장을 바라보았다. 젊은 회장의 얼굴에 분노의 표정이 언뜻 스치는 것이 보였다. 사카다는 계약을 파기하고 싶으면 조건 없이 응하겠노라고 힘주어 말했다. 먹이를 던졌다가 다시 빼앗아 가는 사육사의 비정함을 사카다의 표정에서 읽을 수 있었다.

― 「불타는 폐선」 일부

유리집

 새로운 대상을 향하여 촉수를 내밀다가도 어느새 끈끈히 엉겨 있는 현실에서 결코 발걸음을 떼어놓을 수 없음을 막연히 알아채고 쓸쓸해지는 시간.
 때로는 서로를 향한 적의를 침묵으로 여과하고 세상을 향하여 계속되는 연극조차 삶의 일부분으로 수용해 버린 결혼생활.

― 「유리집」 일부

작품평

『불타는 폐선』은 당대 사회현실의 중요한 모서리에 대한 첨단적 관심에서 생기와 예기를 얻고 있다. 소설의 주요관심이 인물에 있다는 것을 알고 있는 작가는 신분상승, 지리적 이동을 구현하고 있는 당대적 인물을 추구하여 작중현실에 밀도를 부여하려 하고 있다. 작중인물을 다룸에 있어 작가는 어느 한편에 편역을 드는 것이 아니고 객관적 거리를 유지한다. 이러한 국면이 이색적인 여류작가라는 사실을 얼마쯤 의외롭게 만들고 있다. 축축한 감상주의와 너무나 원거리에 있는 문체도 이 의외로움에 기여한다.

어두웠던 한 시대, 곡절 많은 발전으로 특정지을 수 있는 한 시대의 소설적 파악으로서 당당한 무게를 지니고 있다. 잉여의 군살 없는 구성, 착실하고 감상 없는 필치, 문제의 핵심으로 파고 들려는 패기가 돋보인다. 많지 않은 등장인물을 통해서 한 시대의 축도를 그리려는 문학적 야심이 극적인 대조를 조성해 놓고 있다는 점에서 구성상의 무리는 하나의 애교로 보이기도 한다. 작중인물에 대한 등거리적 처리가 비극적 처리와 멜로드라마적 처리를 아울러 물리치고 있다는 점도 유의할 만한 국면이다.

강점으로 드러나든 취약점으로 드러나든 통념상의 여류 개념을 넘어서고 있다는 것이 『불타는 폐선』으로 대표되는 한정희 씨의 두드러진 특징이라고 우리는 다시 확인하게 된다.

— **유종호** 문학평론가

『유리집』에 실린 한정희의 소설들은 한결같이 사랑에 대해서 이야기한다.

그 사랑은 화사한 봄날의 꽃밭 같은 것도 아니고 소란스런 이기적 욕망의 경기장 같은 것도 아니다. 오히려 그 사랑은 항상 혼자서 감내해야 하는 내면의 고통스런 물결이며 혼란이며 결핍이다.

작가는 사랑의 고통에 침식된 내면의 지층을 섬세하게 탐사한다. 그것은 사랑의 상처를 극복하는 일이라기보다는 사랑의 상처 때문에 상실한 자기 정체성을 되찾는 과정이다.

이것은 특히 「사마라의 약속」 같은 작품에서 잘 나타난다.

시인 박목월은 커피 속에 녹아드는 설탕을 두고 '암갈색 심연' 속으로의 '정결한 투신'과 '고독한 용해'라고 말한 적이 있다.

한정희의 소설의 주인공들도 이와 같다.

그들은 사랑의 상처로 인한 존재의 암갈색 심연 속으로 정결하게 투신하고 그 속에서 고독하게 용해한다. 그리하여 존재의 새로운 의미를 찾아낸다. 이러한 사랑과 존재의 변증법 속에서 우리는 점점 희귀한 것이 되어가는 내면적 정직함과 성숙을 만날 수 있다.

아울러 잘 손질된 잔디밭같이 단정하고 편안한 문장과 그 속에 핀 몇 송이 꽃 같은 아름다운 비유들을 만나게 되는 것도 『유리집』을 읽는 기쁨이다.

— 이남호 문학평론가

한정희

등단 : 1970년 이대학보사 주최 현상문예 단편 「체, 심심하긴」, 1971년 고대학보사 주최 전국대학생 현상문예 단편 「나무아미타불」, 1984년 LA 한국일보 현상문예 단편 「말보로의 사과」, 1986년 NY 한국일보 현상문예 단편 「꿈꾸는 미국」 당선. 1989년 《동아일보》 신춘문예 중편 「불타는 폐선」 당선으로 등단.

대표작 : 『불타는 폐선』 『유리집』 『브리지 파트너』 외 다수.

▶ 아동
문학

한혜선
[아동문학 분과 / 국어국문학과 / 1970년 졸업]

대표작
나는 어디로 갔을까?

작품평

프로필

Children's literature

대표작

나는 어디로 갔을까?

한혜선

똘똘이는 숙제하려고 책상 앞에 앉았습니다. 그러나 숙제는 하기 싫고 빨리 밖에 나가 놀고 싶었습니다.

"빨리 어른이 됐으면 좋겠다. 어른이 되면 숙제를 하지 않아도 되잖아."

어른은 무엇이든 마음대로 할 수 있고 얼마나 좋을까. 똘똘이는 어른이 되면 뭘 할까 생각해 보았습니다.

"운전을 해야지."

"야, 달려라, 달려."

똘똘이는 책을 들고 운전대처럼 빙빙 돌렸습니다. 책에서 글자들이 밖으로 달려갔습니다. 이제 숙제는 멀리 달아났습니다. 똘똘이는 또 뭐 재미있는 일이 없을까, 하고 둘레둘레 돌아보았습니다.

그때 외삼촌의 군인 모자가 보였습니다. 똘똘이는 군인 모자를 써보았습니다. 똘똘이는 씩씩한 군인 아저씨가 되었습니다.

"나는 군인이다."

똘똘이는 외삼촌 흉내를 내어 봅니다. 이마에 손을 올리고 경례하며

"충성!"

하고 소리쳤습니다. 더 멋지게 "충성"하고 외쳤습니다.

"나는 용감한 군인이다."

똘똘이는 연필을 들고

"받들어 총!"

하면서, 총 쏘는 흉내도 냈습니다.

똘똘이는 필통을 들고 책상 위로 올라갔습니다. 하늘에서, 비행기에서 쏟아지는 미사일처럼 연필을 하나씩 하나씩 떨어뜨렸습니다. 미사일은 공책을 명중했습니다. 미사일 발사로 공책이 지저분해졌습니다.

"어, 내 공책이 폭격당했다."

똘똘이는 엉망이 된 공책을 한참 바라보았습니다. 똘똘이는 지우개로 연필 자국을 지웠습니다. 그래도 공책은 깨끗해지지 않았습니다. 폭격당한 공책이 불쌍했습니다. 똘똘이는 군인이 싫어졌습니다. 똘똘이는 전쟁놀이도 재미없었습니다.

"나는 전쟁하는 군인이 되지 않을래."

어른이 되어, 전쟁을 해야 하면 어떻게 하지?

똘똘이는 어른이 되기 싫었습니다. 어른이 되지 말고, 할아버지가 되어야겠어, 하고 생각했습니다.

똘똘이는 할아버지 모자가 생각났습니다. 똘똘이는 할아버지 방으로 뛰어가서, 할아버지 모자를 썼습니다.

"흠, 나는 할아버지다."

똘똘이는 거울 앞에서 모자를 앞으로, 뒤로 돌려보았습니다. 군인 아저씨 모자는 뒤로 돌리면 다른 모양이 되는데, 할아버지 모자는 앞으로 쓰나 뒤로 쓰나 똑같았습니다.

초등학교 입학할 때, 할아버지께서는

"똘똘이는 커서 뭐가 되고 싶어?"

하고 물으셨습니다.

"할아버지, 나는 공부 잘하는 사람이 될래요."

똘똘이는 할아버지 생각을 하면서 혼자 빙긋이 웃었습니다.

"할아버지, 할아버지는 뭐가 될 거야?"

똘똘이는 거울 속 할아버지에게 물었습니다.
그런데 할아버지가 된 똘똘이는 아무 대답도 할 수 없었습니다. 버스 기사 아저씨, 학교 선생님, 약국 아저씨, 아, 아닌데…… 그러면 할아버지는 무엇이 되는 걸까?
그때 옆집 민희엄마가
"똘똘이 엄마!" 하고 불렀습니다.
"엄마 안 계세요."
"그래, 똘똘이구나."
"아니에요, 할아버지예요."
민희엄마는 할아버지 모자를 쓰고 있는 똘똘이를 보고 웃으시면서,
"할아버지 모자를 쓰니, 할아버지랑 똑 닮았네."
똘똘이는 자기를 가리키며
"제가 할아버지예요."
"그래? 그럼 똘똘이는 어디 갔니?"
민희엄마는 웃으시면서 갔습니다. 똘똘이는 깜짝 놀랐습니다. 똘똘이가 어디로 갔을까?
똘똘이는 똘똘이를 찾으러 방으로 뛰어갔습니다. 똘똘이가 없습니다. 방에는 책들이 바닥에 던져져 있고, 책상 위에는 공책들이 흩어져 있습니다. 똘똘이는 보이지 않았습니다.
"또 숙제도 하지 않고 놀러 나갔구나."
라고 중얼거리며 똘똘이는 밖으로 뛰어나갔습니다. 골목에는 똘똘이는 보이지 않고 친구들만 놀고 있었습니다.
놀고 있던 아이들은 똘똘이가 할아버지 모자를 쓰고 있는 것을 보았습니다. 똘똘이는 친구들을 보는 순간, 자기가 똘똘이를 찾으러 나왔다는 것을 깜박 잊었습니다. 똘똘이는 자기가 할아버지로 변신한 것도 잊어버리고, 아이들과 놀고 싶었습니다.

"애들아, 뭐 하니?"

"야, 똘똘이가 할아버지가 됐네."

아이들이 킥킥거렸습니다.

"우리는 할아버지하고 안 논다."

'할아버지? 그럼 똘똘이는…… 정말 똘똘이가 없어졌나?'

똘똘이는 다시 집으로 뛰어갔습니다. 할아버지 방에도 없고, 똘똘이 방에도 없었습니다. 안방으로 뛰어갔습니다. 뛰어가다가 할아버지 모자가 벗겨지는 것도 몰랐습니다. 거기에도 똘똘이는 없었습니다. 똘똘이는 방바닥에 주저앉았습니다.

"똘똘이를 어디서 찾지?"

눈물이 찔끔 나왔습니다.

"나는?"

그때 엄마의 화장대 거울에서 똘똘이가 울 듯이 쳐다보았습니다. 똘똘이가 소리쳤습니다.

"찾았다."

똘똘이는 거울 속에서 웃고 있는 '나'를 보았습니다.

— 「나는 어디로 갔을까?」 전문

작품평

아이는 어른의 기억 속에서 되살아나고, 아이는 어른이 되는 것을 꿈꾼다.

'나'는 다른 '나'가 되는 것을 상상하고, 끝없이 '나' 안에 '누군가'를 만들어내며, 변장 놀이를 한다. 또 술래잡기 놀이처럼, 내 안에 숨어있는

'나'를 찾는다. 이러한 감정과 혼란을 그렸다. 똘똘이는 똘똘이 안에 숨겨진 본래의 '나'를 찾았다.

― 자평

한혜선
등단 : 1970년 《한국일보》 신춘문예 동화 「햇빛과 별빛의 요술사」 당선으로 등단.
대표작 : 『그물코 한국문학』(전4권) 『아동문학 창작론』 『한국소설과 결손인물』 외 다수.

시

임완숙
[시 분과 / 국어국문학과 / 1968년 졸업]

대표작
화두(話頭)
오수(午睡)

작품평

프로필

poem

대표작

화두(話頭)

임완숙

―

어느 날 꿈속에서 한 사람이 나에게
조용히 다가와 물었습니다.
당신의 화두는 무엇입니까?
뜻하지 않은 물음에 나는 선뜻 대답하지 못했습니다.
당신의 화두는 무엇입니까? 이를테면, 사랑인가요?
그가 물었습니다.
아니오.
나는 고개를 저었습니다.
그럼 자유입니까? 아니오. 나는 또 고개를 저었습니다.
평화입니까? 아닙니다. 행복인가요? 아닙니다.
명예로군요. 아닙니다. 재물입니까? 아니, 아닙니다.

그렇다면 정녕 당신의 화두는 무엇입니까?
언제나 당신의 머릿속에서 떠나지 않는 한 생각
당신이 골똘히 품고 사는 당신의 화두는 무엇입니까?

한참 머뭇거리다가 그의 깊고 그윽한 눈을 들여다보며
나는 나직이 말했습니다.

나의 화두는 슬픔입니다.

기억할 수 없는 아득한 세월 저 너머로부터
근원을 알 수 없는 슬픔이 나에게는 있습니다.
더운 눈물로 아무리 녹여도 녹지 않는 영롱한 슬픔입니다.

고향으로 가는 길을 잃어버린
떠돌이별처럼
찬란한 햇볕 속에서조차
마음 저 깊이 자리 잡고 있는
이 슬픔은
과연 어디로부터 오는 것일까요?
이것은 슬픔이 아니라 다만 그 이름이 슬픔인지도 모르겠어요.
그러나 이 슬픔의 뿌리를 캐는 것이 바로 나의 화두입니다.

이 의문이 풀리는 날 그때에 나의 슬픔은
참으로 빛나는 슬픔 위대한 슬픔이 될 수 있을까요?
꿈속의 사람은 다만 빙그레 미소 지을 뿐이었습니다.
— 「화두(話頭)」 전문

오수(午睡)

무성한 녹음 뒤흔드는

매미들의 합창소리
푸른 소낙비로 쏟아지는 여름 한낮

흔들의자에 누워 오수를 즐기는데
페디큐어 곱게 칠한 내 발톱은
붉은 봉숭아 꽃잎

고추잠자리 한 마리
엄지발가락 끝에 살포시 내려앉아
향기에 취해 잠이 들었다
— 「오수(午睡)」 전문

작품평

   시란 영혼의 음악이다. 보다 더욱 위대하고 과감한 영혼들의 음악이라고 볼테르는 말했다. 이 말은 시를 미(美)의 음악적 창조라고 말한 E.A. 포우의 말과 같다. 시는 인간의 영혼을 아름답게 만드는 언어를 소재로 하여 만들어지는 예술이기 때문에 이런 견해가 이루어졌다는 생각이다.
   향안(香岸) 임완숙(林婉淑) 시인의 시를 읽으면서 이런 생각을 하게 된 것은 그녀가 자신의 시에 나타난 언어에 대하여 무척 고심을 하고 있음을 발견했기 때문이다. 그 고심의 끝닿는 데가 어디일까 생각해보면 짐작이 간다. 향안(香岸)의 고심은 그 끝이 신(神)의 말에 닿을 만큼 멀고도 깊다. 신의 말은 간결한 은율에 뜻이 깊어 음악을 듣는 것처럼 즐거워야 하지 않겠는가? 향안은 그만큼 시에서 언어를 중시하는 사람이다. 그러나 그녀는 운문에서만 시를 찾지 않고 이야기가 담겨있는 시를 쓰기도 한다. 그의 시 곳곳에 넘쳐나는 진솔한 이야기는 삶과 생명이 있는 곳에 시가 있다는 것을 증명한다.

― 중략 ―

신의 개념을 거부하고 인간의 '죄에 대한 싸움'보다 현실에 대한 권리를 부여하면서 '고뇌에 대한 싸움'을 내세우는 불교는 선악의 피안에 서 있다고 생각된다. 그래서 지상의 왕좌보다 빛나고, 하늘에 올라가는 것보다 더 아름답고 세계를 지배하는 것보다 더 놀라운 것, 그것이 해탈의 경계를 넘는 법열(法悅)이란 생각이다. 잘 쓰여진 시를 뜯어보면 모두 이런 경우를 지나서 크게 깨달은 바에 따라 주제의 형상화에 알맞은 아름다운 언어로 조직되어 있다. 이런 힘든 길을 지나온 것들은 모두 부드러움과 평화에 주안점을 두기 때문에 세상에서 다른 것들과 충돌하지 않는 특성이 있다. '일상의 평화' 날마다 평화를 유지하는 원동력이 된다는 뜻이다.

― 중략 ―

평화로운 풍경을 보는 재미가 마음을 유쾌하게 한다. "흔들의자에 앉아 오수"를 즐기는데 봉숭아꽃잎 빛깔로 칠한 발톱에 앉은 고추잠자리가 "잠이 든 풍경"은 느긋하고 아름답다. 셰익스피어는 평화는 예술의 보모라고 말했지만, 평화야말로 시인들에게는 갈망의 대상이 아닐 수 없다. 일상의 평화를 꿈꾸는 향안은 '느긋한 쉼'이 형화라는 생각을 갖는다. 쉬며 생각하는 게 '깨달음'을 가져오는 지름길이 되기도 한다.

깨닫는 것은 사물의 본질이나 이치를 모르다가 궁리나 생각 끝에 그 뜻을 환히 알게 되는 것을 의미한다. 대각(大覺)이다. 크게 도를 깨닫는 것을 의미하기 때문에 부처의 딴 이름으로도 알려졌지만 지혜를 크게 깨우친 사람이다.

향안 임완숙은 시경화(是經華)란 불명도 함께 쓴다. 일찍이 한국일보 신춘문예에서 소설로 등단한 그녀는 뒤에 시로 장르를 바꿨지만 산문보다는 촌철살인의 시어를 동원한 짧은 형태의 시가 마음에 들었던 모양, 좋은 작품을 많이 썼다. 기독교가 추구하는 '죄에 대한 싸움'보다는 철저하게 현실에 대한 권리를 부여하며서 고뇌하는 '깨달음에 대한 싸움'에 온갖 노력을 쏟아붓고 있는 사람이다. 이러한 생각이 인간 본래의 그리움에 대한 인식이 그녀의 시를 만드는 바탕이 되고 그 위에 일상의 평화와 평정심이 기둥이 되는 인생관을 문학으로 승화시키고 있다.

그녀는 또한 문화와 역사에 대한 관심이 높아 이를 인문학적 완성으로 도덕과 윤리, '사람 됨됨이'에 대하여 생각하는 통로을 열어 '좋은 시' 좋은 사람'으로 완성하려는 노력을 끊임없이 쏟아 내는 시인이기도 하다.

— **성기조** 시인, 한국교원대 명예교수

임완숙
등단 : 1971년 《한국일보》 소설, 1994년 《시세계》 시 등단.
대표작 : 시집 『바다에 내리는 비』 『우리의 사랑은』 『타키의 노래』 등 다수.
수상 : 일붕문학상 본상, 청하문학상, 전국꽃문학상 등 수상.
현재 : 한국문학신문 논설위원. 한국여성문학인회 자문위원. 시와함께 운영위원장. 이대동창문인회 고문.

소설

김옥경
[소설 분과 / 국어국문학과 / 1966년 졸업]

대표작
개흙열매

작품평

프로필

novel

대표작

개흙열매

김옥경

―

제1부

 덕적도 진말에 아홉 살 김바우. 아버지는 동네 기님네 어선에서 일하다가, 어머니는 열병으로 돌아가신 혈혈단신. 기님이 할아버지가 잘 아는 영종도 부잣집 머슴살이로 종일 풍선(風船)을 타고 간다. 가는 집은 인천과 마주하여 작약도, 월미도, 구읍배터가 한눈에 다 보이는 야산 아래 바닷가 월촌(月村) 초가집 여나믄 채 중 언덕 위 제일 큰 집이다. 주인아저씨는 작은 부인과 인천에 있고, 황소와 개 누렁이와 사는 주인아주머니는 큰 농사를 짓는다. 돌아가신 부모님과 친구들이 늘 그리운 바우는 주인아주머니와 서로 의지하고 지낸다. 주인댁 외아들 재철이는 서울에서 학교를 다닌다. 방학하여 집에 오면 바우에게 심부름을 시켜 집에서 오리나 되는 구읍배터로 비가 오나 눈이 오나 누렁이와 편지를 부치러 다닌다. 바우는 일 년에 얼마씩 받는 일삯을 장리쌀로 늘린다.

 재철이 결혼(한식). 신부는 바우보다 한 살 위. 전라도에서 왔다고 남방아씨라고 부른다. 남방아씨는 바우에게 호감. 바우는 냉정. 바우는 동네 아가씨 명선을 마음에 둔다. 그러나 자기는 머슴이라는 신분에 마음이 매여있다. 6·25동란 발발. 바우는 유엔군 인천상륙 목격. 재철이는 결혼 후에도 거의 외지에서 생활. 집에 올 때마다 땅 문서를 가져갔다. 방종한 생활의 빚 갚기용. 바우 육군에 입대. 군복무 마치고 돌아온다. 주인아주머니가 은

골에 갔다가 비에 막혀 집에 못 온 날 밤, 남방아씨가 바우 방으로 와 바우의 자녀를 낳고 싶다고 말한다. 바우는 자기를 단호히 지킨다. 그 후 남방아씨는 약을 먹고 와 집 앞에서 쓰러지고 바우 품에서 죽는다. 재철이는 방종한 생활 탓으로 남성기능 상실했다.

제2부
결혼하게 된 바우가 큰댁 건너편에 집을 지었다. 바우의 간소한 결혼식(한식). 명선이 아버지와 밤에 숭어잡이. 명선이 아버지 도깨비 체험담. 바우 첫딸 분이 출산. 주인아주머니가 재철이와 다투다 돌아가신다. 산소자리 문제로 강례 할아버지와 싸우고 불목, 자리걷이. 삼우제 후 재철이 귀가. 아버지에게 용서를 청하고, 어머니 신주 모시고 남쪽 어느 절로 가는데 황혼이 내려앉는 막배로 바우의 배웅받으며 떠난다.

제3부
주인아주머니가 살던 집을 바우에게 주어 집을 헐고 밭으로 만든다. 바우 아내 두 번째 임신. 틈틈이 갯것을 잡아 팔아서 살림에 보탠다. 가을 산제(山祭)에 바우가 급수로 뽑힌다. 장리쌀을 걷어 주인댁 논을 사 그 논 밖 갯벌을 막아 논으로 만드는 개간사업 착수, 5명의 품을 사고 빚내어 품삯 지불. 점심때, 밥을 안 가져와 바우가 집으로 가니 아내 혼자 아이를 낳았다. 밥솥에는 일하는 사람들 밥은 다 있고 아내 밥은 없다. 가슴이 찢어지듯 아픈 바우는 참고 견디어내며 내일을 바라본다. 아내 꽃순이는 어려움이 있어도 내색없고 늘 미소를 머금고 있다. 바우는 고마워하며 힘을 얻는다. 다섯 달 만에 제방공사 완료. 그러나 비 바람과 거센 파도에 방죽이 터진다. 무너진 방죽 막느라 총력을 다한다. 10월 중순, 2차 작업. 방죽 밖으로 석축쌓기. 개간신청. 산에, 들에, 개펄에, 집엣돌, 서낭당돌까지 돌사냥. 총력을 다해 3차 작업에 도전. 방죽에 떼 입히고 논으로 풀고 짠물 울궈내는 일. "아버지. 방죽 막느라 힘들지?" 딸 분이 말에 온갖 피로가 사라지는 바우. 가족이라는 소중한 생명, 외로웠던 마음에 희망과 생기를 심는 자녀. 가족. 동네 평안을 위해 새 방죽에서 무당이 굿을 한다. 비바람과 산더미 같은 파도에 방죽은 계속 무너진다. 파도에 쓸려가는 돌들을 끌어안으며 절규하는 바우. 파도에 떠내려가는 돌들이 주름진 아내, 야윈 아이들의 얼굴로 보인다. 무당은 파도에 휩쓸려갔다. 방죽이 터지자 실성하는 바우. 실성한 바우가 밤에 장모네 가다가 길에 쓰러져 잠이 든다. 꿈, 어느 여인이 주는 개흙열매. 그것이 잘 익은 벼이삭으로 변한다. 통장수들이 새벽에 물건을 팔러 구읍배터로 가다가 장모가 바우 발견. 월촌집으로 데려오고 장모의 푸닥거리로 난리.

새해. 분이가 국민학교 입학. 바우는 여전히 정신이 오락가락. 꿈에 본 여인을 만나고 싶어 장모네 가다 돌팍재 찻길에서 미국 선교사 소 신부를 만난다. 소 신부가 바우 얘기 듣고 상본 한 장을 보여준다. 아! 꿈에 본 바로 그 여인! 상본을 보자. 제정신으로 돌아온 바우. 밤에 소 신부를 찾아간다. 방죽 다시 막는다. 바우네 식구가 소 신부에게 교리를 배우고, 강례네와도 화해. 강례할아버지 제삿날. 강례아버지가 제물 흥정을 해가지고 오다가 발목을 다쳐 같은 배로 오던 바우는 강례아버지를 업고 온다. 바우네와 명선네가 모두 소 신부에게 세례를 받는다. 새 논에 모심던 소 신부가 인천으로 전임되고, 같은 전 교회 한 신부가 부임. 새 논 첫 추수, 가난과 고난에 굽히지 않고 생명을 위한 도전에 승리한 바우. 바우는 새 논에서 첫 수확한 쌀 한 가마니를 지게에 지고, 아내 꽃순이는 밭에서 처음 거둔 밭곡식을 광주리에 담아 이고 성당으로 가 감실 앞에 바치고 무한히 감사를 드린다. 바우가 한 신부에게 성모님께 선물을 드리고 싶다고 말하자 성당 마당에 모실 성모상을 바우가 모시기로 한다.

12월 8일 오전 11시. 성당 마당에 안치한 성모상을 한 신부가 축성한다.

소 신부도 참석, 아홉 살에 덕적도에서 떠나 여섯 식구의 가정을 이룬 바우. 온갖 고난을 극복하며 성실하게 살아 영육으로 구원의 삶을 누리게 된 바우가 맨 먼저 나아가 새 논에서 첫 수확한 볏단을 성모상에 정성스레 봉헌. 신자들도 촛불을 바친다. 첫눈이 내리는 하늘 아래 촛불을 밝힌 성모상 앞에서 신자들은 한마음으로 묵주기도를 바친다.

은총이 가득하신 마리아님 기뻐하소서 ―
―「개흙열매」일부

작품평

이 작품은 어느 기관의 현상 응모 입선작인 만큼 이것보다 더 유려한 필치라던가 알찬 문장이라던가 흥미 있는 얘깃거리라던가로 꽤 높은 경쟁률을 보였다. 그러나 그들이 한결같이 저지르기 쉬운 과장과 허세와 군소리 따위의 실책이 그들의 기교적인 이점을 눌러버린 까닭에 시종일관 한눈 한 번 팔지 않고 끈기있고 성실하게 한 인간상을 부각시킨 이「개흙열매」에 뒤지게 된 것이다.

천애의 고아로 어려서부터 남의 집 머슴이 된 바우가 그야말로 피와 땀과 고난과 인내와 용기로 영혼과 육신이 함께 구원을 받게 되는 그 갯벌 투성이의 파란 중첩한 투쟁사를 읽으며 나는 이 작자가 반드시 흙과 거름과 갯벌에서 뭉개며 자라난 남성으로 여자의 이름만을 빌렸으리라 믿고 있다가 TV를 통한 작자의 소개로 그가 미혼의 여성임을 알자 참으로 놀라지 않을 수 없었다.

아무리 씩씩하게는 보이지만 그래도 여성인데 어떻게 그런 상상하기조차 힘든 억센 체험을 하였을까 하고 의심할 만큼 이 작품은 오직 뼛속에 새겨져 있는 생생한 경험을 통하여서만 우러져 나온 듯이 우리에게 절실한 공감을 주는 것이다. 더구나 막힘 없는 문장과 은은한 낭만으로 여유있게 펼쳐가는 그의 수법에 끌려가노라면 곳곳에서 번뜩이는 특이한 묘사에 또 한번 감탄하게 된다.

그러나 가장 귀중한 것은 그가 최후까지 노린 주인공의 강렬한 삶에의 애착과 정신적인 안착에 성공한 점이다. 자칫하면 범하기 쉬운 무리하고 조작적인 결말에서 탈피한 그의 저력을 찬양하면서 우리 모두가 함께 그의 착실한 독자가 되어주었으면 하고 바라고 있다.

— **박화성** 소설가

절박한 농촌의 현실을 이 소설만큼 리얼한 필치로 그린 작품을 아직 접한 적이 없다.

— **김동리** 소설가

농어민의 생활과 의식구조를 생생하게 파헤친 직관적 차원의 리얼리티에 감탄을 금치 못한다.

— **유주현** 소설가

김옥경
등단 : 1972년 5.16혁명 10주년기념 문예작품 공모 장편 「개흙열매」, 1974년 삼성문화재단 도의문화저작상 공모 장편 「해무도」 입선. 1983년 신동아 복간기념 제19회 논픽션 공모 「덕적도의 코신부」 최우수작 당선.
대표작 : 선교사 최분도(베네딕토 즈웨버) 신부 평전 『가거라! 내가 너를 보낸다』.

소설

오세아
[소설 분과 / 영어영문학과 / 1965년 졸업]

대표작

요나의 표적
머큐리의 지팡이

작품평

프로필

novel

대표작

요나의 표적

오세아

―

낯선 거리에 나는 서 있었다.

동이 트려는지 주위의 물체들이 희미하게 그 윤곽만을 드러내고 있는데, 그 건물이라든지, 길이라든지, 간판들이 도무지 익숙치 않은 거리 가운데, 나는 서 있었다. 그런데 나는 그 낯선 거리에, 그것도 이른 새벽에 서 있으면서, 도대체 여기가 어딘데, 왜 내가 서 있을까 생각하는 것도 아니고, 어디로 갈까 궁리하지도 않으면서, 그저 우두커니 서 있었다.

― 중략 ―

마치 겨울나무가 추위를 탈 때처럼 웅웅거리는 그 소리에 신경을 곤두새운 채, 나는 대체 이게 무슨 소리이며, 이 비슷한 소리를 내가 들었던 것 같은데, 그게 언제였던가 하고 생각하기 시작했다. 물결처럼 파급되는 소리, 소리들. 갑자기 귀가 뚫린 듯 똑똑하고 분명한 말소리.

"다시 살아났대! 다시 살아났대!!"

뭐가 살아났는가? 다시 살아날 수 있는 게 도대체 뭘까?

그때였다. 시커멓긴 하나, 분명히 사람의 형체인 줄 알아볼 수 있는 형상이 불쑥 잡목 사이로 나타났다. 보니깐 그 형상은 그림자도 없고, 음영의 윤곽뿐인 시커먼 네가티브인데, 사람처럼 허공을 향해 두 손을 허우적거리면서, 고꾸라질듯 휘청거리는 걸음으로 교회를 등진 채 언덕을 내려오고 있었다. 인도에 이르자 그 형상은 땅에 무릎을 꿇고 고꾸라지면서 울부짖었다.

"살려 줘! 나도 살려줘, 나도 다시 살려줘!"

그 절규가 너무 진했으므로, 어느새 나는 그 웅크리고 넘어져 있는 형상에게 다가가서, 그 어깨 위에 손을 올려놓았다. 어깨에서 풍기는 — 영원히 헤어나지 못할 절망감 — 같은 것이 내게도 진하게 묻어 왔고, 그래서 내 전신은 소름이 송송 돋으면서, 오그라들고 있었다. 지극히 미소해서, 없다고 말해야 옳을 내 몫의 평화지만 그 순간 나는 내 마음의 평정을 그 형체와 나누어 가질 수 있는 섭리를 베풀어 달라고 '보이지 않는 손'에게 빌지 않을 수 없었다. 싸안을 듯이 두 손을 벌린 채 그 형체가 일어서기를 기다리는 동안 내 가슴은 점점 답답해지면서 금방이라도 파열될 것 같았다. 형상이 다시 허공을 향해 얼굴을 쳐들었을 때 내 심장은 쿵 소리를 내었고 나는 외마디 소리를 질렀다.

"아앗!"

내가 지른 소리에 놀라 나는 잠이 깨었다. 어둠이 확 몰려왔다. 꿈속에서 느낀, 둔한 통증이 아직도 그대로 내 가슴에 남아 있었다. 슬픔의 수액, 그것은 어둠 속에서 은밀히, 은밀히 내 혈관 밑을 골고루 퍼져나가면서 그 자국마다 공허감을 새기는 듯했다.

형체가 가진 얼굴. 그 얼굴은 내가 거울 앞에 서면 볼 수 있는 바로, 그 얼굴이었다.

성준은 습관적으로 가슴에 손을 얹으면서 돌아눕는다. 참 고약한 꿈이었다라고 그는 생각한다. 꿈 따위는 잊어버리자……

— 『요나의 표적』 일부

머큐리의 지팡이

　그러자 다시 떠오른 중년 여인의 처신이 상운의 속 깊은 데를 쑤셔댄다. 그가 편의상 평소 피하고 또 피하려고 노력해 온 생각으로 그 통증은 상운을 맹렬히 몰고 간다. 따지고 보면 그가 느끼는 통증은 양심의 가책이 아니다. 짐짓 의술 좀 외면하였기로서니 그런 걸 느낄 감상 따위는 그에게 없다. 그런 외면은 사실 좀 더 깊은 데에 이유가 있다. 그는 자신의 의술한계를 누구보다도 잘 알고 있는 것이다. 그의 시술은 같은 일의 꾸준한 반복으로 숙련된 기능공의 테크닉이지 아직 (머큐리의 지팡이)를 얻진 못했다. 고도의 정밀기계 기능공 — 톱니 하나라도 어긋물리면, 시계를 고장 내는 — 그래서 혹시 톱니가 어긋나지 않을까 전전긍긍하는 기능공이지 아직 생명을 죽일 수도 살릴 수도 있는 신성한 의술의 경지는 넘보지도 못하고 있다는 걸 말이다. 그래서 이 미칠 것 같은, 같은 일의 반복에 회의를 느끼고 뭘 좀 곰곰 생각이라도 해 보려면 곧 벽을 의식하고 절망이란 놈한테 뒤통수를 맞는 것이다. 「머큐리의 지팡이」를 쥐는 일, 그것은 상운에게 물로 불이 때 지기를 기다리는 거와 마찬가지다.

　— 「머큐리의 지팡이」 일부

작품평

　『요나의 표적』은 처음부터 다른 작품들보다 한층 수준이 높은 작품으로 꼽혀있었고, 또 어딘지 비여성적인 느낌이 드는 점에 있어서도 공통점을 갖고 있었다. 인물 하나하나에 대한 뎃상은 정확하고 리얼하기도 하지만 중심이 될 만한 이렇다 할 사건이 없어서 극적 전개가 빈약하다. 그런대로 『요나의 표적』은 여성적인 체취가 느껴지고 문학적인 품격에 일일지장이 있다고 해서 이 작품을 당선작으로 미는 데 의견이 모아졌다.

— 김동리 소설가

『요나의 표적』은 이야기의 줄거리를 따라 소설이 진전된다는 보편적인 수법을 조금 벗어나 현대를 살고 있는 도시인의 관념세계 같은 것에 초점을 맞추면서 천수백 장을 끌고 나가고 있다. 사회문제에의 터치는 꽤 거칠고 박력있어 공감을 불러일으키지만, 많은 부분이 관념적인 요설로써 설명되고 있다는 일은 더러 장황한 느낌을 준다.

— 강신재 소설가

『요나의 표적』은 주인공도 음대를 나온 은행원, 신문기자, 국회의원 등속으로 가장 첨예한 도시의 끝에 내팽겨쳐진 사람들이다. 문제도 수다스러운 듯하면서도 지적이고 격조가 높다. 그리고 무엇보다도 주제가 강건하다. 자기상황을 예리하게 의식하고 있는 작가만이 이 상황을 초극할 수 있다고 한다면, 그 점이 작가는 드물게 믿을 수 있는 작가이다. 자기의 사회적 역사적 상황을 초극하려면 우선은 자기 자신이 그 속에 어느 정도까지 휘말려 있고, 휘감겨 있는가 하는 것을 가려내고 인식할 수 있는 감수성인 것이다. 그러나 이 작품의 주인공들은 너무나 깊은 허무의 바닷속에서 허우적거리고 있다. 이 점까지 포함해서 우리의 상황, 우리시대의 가장 정직한 지적 고발이다.

— 이호철 소설가

「머큐리의 지팡이」에서는 다른 뜻에서 소재의 폭을 넓힌 점과 그 기술의 형을 살만하다. 이런 내용은 우리 소설에서는 통속 소설의 독점이 되다시

피 한 것이지만 기술에 굴절을 줌으로써 깊이를 내는 데 성공하고 있다.
― 김동리 황순원 최인훈 김승옥 소설가

오세아
등단 : 1973년 《여성동아》 소설 「요나의 표적」 당선으로 등단.
대표작 : 『요나의 표적』 『아홉 번째 나무』 『요정의 숲』 외 다수.
수상 : 1974년 한국문학 백만 원 고료 중편소설 모집 「머큐리의 지팡이」 당선 등 수상.
현재 : 청주대 명예교수.

평론

김현자
[평론 분과 / 국어국문학과 / 1966년 졸업]

대표작

아청빛 길의 시학
현대시의 서정과 수사
시와 상상력의 구조

작품평

프로필

대표작

아청빛 길의 시학

김현자

나는 무엇보다 감동이 주는 힘을 믿는다. 시 한 구절에 세상이 달라 보이고, 안 보이던 것들이 보이기 시작한다. 언어 너머에 존재하는 새로운 이미지의 세계, 그 힘찬 울림에서 우리는 스스로를 넘어서고 초월하여 저 너머에 있는 것들을 보게 된다. 타자의 아픔과 나의 아픔이 공유되며 인간과 세계 사이의 갈등이 최소화되는, 새로운 삶의 결이 되살아난다.

— 「아청빛 길의 시학」 일부

현대시의 서정과 수사

초록의 이파리를 흔들며 일제히 꽃을 피우는 시의 이미지. 봄·여름·가을·겨울의 리듬을 노래하는 시의 운율, 우주의 순환을 지켜보는 시의 상징들. 삶과 죽음이 격렬하게 충돌하는 시의 역설. 시의 나무 아래에서는 항상 새로운 삶의 진경들이 펼쳐졌다. 깊은 숲이 열리고, 숲은 다시 길고 어두운 터널로 이어졌다. 그리고 언덕 너머에서 천지를 흔드는 폭풍이 밀려오기도 했다.

한 편의 시가 내뿜는 찬란한 불꽃을 따라 참 길고 먼 여행을 했다. 불꽃이 사그라지는 것을 마지막까지 지켜보며 타고 남은 언어의 조각, 이미지의 부스러기, 상징의 흔적까지도 모아 담는 것이 나의 일이다. 시의 씨앗을 담은 언어의 항아리들을 하나씩 쌓다 보니, 아! 이제 뜰이 가득하다. 작은 항아리 안에서 시어들은 다시 휴식하고 대화하면서 부활의 꿈을 꿀 것이다. 그리고 어느 날 브룩스의 '잘 빚어진 항아리'가 그렇듯이, 이 작고 견고한 항아리는 다시 찬란하게 불사조로 비상할 것이다. 그날, 또 어떤 시의 길이 열릴 것인가?

― 「현대시의 서정과 수사」 일부

시와 상상력의 구조

김소월, 한용운 두 시인의 상상력의 분석을 통한 이미지와 세계관은 아주 뚜렷한 상이점을 보여주고 있다. 어둠과 음영의 변화에 따른 무채색의 시간이 김소월 시의 특성이라면, 전반적으로 어둠보다 태양의 밝고 강렬한 빛 쪽에 경사하는 한용운의 상상력은 빛과 광명을 통한 생명감을 창조하고 있음을 알 수 있다. 김소월에게 있어서 상상력에 의한 이미지의 변용 과정은 액체화 현상으로 나타나고 있으나, 한용운은 고체화 현상을 보여준다. 또한 시적 객관화의 방법에 있어서 소월은 공간적인 간격을 설정하여 사물의 수평적 흐름을 보여주고 있는 반면, 한용운은 사물과의 관계를 일단 단절하는 수직적이고 직선적인 시적 호흡을 보여준다.

― 「시와 상상력의 구조」 일부

작품평

김현자 교수는 그동안 10여 권의 저작과 80여 편의 논문을 업적으로 남겼다. 그 연구의 방향은 대개 네 갈래로 정리된다. 현대시의 구조 분석, 텍스트 자세히 읽기로서의 시론, 전통적 서정성을 중심으로 한 시인론, 그리고 여성시에 대한 조망이다.

김 교수가 취한 방법은 주로 신비평에 의거한 형식주의적 방법이다. 작품 자체의 충실한 분석에 의해 작품의 실체를 규명하려는 것이다. 그를 위해 이미지, 비유, 상징, 화자와 청자, 미적 거리 등 내재적인 요소들의 분석에 치중하였다. 이러한 태도를 취한 것은 자칫하면 주관적인 해석에 빠지기 쉬운 시의 해석을 논리적이고 객관적으로 하려는 것으로 그의 시 해석에 큰 설득력을 담보하고 있다.

그의 『현대시 작품연구』는 단순한 시 해설서가 아니라 기존의 논의들을 비평하면서 현대시의 의미구조가 어떻게 이루어지는가를 논리적이고 객관적인 태도로 서술하고 있는 역저이다. 특기할 것은 대상이 된 34편의 시들이 대부분 그동안 별로 깊은 연구가 되지 않은 작품들이라는 것이다. "하나의 작품을 치밀하게 읽고 분석하는 과정에서 열리는 언어 바깥의 무한한 세계를 내보여주고 싶었다"는 김 교수의 말대로 우리가 미처 발견하지 못한 시의 내부에 숨겨진 행간의 의미를 이 분석을 통해 알게 된다. 그리고 시를 제대로 읽는 것의 전범이 어떤 것인가를 후학들에게 보여준다.

— 박호영 문학평론가

『한국시의 감각과 미적 거리』

이 책은 한국의 서정시 멀리는 신라 선승들의 선시로부터 현대에 이르는 윤동주, 박목월, 박두진, 이육사, 고은, 그리고 최근의 페미니즘 계열의 여성시까지를 아우르는 비평서이다. 김현자의 문장들은 시 자체만큼이나 다정다감하고, 갈피갈피 섬세하여 시를 전공하는 사람들은 물론 문학 언저리를 그리워하는 사람들에게까지도 친절한 안내서가 되어 줄 수 있다. 저자는 감각이란 관념과 사상이 물리적으로 구체화된 것으로서 한국시의 정서와 감정을 만들어 내는 가장 중요한 자질이라고 포착해 내고 있다.

— **김치수** 문학비평가

김현자
등단 : 1974년 《중앙일보》 신춘문예 평론 당선으로 등단.
대표작 : 『시여 내 손을 잡아줘』 『아청빛 길의 시학』 『한국시의 감각과 미적 거리』 외 다수.
수상 : 이화학술상 등 수상.
현재 : 이화여자대학교 국어국문학과 명예교수.

▶ 아동문학

임인진
[아동문학 분과 / 국어국문학과 / 1958년 졸업]

대표작
민들레
아크로폴리스에서

작품평

프로필

Children's literature

대표작

민들레

임인진

―

(1)
초록 톱니치마 맘에 안 들어
길가에 누워 뒹굴다가
흙투성이 되어 발버둥치다가
눈부신 아침에
샛노란 저고리 꺼내 입고
배시시 웃고 앉았다

(2)
빛바랜 저고리
홀랑 벗어던지고
하늘하늘 속옷 바람에
아스스 떨다가
발가벗은 홀씨로 태어나
하얀 양산 받들고
나붓나붓 떠나간다

(3)
바람 따라 떠돌던
홀씨 하나
길바닥 틈서리 비좁은
먼지 더미에 살금 내려앉아
이슬비 찬서리 맞으며
아프게 싹 틔운다

(4)
오가는 발길 무서워
납죽 옹크려 숨죽이다가
뿌리째 뽑혀
길바닥에 나동그라졌다가
간드랑거리는 목 곧추세워
햇살 한 가닥 잡으려다 말고
방긋 웃는다.
— 「민들레」 전문

아크로폴리스에서

아테나 여신의 지혜 안에서
튼실한 뼈들만 살아남아
새하얀 뼈들끼리

지혜의 명성 떠받들고 덩그러니 솟았다

흥흥(洶洶)한 설화의 흔적
부조(浮彫)로 바스라지고
부리 뾰족한 새들 모여앉아
"찌그작 짜그작"
설화의 요설(饒舌)을 털어놓는다

안개 자욱한 아티카 평원
멀리 아릿거리는데
언덕 아래 광장에는
고대 헬레니즘이 모락모락 피어오른다

플라톤과 아리스토텔레스
소크라테스와 헤라크레토스와 디오게네스
학맥(學脈)이 같거나 서로 다른
아테네 학파 철인(哲人)과 현인(賢人)

스승과 제자
서로 서로 이야기 나누며
앞서거니 뒤서거니
줄줄이 걸어오고 있다.
— 「아크로폴리스에서」 전문

작품평

임인진 시인은 동화와 동시로 등단했다. 꽃피고 새 우는 고향의 자연에서 토속의 언어와 풍소을 되살려 내일을 꿈꾸는 동심의 세계를 복원한다. 그의 시와 수필집 『황새를 기다리며』의 서문에서 "빛과 소리와 향기 그윽한 자연"에의 "멀어지고 잊히며 사라지는 것들"을 오늘날 어린이들에게 일러주고 싶다고 했다.

― 전략 ―
오를까 말까
망설이다가
주춤주춤 뒷걸음질치다가

꼼짝달싹 못하도록 얽어맨 사슬
확 떨쳐버리고
구름 밖 하늘 바깥으로
훨훨 날아간다.
― 동시 「연」

「연」의 주제는 하늘 높이 오르고 싶은 파란 꿈이다. 세상 어디든지 찾아가고 싶은 어린이의 꿈은 무엇과도 견줄 수 없는 기대치(期待値)가 아닌가. 성인이 되어도 이루지 못한 꿈과 소망을 연날리기로 띄우고 있다.

― 전략 ―
질경이 마타리 엉겅퀴 오이풀
바랭이 왕바랭이도

떳떳이 발을 뻗는데

양동이 물에 피어난
하얀 연꽃엔
심청이 눈물 같은 웃음

거기 동동 좀개구리밥 떠오르는 밤
푸른 산 밑 오막살이
그 집엔 별이 내리고 달도 내리겠네.
― 동시「별이 내리는 집」

옛날이야기를 동화적 서사체(敍事體)로 들려준다. 특정한 공간에서 벌어지는 특유한 상황을 장소성(場所性)이라고 한다. 임 시인은 유년기 삶의 터전이 되는 시공간의 무대를 넓게 포용하기도 한다. 어릴 적 경험세계를 바탕으로 이야기를 꾸려나간다.

「아크로폴리스에서」는 고대 신들의 유적지를 찾아다니며 쓴 성지순례(聖地巡禮)의 시다. 작자는 작품집 『황새를 기다리며』에서 "인간의 사고력 그 한계 안에서 더 나아갈 수도 없고 육안으로 볼 수도 없는 무한의 세계, 이론과 이성을 앞세워 아무리 발버둥쳐도 다다를 수 없는 영성적(靈性的) 초월의 세계를 헤아릴 수 없어 신비하고 오묘한 섭리 안에서 절대자의 능력을 인정하면서 좀 더 가까이 갈 수 있는 날을 손꼽아보는 시간이었다"고 술회하고 있다.

― 전략 ―
레이스로 한껏 치장한 어린아이 예쁜 옷

그 옷 입었을 천진한 눈동자들이 나를 처다보더이다

화물차에 짐짝처럼 실려오며 / 손에 손에 가재도구 들고

줄줄이 지옥문 들어서며/ 독가스 뿜는 지하방/ 겁먹은 눈동자들이

나를 응시하더이다.

인간이 스스로 인간이기를 포기한 만행의 극치가 난도질하듯 가슴을 후벼팠기 때문일까.

임 시인은 "아우슈비츠 이후에 시를 쓴다는 것은 야만이다" 독일 철학자 아도르노(T W Adorno 1903-1969)가 남긴 잠언을 마지막으로 말문을 닫았다.

— **박이도** 시인, 경희대 명예교수

임인진
등단 : 1976년 《여성중앙》 동화로 등단.
대표작 : 『황새를 기다리며』 『별이 내리는 집』 『친구여, 옥수수밭엘 가보았는가』
　　　　외 다수.
수상 : 한국아동문학상, 이화문학상, 사임당상 대상 등 수상.
현재 : 한국문인협회 회원. 이대동창문인회 이사. 한국기독시인협회 고문.

> 시

김소엽
[시 분과 / 영어영문학과 / 1965년 졸업]

대표작

바다에 뜬 별
그대는 나의 가장 소중한 별

작품평

프로필

poem

대표작

바다에 뜬 별

김소엽

―

부서져야 하리
더 많이
부서져야 하리
이생의 욕심이 하얗게
소금이 될 때까지

무너져야 하리
더 많이
무너져야 하리
억만 번 부딪쳐
푸른 상처로
질펀히 드러눕기까지

깨져야 하리
더 많이
깨지고 또 깨어져
자아와 교만과 아집이
하얀 물보라가 될 때까지

씻겨야 하리
더 많이
씻기고 또 씻겨
제 몸 속살까지
하늘에 비춰야 하리

그래서 비로소
조용해 지리
슬픔도 괴롬도
씻기고 부서져
맑고 깊은 바다 되리

그 영혼의 바다에
맑고 고운
사랑의 별 하나
뜨게 하리
— 「바다에 뜬 별」 전문

그대는 나의 가장 소중한 별

우리네 인생길이
팍팍한 사막 같아도
그 광야 길 위에도 찬란한 별은 뜨나니

그대여,
인생이 고달프다고 말하지 말라

잎새가 가시가 되기까지
온몸을 오그려 수분을 보존하여
생존하고 있는 저 사막의 가시나무처럼
삶이 아무리 구겨지고 인생이 기구할지라도
삶은 위대하고 인생은 경이로운 것이어니
그대여,
삶이 비참하다고도 말하지 말라

내가 외롭고 아프고 슬플 때
그대의 따뜻한 눈빛 한 올이 별이 되고
그대의 다정한 미소 한 자락이 꽃이 되고
그대의 부드러운 말 한마디가 이슬 되어
내 인생길을 적셔주고 가꾸어 준 그대여

이제 마지막 종착역도 얼마 남지 않았거니
서럽고 아프고 쓰라린 기억일랑
다 저 모래바람에 날려 보내고
아름답고 즐겁고 행복했던 기억만을
찬란한 별로 띄우자

그대가 나의 소중한 별이 되어 준 것처럼
나도 그대의 소중한 별이 되어 주마

이 세상 어딘가에 그대가 살아 있어
나와 함께 이 땅에서 호흡하고 있는
그대의 존재 자체만으로도
나는 고맙고 행복하나니
그대는 나의 가장 소중한 별
그대는 나의 가장 빛나는 별
—「그대는 나의 가장 소중한 별」 전문

작품평

2006년도 10월 독일에서 열리는 세계도서박람회에 김소엽 시인의 영시집 3권이 선정되어(한림출판사 간) 출품되었다. 김소엽의 「My Star, My Love」「At THE WeLL」「In Case, You May Drop By」는 우리 가락을 최대한 살려 한국적 전통을 간절한 사랑의 헌시로 풀어낸 사랑의 아가서이다.

인간의 근원 문제를 처연하리 만큼 아름다운 사랑으로 노래한 김 시인의 외침은 인간존재의 궁극적인 물음으로 이어지고 있다. 가장 쉬운 언어로 심오한 영혼의 보이지 않는 세계를 한국적 가락으로 서정적으로 표현하여 누구나 읽기 쉬우면서도 깊이 있는 철학적 의미를 형상화시키는데 성공하고 있다.

별과 사랑의 시인으로 널리 알려진 김소엽 시인은 선명한 자기 목소리와 투철한 시정신을 가지고 윤동주 박목월 김현승과 함께 기독정신을 바탕으로 한 현대 서정시의 맥을 이어가고 있다. 정갈한 매무새로 시를 쓰는 이

시대에 흔치 않은 김 시인은 가히 한국을 대표할 만한 여류시인이며 한국의 중견시인으로 시의 사회화 내지는 생활화를 위해 국민정서 함양을 위해 총체적 활동을 맹렬히 해오고 있다.

― **이명재** 문학평론가, 중앙대 교수

김소엽 시인의 문학적 특성은 무엇보다 한국 사람다운 얼이 전통적인 민족정서와 함께 건강한 서구 기독교 사상이 주축을 이루고 있으며 동서를 조화롭게 시적 형상화에 성공한 시인이라고 할 수 있다. 김 시인은 이 상충됨직한 요소들을 잘 아우르고 다듬어 더 높은 경지로 끌어올려서 동서양을 화해시키고 있다.

그의 시문학적 호흡은 3, 4조에 가까운 전통의 가락을 기조로 하고 있다. 이런 호흡은 물 흐르듯이 거의 막힘이 없고 유연하다. 이러한 시적 성취도는 많은 습작기를 거쳐서 군더더기 없이 말끔하게 시의 정수를 끌어낸 결과라고 생각된다. 언어의 예술인 시문학의 주춧돌을 한국적인 정서로 바르고 튼튼히 다져서 그 위에 아름다운 서구식 시의 건축물을 잘 세운 것이다.

어려운 철학적인 메시지를 부드럽고 따뜻한 마음으로 감정 속에 전달해주는 김 시인은 유려한 글솜씨로 사람들의 마음을 사로잡아 시를 통하여 우리 모두가 순화되어 정결케 되며 시인이 되게 한다.

― **윤재근** 문학평론가, 한양대 교수

육적인 삶을 벗어나서 부단히 영적 존재에 이르려는 갈망과 부단한 몸부림과 하나님께 향한 경건한 자세와 그 영적 순수성은 김 시인으로 하여금 늘 깨어있게 하고 기도하게 하고 그 경성함과 기도는 곧 시가 되었을 것이다. 김 시인은 말하기를 '나의 기도는 바로 시요 나의 시는 곧 기도다'라고 말했듯이 그의 기도와 시는 일직선상의 또 다른 표현에 불과할 정도로 그의 시는 깨어있음의 예시다.

　— **박이도** 시인, 경희대 교수

김소엽

등단 : 1978년 《한국문학》에 시 「밤」 「방황」이 서정주, 박재삼의 추천으로 등단.
대표작 : 『그대는 별로 뜨고』 『그대는 나의 가장 빛나는 별』 등 20여 권.
수상 : 기독교문화대상, 윤동주문학상 본상, 한국문학상, 이화문학상, 신사임당상, 한국PEN문학상 등 수상.
현재 : 대전대학교 석좌교수. 이대동창문인회 고문.

소설

남지심
[소설 분과 / 사회생활학과 / 1967년 졸업]

대표작
인간은 죽지 않는다

작품평

프로필

novel

대표작

인간은 죽지 않는다

남지심

---

*부모님은 세상 사람들이 추구하는 욕망을 가능한 줄이면서 스스로 마음 안에 여백을 만들어 가고 계셨어요. 그리고 그 여백 안에 평화로움과 행복을 담으신 거죠.
*약초들의 생명과 교감하는 일이 어떻게 가능하십니까?
총장이 벽에 걸린 그림을 잠시 바라보다가 물었다.
예경하는 마음으로요. 생명에 대한 공경심, 그 마음이 교감의 다리를 놓고 있어요.

상지보살이 대답했다.
*모두가 존중하는 마음으로 수평을 이룬다면 모두가 행복하겠지.
*샘물은 깨끗하므로 자신은 물론 주위 생명도 살려낼 수 있어요. 하지만 세상을 바꿀 수는 없습니다. 샘물이 모여 큰 내가 되고 내가 다시 모여 깊은 강물이 되면 그때는 세상을 바꿀 수 있습니다. 선우(善友)의 힘은 그런 것이지요.
*하면 되고 하게 하면 되겠군요. 통일도 그렇게 하면 되겠군요.
그럴 수 있다고 믿어보세. 한 사람이 믿는 것보다 천 사람 만 사람이 믿으면 더 큰 에너지가 발생하지 않겠나? 나는 그 에너지가 정치인들의 머릿속이 아니라 국민의 가슴속에서 터져 나왔으면 좋겠다고 발원하고 있네.

*외형적으로 아무리 많은 걸 누리고 있어도 신뢰와 존경을 받을 수 없다면 무슨 의미가 있겠나. 그건 개인이나 국가나 다 마찬가질세. 세계를 제패한 강대국이라도 조소와 증오의 대상이 된다면 처참하지 않겠나? 그 의미를 다시 한번 새겨보세.

*꼭 한 번 피를 토하며 울고 싶은데 그러지를 못하고 있다. 내가 울지 못하는 건 받아주는 사람이 없어서일까?

*생명은 따뜻한 땅에서 꽃피울 수 있다는 말이 가슴에 와닿았습니다.
따뜻하다는 말은 사랑이나 자비라는 말로 표현된다는 말도 가슴에 와닿았습니다.
다른 생명을 꽃피울 때 내 생명도 꽃피게 된다는 이치를 아는 게 지혜라는 말도 가슴에 와닿았습니다.

― 『인간은 죽지 않는다』(전3권) 일부

작품평

남지심 신작소설 『인간은 죽지 않는다』(전3권)는 제목과 내용 모두 소설에 대한 우리의 일반적 상식을 충격한다. 이 소설은 현실 세계의 욕망과 갈등, 혹은 인간 내면의 선악을 파헤치는 일상적 이야기 차원을 벗어나, 우리의 체험과 인식 밖에 있는 사후 세계를 마치 "현실처럼" 약여(躍如)하고 핍진(逼眞)하게 다룬다.

『인간은 죽지 않는다』(전3권)는 불교적 사유, 보다 구체적으로 말해 연기 윤회의 관점에서 인간의 죽음과 생명의 실상을 탐구한 소설이다. 이 소설은 인간의 죽음과 그 이후의 세계를 직접 다루었다는 점에서 소설의 신기원을 세웠다고 할 수 있다.

— **장영우** 문학평론가

남지심
등단 : 1980년 《여성동아》 장편 「솔바람 물결소리」 당선으로 등단.
대표작 : 『솔바람 물결소리』『연꽃을 피운 돌』『우담바라』(전4권) 『인간은 죽지 않는다』(전3권) 외 다수.
수상 : 현대불교문학상 등 수상.
현재 : 법계문학상 운영위원장.

시 ▶

신필주
[시 분과 / 국어국문학과 / 1973년 졸업]

대표작
기숙사의 오월

작품평

프로필

poem

대표작

기숙사의 오월

신필주

―

대학 기숙사 시절은
내 인생의 가장 의미 깊고 행복한 때
살아가면서 추억하면 마음이 즐겁다

휴일에 방식구들은 모두 외출하고
나는 빈 방에서
여닫이 북창을 열고 훈풍을 마시며
뒷산에서 우는 뻐꾹새 소리를 들었다
뻐꾹뻐꾹 제 몸을 드러내지 않고
이 숲 저 숲 소리만 내는 뻐꾸기 노래에
하얀 아카시아꽃이 피고지고 피고지고
봄은 무르익어갔다

도서관에서 가져온 몇 권의 책을 탐독했다
라디오로 베토벤과 모차르트를 들으며
마음에 행복의 물결이 여울쳤다

기숙사 생활은 순수한 지성의 공동체

소사회의 체험의 집이었다
우리나라 전국의 인재들이 모여
각 지방의 토속성을 보여주는 즐거운 곳
아카시아꽃이 피는 오월이 오면
꽃처럼 눈부시고 찬란하던 젊음의 대학 시절이
눈물겹게 그리워진다
— 「기숙사의 오월」 전문

작품평

　신필주 시인의 시 「기숙사의 오월」은 단아하고 고요한 언어로 써내려간 청춘에 대한 아름다운 송가입니다. 절제된 감정 표현과 따뜻한 자연 묘사, 그리고 공동체의 풍경을 아우르며, 시인은 단순한 회상을 넘어 삶의 본질적 가치와 행복의 본모습을 우리에게 되묻고 있습니다. 독자로 하여금 자신의 '순수했던 계절'을 떠올리게 만드는 여운 깊은 시입니다.
　「기숙사의 오월」은 시인의 대학 시절, 특히 봄날의 기숙사 생활을 중심으로 한 청춘의 회상을 따뜻하고 서정적으로 그린 작품입니다. 뻐꾹새 소리, 하얀 아카시아꽃, 훈풍과 같은 자연의 이미지들은 시적 화자의 내면과 정서를 조용히 감싸며, 독서와 음악 감상이라는 일상의 장면들은 그 시절의 지적 순수성과 정신적 풍요로움을 상징합니다.
　기숙사는 단순한 생활공간을 넘어, 전국에서 모인 젊은 인재들이 함께 생활하며 성장하던 지성의 공동체이자 소사회의 축소판으로 제시됩니다. 그 속에서 체험한 청춘의 시간은 '꽃처럼 눈부시고 찬란한' 기억으로 남아, 시인의 내면에서 여전히 살아 숨 쉬고 있습니다.

과거의 추억을 그리워하는 회고시이면서도, 자연과 인간, 지성과 감성, 공동체와 개인의 조화를 통해 오늘의 독자에게도 순수하고 소박한 행복의 본질을 되묻게 합니다. 아련하지만 고요한 정서가 끝까지 유지되며, 삶의 한 시절이 얼마나 아름다울 수 있었는지를 감동적으로 전해주는 참다운 노래입니다.

— **김영두** 소설가

신필주
등단 : 1980년 《현대문학》 박두진 추천으로 등단.
대표작 : 시집 『움직이는 구도』 『들꽃 바람은 따뜻하다』 『아버지』. 산문집 『화가에게 보낸 시인의 편지』 외 다수.
수상 : 창릉문학상, 울산문학상, 울산광역시문화상 등 수상.
현재 : 한국문인협회, 울산문인협회, 이대동창문인회 회원. 우향글모임 고문. 글수레 동인 글쓰기 지도.

▶ 시

이사라
[시 분과 / 국어국문학과 / 1975년 졸업]

대표작

황무지
텅 빈 주머니처럼 헐렁하게

작품평

프로필

poem

대표작

황무지

이사라

―

죽도록 달려도
사람은 안 보이는 그곳이
황무지인데

아직 네가 찾지 않은 내가 황무지이듯

아직 내가 돌보지 않은 네 마음
아직 내가 손대지 않은 네 몸
아직 내가 눈 마주치지 않은 네 세상

우리가 아직 못 만났어도
그늘만이 뜨고 지는 곳이지만

그렇게 황무지는 버려진 곳이 아니어서

우리가 드디어 만났어도
끝 모를 풍화만이 가득할

그 세상에서

보이지 않는 것들이 뒤엉겨 켜켜이 함께 살아가고 있을
그 세상에서

네가 찾은 황무지가 나이기를
— 「황무지」 전문

텅 빈 주머니처럼 헐렁하게

하나 둘 떠나고

익숙한 것들 사라지고

우리는 남은 것들 틈에 끼어 산다

뇌는 쪼그라들어도
생각은 많은데

그래도
살아남은 자가 아니라
살아가고 있는 자인데

이 어지러움과 불안과 책무가
떠나는 날이 오기는 오나

누구나 그렇듯
눈꺼풀이 닫히면 세상이 없어지는데

나 없으면 세상도 없는데

기억이 먼저 사라지기 전에
우리
헐렁하게 더 헐렁하게 사랑하든지
— 「텅 빈 주머니처럼 헐렁하게」 전문

작품평

　시집 『더 헐렁하게 사랑하든지』에서 이사라의 시는 과거 현재 미래로 이어지는 일직선적인 진화론의 시간관에서 벗어나 시간을 과거와 미래가 동시에 현재로 출몰하는 '진흙 덩어리'이자 '파편 같은 토막' 그리고 그 토막들이 서로 엮인 '사다리' 같은 것으로 감수하는 지점은 여전하다…… 형이상학적 주제에서 몸의 실존으로 옮겨가는 정체성의 과정이 슬픔의 눈물을 통해 타자와 공감하는 장면이 돋보인다. 너와 나의 공감의 가능성에 문을 열어놓고 있지만, 완전한 합치의 전체성에는 격렬하고 냉소적으로 저항하는 부분도 흥미롭다. 이 '헐렁한 틈새'의 시학, 틈새가 보이지 않는 사랑은 위험하다. 이사라의 전언은 분명해 보인다. 나 없으면 세상도 없다. 그러나 나는 언제나 세상의 부분일 뿐이다. 너와 나는 세상의 틈에 끼어 살아간다. 그러니 이 틈을 메우려 애쓰며 나의 몸을 소진하지 말자. 헐렁하게 더 헐렁하게 사랑하든지. 이 '헐렁한 사랑'의 파토스는 형이상학과 무관하다. '틈새'의 수락, 헐렁한 존재로서의 몸의 실존은 의식의 균질적인 통제의 그물 바깥으로 주체를 내몰고자 한다. 이성의 그물에 걸리지 않게, 감시와 처벌의 시선에서부터 자유롭게가 그것이다.

― 신수정 문학평론가

   시집 『가족박물관』에서 이사라의 박물관은 특정한 장소에 특정한 이름으로 지어진 건축물이 아니다. 개개의 존재들이, 어떤 장소와 사물들이, 경험의 다채로운 흔적들이, 그리하여 우리가 살고 있는 지금 여기의 세계 자체가 이사라에게는 모두 하나의 박물관인 것이다. 이사라의 박물관능 태생적으로 복수(複數)의 속성을 갖고 있으며, 살아있고, 끊임없이 변모하며, 지금 이 순간에도 쉬임없이 증축되는 중에 있다……
   '박물관'에서 '함승현 옷수선집'까지 삶의 공간들을 편력하며 마침내 발견해 낸 것은 자신이 경험한 시간을 '몸'에 저장하며 몸과 삶을 하나로 운행하는 사람들이다. 세상을 생기 없는 '박물관'으로 화하게 하거나, '사람마저 수선하'는 따뜻한 일터로 만드는 것은 시간도 신도 아닌, 한 사람 한 사람의 인간인 것이다. 이렇게 하여 시간에 대한 이사라의 오랜 탐구의 여정은 인간과 사람에게로 돌아온다. 이사라 시의 주어가 무형의 시간에서, 그 시간을 '삶'으로 변주하는 사람으로 이동하면서 생긴 변화들은 의미심장하다.

― 김수이 문학평론가

이사라

등단 : 1981년 《문학사상》 시 등단.
대표작 : 시집 『히브리인의 마을 앞에서』 『저녁이 쉽게 오는 사람에게』 『더 헐렁하게 사랑하든지』 외 다수.
수상 : 대한민국문학상(시), 한국시인협회상 등 수상.
현재 : 서울과학기술대학교 문예창작학과 명예교수. 한국문예창작학회 평의원. 한국시인협회 이사.

시

김현숙
[시 분과 / 영어영문학과 / 1969년 졸업]

대표작
풀꽃으로 우리 흔들릴지라도
순명(順命)

작품평

프로필

poem

대표작

풀꽃으로 우리 흔들릴지라도

김현숙

―

우리가 오늘 비탈에 서서
바로 가누기 힘들지라도
햇빛과 바람 이 세상맛을
온몸에 듬뿍 묻히고 살기는
저 거목과 마찬가지 아니랴

우리가 오늘 비탈에 서서
낮은 몸끼리 어울릴지라도
기쁨과 슬픔 이 세상 이치를
온 가슴에 골고루 적시며 살기는
저 우뚝한 산과 무엇이 다르랴

우주에 한 점
지워질 듯 지워질 듯
찍혀 있다 해도
― 「풀꽃으로 우리 흔들릴지라도」 전문

순명(順命)

툭툭 불거지는 핏방울
어느 손 하나 일찌감치
그대의
치뜨는 불길을 달래어서
사방으로 튀는 불꽃을 거두고
잠잠히 에돌아가는 길을 놓았으니

그대 몸에서
오래 묵은 성품은
대(代)를 내리면서
곧지만 유연한 시냇물이 되었다
허공에 솟구치고, 내리치면서
세상을 동강내는 파도가 아니라
하늘에 수그리며 땅에 끄덕이며
바람과 한 몸으로
설핏 흔들리며 가는
춤추듯 걷는 물결이 되었다.
— 제9시집 『아들의 바다』「순명」 전문

작품평

「풀꽃으로 우리 흔들릴지라도」

풀꽃이 꽃을 피우는 모습을 보면, 죽음 속엔 생명이, 절망 속엔 희망이, 슬픔 속엔 기쁨이, 멈춤 속엔 움직임이, 갇힘 속엔 열정이 잠재해 있음을 깨닫는다. "누구나 단 한 번만 살 수 있기에, 우리 삶의 순간을 깊이 음미할 가치가 있다. 그럴 줄 아는 사람은 나날이 새로워지고, 또 새로워진다."

"한 알의 모래 속에서 세계를 보고/ 한 송이 들꽃에서 천국을 본다." 시인 윌리엄 블레이크는 '순수를 꿈꾸며' 첫 부분을 이렇게 시작한다. 이 시에서 시인은 예수의 지혜를 받아 우리에게 좋은 삶의 길을 열어준다. 한 송이 들꽃에서 천국을 보라/ 작은 것에 큰 것이 담겨 있다. 모자란 것에 넘치는 것이 담겨 있다. 아무리 사소해 보일지라도 우리는 거룩하고 위대한 존재다. 문제는 모래 한 알에서 온 우주를 보고 순간에서 영원을 보는 힘이다. 블레이크는 이 힘을 상상력이라 불렀다. 자신을 들여다보면서 무엇을 상상하느냐에 따라서 인생은 달라진다. 당신은 들꽃에서 천국을 보는 존재인가.

「풀꽃으로 우리 흔들릴지라도」에서 김현숙 시인은 이렇게 노래한다. "우리가 오늘 비탈에 서서// 낮은 몸끼리 어울릴지라도/ 기쁨과 슬픔 이 세상 이치를/ 온 가슴에 골고루 적시며 살기는/ 저 우뚝한 산과 무엇이 다르랴// 이 우주에 한 점/ 지워질 듯 지워질 듯/ 찍혀 있다 해도."

우리 안엔 우뚝한 산이 잠재해 있다. 하루하루 정성스레 살면 우리도 우뚝한 존재, 사람들 눈을 잡아채는 아름다운 꽃으로 남을 수 있다.

— 장은수 문학평론가

순명(順命)

"하늘에 수그리며 땅에 끄덕이며" 이 시편의 주된 정서는 삶을 뿌리로,

운명을 다독이는 결심과 결연한 삶의 의지이다. "그대 몸에서/ 오래 묵은 성품은/대(代)를 내리면서/ 곧지만 유연한 시냇물이 되었다" 이 구절이 바로 시인의 순응적, 긍정적인 가치관을 잘 말해주며, 강인한 의지의 삶을 이끌었던 것은 그의 견고하고 단단한 내면 서정에서 연유한 것임을 말해서, 시사하는 바 크다. "세상을 동강 내는 파도가 아니라/ 하늘에 수그리며 땅에 끄덕이며/ 바람과 한 몸으로/ 설핏 흔들리며 가는" 구절은 삶을 대하는 시인의 긍정적, 순응적 가치관을 지닌 온유한 성품임을 보여주는 가작(佳作)이다.

— **김재홍** 문학평론가, 백석대 석좌교수

『아들의 바다』

『아들의 바다』에는 자연과 우주가 교호(交互)하는 상호조응(correspondence)의 시경(詩境)이 펼쳐진다. 자연물상끼리의 상호조응이 아니라 인간적 의미가 투사되어 자연과 인간 사이의 메아리가 물결친다. 곧 그의 시는 자연과 자연, 자연과 인간 사이의 메아리로 이를 우리는 범신론(汎神論)적 상상력, 혹은 정령화(animation)의 시경이라 이른다. 풀 한 포기, 꽃 한 송이에도 인간의 영혼이 스며있다는 그것이다. 김현숙의 시에서 만해의 범불론(凡佛論)적 사고를 읽을 수 있으며, 자연현상에서 인간의 삶을 반추하고 투사하는 김현숙의 상상력은 또한 괴테의 우주적 상상력의 시경에 이른다. 괴테는 일찍이 '하늘에는 별이 있고, 땅에는 꽃이 있고, 인간에게는 사랑이 있다."고 갈파하였다. 하늘의 별, 땅의 꽃 같은 존재가 바로 인간의 사랑인 것이다.

또한 김현숙의 시경은 생의 의미와 운명애를 천착하는 존재론적 탐구의 진경(眞境)을 보여준다. 스테레오 타입(streotype)화된 일상의 범주를 조명하여 삶과 인간 조건의 진정한 의미를 되묻고 있다. 아모르 파티(amor-pati)의 경지를 넘어서는 삶의 가열찬 의지를 드러내고 있다. 그의 시에서 '매화 이미지'가 라이트 모티브(light motive)로 작동하는 이유가 바로 여기에 있다. 그의 시 도처에서 조우하는 삶의 지혜에 한줄기 빛을 던지는 날카로운 에피그람(epigram)도 이러한 인간 조건, 삶의 지평을 넓혀가는 시적 전략(poetic strategy)이다.

이러한 상상력과 시경을 펼쳐내기 위해 그는 정갈하고 명징한 언어를 동원하고 있다. 언어의 세공사처럼 절차탁마(切磋琢磨)된 보석 같은 언어들이 펼쳐진다. 이는 시가 언어예술이라는 본질을 간파한 시인의 진면목인 것이다. 그의 시에서 한국시단의 언어의 세공사들인 소월, 영랑, 미당, 박재삼의 시경을 떠올릴 수 있는 것은 이러한 이유에서이다.

김현숙의 시는 이처럼 명징하고 투명한 시어로 짠 촘촘한 세공(細工)의 그물로 자연 속에 투사된 인간조건과 삶의 일상을 건져내어 존재론적 성찰과 삶의 인식에 이르고 있다는 점에서 한국시단의 새로운 지평을 열었다는 평가를 받을 수 있을 것이다.

— **김영철** 문학평론가, 문학박사, 건국대 명예교수

김현숙

등단 : 1982년 《월간문학》으로 등단.
대표작 : 시집 『물이 켜는 시간의 빛』『소리 날아오르다』『아들의 바다』외 다수. 시선집 『우리시대 대표시 50선 평설』(편저/ 이유식 평론가)에 시 「풀꽃으로 우리 흔들릴지라도」 수록.
수상 : 윤동주문학상, 한국문학예술상, 이화문학상, 한용운문학상 등 수상. 1985년 그리스 8차 세계시인대회 참가. 상주시 삼백테마공원에 시비(영.호남 시인) 건립(시제: 나무 아래서).
현재 : 서울시인협회 부회장. 이대동창문인회 회장. 한국여성문학인회 부이사장.

수필 ▶

한영자
[수필 분과 / 의학과 / 1962년 졸업]

대표작
세파 속에 비친 삶의 미학

작품평

프로필

essay

대표작

세파 속에 비친 삶의 미학

한영자

해 질 녘 어둠이 깔린 골목길을 걷는다. 지금 밟고 가는 길은 분명 오던 길인데, 길은 어느새 그 길이 아니다. 갑자기 내린 비로 겹겹이 쌓였던 먼지가 씻긴, 산뜻한 길이다. 이때, 한 여인과 마주쳤다. 과일 광주리를 머리에 인 아기 업은 아주머니였다. 나는 얼떨결에 과일을 사 들고선, 여인의 등에서 자고 있는 아기 얼굴을 바라보며, 불현듯 내일은 보육원에 가리라 생각했다. 며칠 전 "이 댁에 아기 하나만 주세요" 하던 노선생의 귀엣말이 떠오른 것이다.

언젠가 보육원에 갔을 때였다. 수녀 보모들이 아기들에게 정성껏 기저귀를 갈아주고 우유를 먹이고 있었다. 그런데 갓난이들은 토실토실 부른 배를 안고도 칭얼대며 고무젖꼭지를 도무지 놓질 않는다. 먹어도 먹어도 채워지지 않는 공허감, 이는 사랑을 빨고픈 갈망의 모습으로 보였다. 또 서너 살짜리 방으로 가니까, 너도나도 두 팔을 벌리며 '안아줘, 안아줘' 한다. 한 아이를 안았더니, 내 가슴에 얼굴을 묻고 잠이 든다.

싸늘한 아이의 가슴에서 뛰는 박동소리가 내 심박음에 전율되어 두 가슴이 차츰 훈훈해 지기 시작했다. 그러나 아이의 힘없는 눈이 내 얼굴을 더듬고 있을 때, "그 애 엄마가 아이를 두고 도망가 버렸대요" 하는 원장님 말에 나는 가슴이 쿵 내려앉았다.

— 중략 —

나는 그날 답답한 가슴으로 보육원을 나와 버스를 탔다. 그리고 집 근처에 있는 운동장 앞에 내려 걷고 있을 때였다. 별안간 무엇이 툭 튕겨져 나왔다. 웬 소년이 내동댕이질 쳐서 그라운드 밖으로 냅다 떨어진 것이다. 소년은 목발 짚은 아이였다. 저런, 나는 얼른 발길을 돌려 뛰어가려다 그만 멈춰 섰다. 그는 뜻밖에 피식 웃으며 오뚝 일어섰다. 흙을 툭툭 털더니, 금세 절름절름 아이들 속으로 뛰어가지 않는가. 한사코 저도 성한 다리로 공을 차려다 그만 또 벌떡 넘어졌다. 그러자 소년이 연쇄적으로 떠밀리며 애들 속에 깔려버렸다. 이때였다. 아이들이 욱, 일어나 그 소년을 질질 끓어다가 쓰레기 덤불 위에 휙, 던지고 몇 대 쥐어박는다.

그러나 소년은 또 덤불 속에서 벌떡 일어났다. 이때 주홍빛 황혼이 소년의 눈동자 속에서 불꽃처럼 타고 있었다. 아이들이 차는 공을 탐나게 쫓다가 또 벌떡 일어섰다. 이젠 목발도 버린 채, 골인, 골인 소리치며 애들 속으로 빨려 들어갔다. 소년의 굳은 집념, 자신의 공이 골인 된 환상에 젖은 그가 뛸 때마다, 펄럭이는 한쪽 바지에서 뜨거운 바람이 일어 내 마음에 부딪쳤다. 그것은 부모를 찾으려던 꼬마의 집념에서도 불던 바람이 아닌가.

나는 어린 시절 여울물을 거슬러 오르던 청갈색 피라미 떼를 곧잘 따라다녔다. 빨래하시는 어머니 곁에서 놓쳐버린 방망이를 뒤쫓아 가고 있을 때, 한 무리의 피라미 떼가 물결을 거슬러 오르고 있었다. "아 저 피라미 떼 봐" 몸이 피라미보다 훨씬 큰 방망이는 물결에 못 이겨 떠내려가는데, 피라미는 물결을 거슬러 오르질 않는가. 여차하면 거센 물살에 몽땅 쓸려갈 법도 한데, 제법 날쌔게 상류로만 치닫는 피라미 떼를 쫓아가다가 나는 엎어져서 무릎을 깨고 옷을 적셔 어머니께 꾸중을 듣곤 하였다.

어느덧 그 숱한 세월이 흘러 내가 노년에 이른 요즈음, 문득 '나는 길과 진리와 생명이라'고 온 세상에 선포하며, 자신의 몸을 몽땅 죽음과 부활로 승리한 그리스도가 떠오른다. 나의 발걸음이 한층 빨라졌다. 피라미 떼같이 세파를 역류하듯, 달려가는 소년들의 불굴 도전정신, 저 푸른 물살이 자꾸만 내 등을 떠미는 것만 같다.

폭풍한설 같은 코로나19 이후, 인류의 생명을 삼킬 듯이 희귀한 이 지구온난 세파 속에서, 한낱 방망이처럼 흘러가야만 하는 이때, 그 작은 피라미 떼같이 용솟음치던 소년들의 생명 도전정신이 새삼 그립다.

— 「세파 속에 비친 삶의 미학」 일부

작품평

한영자 수필의 스키마(schema)가 짚이는 대목은 존재의 비의를 캐며 '관입실재' 하는 데, 초점이 모여 있다. 대상과의 '만남'의 계기에 '관조하는 마음의 눈의 정화'에 갈음된다.

「실존의 고향을 찾아서」에서는 가을 나무가 보여 주는 초연한 순명의 자세를 깨우쳐준다. 한영자 수필의 감수성이 봄볕같이 다사롭고 온유한 것은 한 축복이다. 그 축복의 비밀은 진실로 무엇인가?

「노래하는 시계」에서는 근대문명의 제작품에서 비밀스런 창조의 오묘한 뜻이 읽힌다. 한영자가 우주 삼라만상을 보는 눈은 범상치 않다. 그의 비범성은 과학성, 정치성 같은 것을 넘어서는 '관계의 철학' '사랑의 미학'으로 하여 더 빛난다.

— **김봉군** 문학평론가, 가톨릭대 교수

"이따금 나는 수필을 삶의 진주로 빚고 싶다. 시공을 초월한 아름다움과 영원불변의 진리로 빛나는 값, 진실 또한 티끌만한 죄로도 때 묻지 않은 순백의 결백을 지닌 진주." 한영자가 언급한 위의 내용을 확대해 보면, '진실 추구의 삶'과 '순백의 미적추구'를 의미한다. 키이츠가 "미는 곧 진실"라고 했듯이 그의 삶에서 애정과 미는 진실이란 철학으로 이행된다.

그는 신과의 만남을 최고의 행운으로 삼고 이 세상의 빛과 소금이 되고자 부단히 자신을 성찰하며, 수필과의 만남을 통해 또 하나의 구원자적 문학적 가치추구를 어면, 물질적인 세속에 오염되지 않고, 신앙인의 바른 자세로의 터전에만 갈급해 온 수필가임을 깨닫게 한다. 그의 수필 「봄을 기다리며」 「생의 여울목에서」 「지난 세월 앞에서」 등등의 글들에서 생의 어둠을 뚫고 사랑을 실천하는 신념에 찬 수필정신이 유독 찬연히 빛나고 있다.

— **정주환** 문학평론가, 대학교수

한영자의 『항아리에 그린 얼굴』에는 오늘을 살아가는 보통사람들의 평범한 일상성이 다양한 제재 속에 묘사되어 있다. 격정적인 감정의 범람이 없는 가운데 담담한 심정으로 인생을 바라보며 삶의 철학이 용해되어 있다. 읽는 사람의 입가에 미소를 띠우게도 하고, 눈물이 핑그르 돌게도 하면서 명상에 잠기도록 한다. 때문에 흥분하지 않고 인생의 깊은 미소가 입가에 스쳐야 하고 얼음과 같이 차가운 비평정신이 함께 해야 한다. 그러나 언제나 따뜻한 사랑이 바탕 되어야 한다. 이러한 비평정신이 그대로 보여지는 것이 한영자의 수필이다.

한영자는 가정의학과 전문의인 동시에 독실한 기독교 신자로서 의사의 사명과 크리스천의 사명 등이 자신의 수필 속에 별처럼 빛나고 있다. 그것은 태양처럼 솟는 것이 아니라 아득한 밤나라의 먼 별처럼 반짝이면서 그 특유의 내용을 만들어 간다. 한영자 수필의 특징은 유머와 위트가 있는 현실비판, 특히 오늘의 메마른 인정과 문명비판으로 일관되어 있고 기독교

사상과 접맥된 인도주의가 흘러, 신선한 충격을 주고 사물에 대한 해박한 지식이 수필의 바탕을 이룬다.

— **정영자** 문학평론가, 신라대 교수

한영자
등단 : 1982년《한국수필》수필, 1986년《한국문인》평론 등단.
대표작 :『항아리에 그린 얼굴』『잃어버린 달빛』외 다수.
수상 : 한국수필문학상, 한국문학인상, 노산문학상, 부산문학상, 백제문학상, 황진희문학상 등 수상.
현재 : 한국수필 자문위원. 한국문인협회 복지위원.

소설 ▶

김선주
[소설 분과 / 불어불문학과 / 1965년 졸업]

대표작
함성
요나의 기억

작품평

프로필

novel

대표작

함성

김선주

사방에서 연달아 발사하는 따발총 소리가 요란하게 귓속을 파고든다. 금방이라도 총알이 날아와서 자신의 몸속으로 파고들 것만 같다. 어디론가 몸을 숨겨야 한다는 절박감이 몰려온다. 필사적으로 내달리던 몸이 순간 공중으로 가볍게 떠오르는가 싶더니 까마득한 절벽 아래로 곤두박질을 치고 있다.

천인화는 벼락이라도 맞은 듯한 충격으로 눈을 번쩍 뜬다. 느닷없이 눈은 떴지만 아무것도 보이지 않고 뿌연 공간만이 눈앞에 어른거릴 뿐이다. 하지만 조금 전에 그를 깨우던 요란한 총소리는 여전히 귓가에 쟁쟁하게 남아 있다. 그는 자리에서 선뜻 일어나지 못하고 이불을 뒤집어쓴 채 한동안 숨을 죽이고 누워 있다.

그와 함께 목숨 걸고 싸웠던 구월산 유격대원들의 모습이 눈앞에 어른거린다. 대원들은 주민들의 열렬한 협조에 기필코 자신들의 고장을 사수할 것을 다짐하곤 했었다. 그때, 짚신을 수백 켤레 만들어 들고 온 촌로의 모습이 지금도 천인화의 눈앞에 선명하게 떠오르고 있다. 그의 머릿속에는 바싹 마르고, 밭이랑 같이 깊이 팬 주름 덮인 촌로의 얼굴이 언제나 또렷하게 각인되어 있다. 눈가에 간절한 소망을 담은 채 물건들을 내밀던 노인의 손등은 거북이 등처럼 갈라진 채 검고 투박했었다.

"젊은이, 난 민주주의가 뭔지, 공산주의가 뭔지 모르네. 거저 인간들끼리 멋대로 억울하게 목숨 끊지 않고, 사유 재산을 빼앗지 않고, 핏대 올리며 구호를 외치지도 말고, 그냥 조상 대대로 살던 내 땅에서 죽는 날까지 흙이나 파먹고 평화롭게 살고 싶다구. 부디 이 늙은이 소원 좀 들어주게나."

끓어오르는 가래를 삼키며 힘겹게 말하던 그 노인은 지금 어디에 묻혀 있을까. 그의 소원대로 조상의 무덤 옆에서 한 줌의 흙으로 변해 있을까? 전쟁은 이 땅의 모든 것을 부숴버리고 초토화시키면서 인간의 일상적인 삶을 철저하게 빼앗아 갔다. 아름다운 산천에서 부모형제와 일가친척들과 함께 모여 살면서 대대로 내려오던 미풍양속도, 서로 아끼며 사랑하던 마음도, 평화도 모두 사라져버린 것이다. 무수한 사람들이 피를 흘리며 죽거나 부상을 당해서 괴로워하는 통곡소리가 한반도 곳곳을 폐허로 만들고 있었다. 인간의 존엄이 통째로 훼손당하는 마당에 이념이 무슨 소용이 있단 말인가.

태양을 삼킨 바다는 긴 휴식에 들어간 듯 회색빛으로 한껏 조용하고 평화롭기만 했다. 바다는 언제나 그랬다. 수많은 사람들이 바다의 심술에 못 이겨 수장이 되어 버려도, 거센 풍랑으로 미친 듯이 춤을 추며 바닷속까지 온통 뒤집어 놓아도 눈 하나 깜짝하지 않는다. 그저 모든 것을 굳건히 견뎌내고 나서 언제 그런 일이 있었느냐는 듯이 의연하게 묵묵히 흐르기만 할 뿐이다.

아! 이 땅에서 전쟁은 언제 완전히 끝날 것인가. 천태만상의 인간들 삶 속에서 진정한 자유와 평화가 과연 올 수 있을 것인가. 그것은 죽음으로 밖에 얻을 수 없는 것이 아닌가.

인화와 함께 목숨 걸고 싸웠던 대원들의 함성이 느닷없이 하늘을 찌를 듯이 귓가에 울려 퍼지고 있다. 그들의 우렁찬 함성은 때때로 그가 절망에 빠져있을 때, 항상 삶의 원동력이 되어주곤 했다.

천인화는 캄캄한 허공으로 변해가는 바다를 하염없이 바라보며, 아직도 끝나지 않은 한국전쟁을 오롯이 온몸으로 감내하고 있는 자신을 선연하게 보았다.

— 『함성』 일부

요나의 기억

갑자기 거대한 힘에 들린 듯 내 몸이 번쩍 위로 솟구치는 것을 느낍니다. 그 순간 캄캄한 뱀의 뱃속에서 빠져나온 개구리 같이 어리둥절하기만 합니다. 천지가 온통 은빛으로 가득 차서 눈이 부십니다. 눈앞이 핑그르르 돌면서 어지럼증이 일어납니다. 나는 손을 휘젓습니다. 누군가 내 손을 잡는 것이 느껴집니다. 나는 거역할 수 없는 강한 힘에 이끌려 갑니다. 명주처럼 부드럽고도 질긴 악력입니다. 그 손을 놓치면 미아가 되어 캄캄한 나락으로 영영 떨어질 것만 같습니다. 그가 바로 어머니라는 것을 본능적으로 알 수 있습니다.

— 아! 어머니, 나를 꼭 안아줘요. 제발 나를 놓지 말아요!

나는 어머니의 품에 혼신의 힘을 다해 매달립니다. 나를 끌어당겨서 품에 안은 어머니가 이제는 훨훨 날고 있습니다. 그토록 좋아하던 벚꽃 터널 속으로 순식간에 파묻히는가 싶더니 이번에는 둑길로 내려와서 무심천 속으로 휘적휘적 걸어 들어가고 있습니다. 물 흐르는 소리가 귓전을 울립니다. 언제나 물을 조심하라던 어머니가 오늘은 거침없이 물속에서 자맥질을 하고 있습니다. 이제는 그토록 시끄럽던 자식들의 소리도 물소리에 파묻혀 아련히 멀어지고 있습니다. 무심천을 건너 세찬 폭풍우가 몰아치는 가운데를 광속처럼 빠르게 날아가면서 내 육신은 뱀처럼 허물을 훌훌 벗고 있습니다. 나는 오랫동안 어깨를 짓누르던 무거운 짐을 내려놓은 듯 너무나 가볍고 자유롭고 홀가분하기만 합니다.

나는 난생 처음으로 길고 긴 숨을 토해냅니다. 그동안 질긴 생명을 이어오던 욕망과 고통과 슬픔과 분노가 한 줌의 풀씨처럼 어디론가 훨훨 날아가고 있습니다. 먼지처럼 가벼워진 내 몸이 거대한 태풍의 눈 속으로 빨려 들어 갑니다.

이제 나는 더 이상 숨을 내쉴 수가 없습니다.

아! 떡 벌어진 입이 도저히 다물어지지 않습니다. 도저히……

― 「요나의 기억」 일부

작품평

『함성』

김선주 작가는 전쟁 가운데 일어난 가장 인간적인 시간과 가장 비인간적인 시간을 비대칭적으로 보여주면서 '인간'의 존재론적 심부深部를 거듭 질문하고 있다. 이 작품은 전쟁소설을 넘어 빼어난 인간학으로 개진해 갈 가능성이 충일하다. 장편소설『함성』은 전장의 구체적 상황과 전후의 섬세한 기억이라는 두 축을 중심으로 하여 작가의 치밀한 문헌 섭렵과 사실 고증 그리고 독창적인 시선과 필치를 예술적으로 담아낸 전쟁소설의 백미白眉이다. 그래서 이 작품은 새로운 상황과 기억을 다룬 분단문학의 한 좌표로서 우뚝할 것이다.

― **유성호** 문학평론가, 한양대 교수

『벚꽃은 바람에 흩날리고』

한 작가의 한 창작집에서 이처럼 온통 벚꽃이 만개해 있는 풍광을 목도하기란 불가능에 가까운 일이 아닐까. 그런데 그러한 일이 실제로 눈앞에 펼쳐지고 있는 터여서 독자들보다 한 발 앞서 이 소설들을 읽는 필자는 그 풍성한 꽃 잔치와 그것을 배설한 작가의 집요한 강박증에 전율을 느낄 정도다. 도대체 그 많은 벚꽃 언어들은 어디서 왔으며 궁극적으로 이 작가와 독자들을 어디로 이끌고 갈 것인가. 그리고 과연 그 난만한 꽃무리의 소설적 의미는 무엇이란 말인가. 우리의 삶이 사람들과의 관계 속에서 조화롭게만 흘러갈 수 있는 것이라면, 김선주는 굳이 벚꽃을 내세워 이 별난 소설들을 쓰지 않았을 지도 모른다. 만약에 그러하다면 벚꽃은 아름답고 평화로운 풍경의 일부로 충실했을 것이다. 김선주 작가는 세상을 보다 다른 눈으로 보며 세속의 표피 아래에 숨은 사태의 진면목을 발굴해내는 장인정신의 주인공이 분명하다.

— **김종회** 문학평론가, 경희대 교수

김선주

- **등단** : 1985년 《월간문학》에 단편 「갈증」으로 등단.
- **대표작** : 창작집 『유리벽 저쪽』 『길 위에 서면 나그네가 된다』 『제로섬 게임』 『그대 뒤에서 꽃 지다』 『세상에서 가장 먼 길』 『꽃비 내리다』 『벚꽃은 바람에 흩날리고』. 장편소설 『파라도』 『불꽃나무』(상.중.하) 『누가 챔피언을 먹었나』 『송자소전』 『장대한 희망』 『미친 해바라기』 『함성』 『생존자들의 환타지아』 외 다수.
- **수상** : 윤동주문학상, 경기여고 영매상, 민족문학상, 최우수예술인(작가)상, 이화문학상, 한국소설문학상, 한국문학백년상, 한국펜문학상, 예총예술문화상, 황순원문학상 등 수상.
- **현재** : 한국여성문학인회, 이대동창문인회 고문.

> 아동문학

최자영
[아동문학 분과 / 기독교학과 / 1966년 졸업]

대표작
기장떡

작품평

프로필

Children's literature

대표작

기장떡

최자영

아빠는 융기의 폭신한 스웨터 등에 손을 얹으며 그동안 가슴에 묻어두었던 오래전 얘기를 쏟아놓으셨습니다.

융기야,

아빠는 일 년 중에서 한번 돌아오는 생일, 오늘 하루가 정말 싫고 견디기 힘들었단다. 참으로 후회스러운 날이라고 말하는 게 옳을는지 몰라.

내가 태어난 곳은 강원도 산간벽지, 춘성군 와평리라는 마을이었지. 앞뒤가 산으로 둘러싸인 산골이었다.

융기, 네가 가끔씩 아빠한테 고향 얘기를 해달라고 조를 적마다 일찍 고향을 떠나와서 기억이 없다고 잘 들려주지 않았지? 어릴 적 놀던 자기 고향을 기억 못하는 사람은 세상에 없단다.

그러니까 아빠가 열 살 되던 해 이맘때였을 거야.

어머니는 부엌 바닥에 주저앉으신 채 마른 나뭇가지를 아궁이에 쑤셔 넣고 계셨어. 솥에서는 뭔지 부글부글 끓고 있었지. 언제나처럼 산나물 비슷한 걸 풀어 넣고 멀건 죽을 쑤셨는데, 그런 어머니 앞에 볼멘소리를 질러댔어.

"낼 모레, 제 생일날 뭐해주실 거래요?"

어머니는 내 말에는 대꾸도 않으시고 바깥 마당을 가리키시며

"얘, 저거나 메어 보려무나. 중핵교도 못 갈 주제에 소핵교는 댕겨 뭘하

게? 너두 네 형처럼 나무라도 해다 팔면 고무신이라도 사 신을 수 있지 않겠냐?"

어머니가 가리키시는 마당 한쪽에는 내 어깨에 메면 딱 맞을 쬐그만 지게가 하나 놓여 있었지. 동네의 목수 아저씨께 부탁하여 맞춰 오신 모양이야. 그 지게를 보자 나도 모르게 성질이 나서 후닥닥 뛰쳐나갔지.

"에잇, 이 꼴도 보기 싫은 지겟다리야!"

발로 걷어차서 돌절구 앞으로 밀어붙이니 길도 채 들지 않은 작은 지게는 그만 쉽게 박살이 나 버렸어.

"이담에 환갑상 받을 생각일랑 말드래요! 아들 생일도 못 차려 주는 부모가 무슨 환갑상이야!"

그러고서는 바로 산으로 뛰어 달아났지.

산을 한참 돌아다니다 보니 춥고 배고픈데다 짐승 울음소리가 무서워 마을로 내려왔지.

밤이 꽤 깊었는데 어머니는 주무시지 않고 나를 기다리고 계셨어. 내 앞으로 밀어 주시는 죽 한 그릇을 뚝딱 비우고 났을 때 어머니는 이렇게 말씀하셨다.

"이 편지 가지고 춘천에 계신 아버님 친구 분을 찾아가거라……"

이튿날 나는 동도 트기 전에 집을 나섰단다. 지금도 어머니와 헤어지던 날 새벽, 와평리 고갯길이 눈에 훤히 보인단다.

― 「기장떡」 일부

작품평

동화작가 최자영의 「기장떡」은 1985년에 발표된 그의 데뷔작이다.

서울의 중소기업 사장인 융기 아버지는 날로 번창해 가는 사업에 경제적으로 부유한데 한사코 아내가 준비하려는 생일차림을 못하게 한다.

거절하는 이유를 열 살 된 아들 융기에게 토로하면서 잔잔한 감동을 자아낸다.

어린 시절, 강원도 산골에서 극빈한 소년이었던 그는 생일 떡을 먹는 친구를 보고 부러워한다. 홀어머니에 형제가 여럿이어서 죽도 제대로 먹지 못하는 형편을 알면서, 돌아올 자기 생일에 뭐해줄거냐고 어머니에게 떼를 쓴다. 마침내 그는 어머니를 향해 '아들 생일도 못 차려주는 부모라면 이 다음 환갑상 받을 생각 말라'면서 앙칼진 말을 쏟아붙이고 산으로 달아난다.

어머니는 그런 아들을 꾸중은커녕 오히려 다독이며 도시로 보낸다. 일도 배우고 밥이라도 먹을 수 있다면 다행이라 생각하여 일손 부족한 집에서 해방시킨다.

새벽의 푸른 어둠을 이고 서 계신 어머니 모습을 한번 만이라도 더 돌아보았어야 했는데~~

그렇게 이어 가던 말씀이 잠시 중단되었어요.

아빠는 두 손으로 얼굴을 받치고 소리 없는 울음을 우셨습니다.

(본문에서 발췌)

그렇게 어머니와 헤어져 도시로 온 그는 열심히 일하면서 야학으로 중학생이 된다. 그동안 일하던 점포가 두 번 이사하였지만 바뀐 주소도 시골집에 알리지 않았다. 어머니와 형제들을 만나고픈 마음은 간절했지만 조금만 더 일해서 성공한 모습을 보이고 싶은 마음에서였다. 삼 년 만에 고향에 들렸더니 식구들은 산에서 캐다 먹은 버섯 식중독으로 모두 죽고, 살던 집마저 흉가라고 마을 사람들이 불태워 버렸던 것이다.

집을 떠나는 아들에게 그 어려운 살림 형편에서도 어머니가 손수 빚어서 챙겨준 점심, 산골 특산의 '기장떡'을 이 작품에서는 잊을 수 없는 기호로 삼은 셈이다. 그런 마음의 아픔을 겪은 처지에, 어찌 풍족한 생일잔치를 벌일 수 있었겠냐는 사연이 가슴 뭉클하게 와닿는다.

작가는 이렇게 현재와 과거의 시간은 물론이요, 서울 도심과 강원도 산골을 입체적으로 날줄 씨줄로 엮어, 발단-갈등-전개-위기-화해의 서사구조로써 심화된 작품 효과를 거두고 있다.

— 이명재 문학평론가, 중앙대 석좌교수

최자영
등단 : 1985년 월간 《소년》 동화 「기장떡」 당선으로 등단.
대표작 : 『단추나라의 아침』 『큰길 빵가게』 『크리스마스카드 한 장』 외 다수.
수상 : 서울문예상. 한국문학예술상 등 수상.
현재 : 한국문인협회, 한국아동문학인회 회원. 한국여성문인회 자문위원. 이대동 창문인회 이사.

시조

이주남
[시조 분과 / 영어영문학과 / 1969년 졸업]

대표작
갈마가지꽃과 나비
은방울꽃

작품평

프로필

sijo

대표작

갈마가지꽃과 나비

이주남

—

꽃향이 톡 쏘더니,
그예 나비 돌아온다.
새옷인 양 고운 빛은 첫날개 펼친 걸까.
살며시 빨대를 디밀더니,
아쉬운 듯 날아간다.

꽃쌈질
봄불났네요, 천지삐가리 바람에.
— 「갈마가지꽃과 나비」 전문

은방울꽃

들추면 보일 듯한
느려터진 년

급하면 말을 해
군둥내 나는 년

멀리선
더욱 반가워
숨겨피운 망할네 꽃
― 「은방울꽃」 전문

작품평

「갈마가지꽃과 나비」

  내가 이주남의 시조에 홀린 것은 그가 평시조뿐만 아니라 사설시조를 아주 능란하게 다루고 있는데다 조선 후기에 선보였던 엇시조까지 구김살 없이 펴내고 있음에서다. 사설시조는 80년대 이후 자연스럽게 넓혀가는 추세이지만 평시조의 중장을 약간 길게 늘여 잡는 엇시조는 평시조나 사설시조 틈새에 눌려 시인들이 현대시조가 쉽게 받아들여지지 않았던 것인데, 이주남 시인이 여기까지 밀고 들어왔음에 적이 반가운 것이다. 이제 이주남 시인이 이 시집을 들고 나와 모국어의 신명에 거센 불을 당긴 것을 예감한다. '갈마가지꽃과 나비'는 꽃과 나비의 수작을 그리고 있다. 두 수로 나누자니 모자라고 한 수로는 넘치니 부득이 중장을 늘였는데 "꽃쌈질 / 봄 불났네요, 천지뻬가리 바람에."의 종장이 "천지뻬가리"의 경상도 사투리가 꼭 맞아서 빛과 향기를 듬뿍낸다.

― **이근배** 시인, 대한민국예술원 회장

「은방울꽃」

　시조 '은방울꽃'은 시조시림에 던져지는 충격적인 폭발물이다. 너무나 조용하다시피 정체되어 있는 잠잠한 시조시림詩調詩林에 던져지는 꽃수리탄과 같은 폭발물이다. 이 작품이 던지는 웃음과 해학과 풍자는, 은방울꽃을 그저 평범한 꽃이 아니라 새로운 봄꽃으로 터지게 만든다. 완전히 현재의 사물의 세계를 충격적인 언어 요법으로 변이시켜 새로운 세계로 뒤바꿔버린다. 이는 잠자는 시조시림에 찬물을 끼얹는 일이 될지도 모른다. 이 시조 시인의 충격적인 폭발 수사법에 시조시림의 희망찬 앞날을 기대해 볼 만하다.

　― **申世熏** 시인

시집 『햇빛에 말 걸기』

　작품평 중에서 '햇빛에 말 걸기' 전문이다. 주제가 무엇이고 어떠함을 암시하여 주는 詩題부터가 참신할 뿐 아니라, 구성된 배치 단락들이 허술한 구석 없이 온전하면서도 매력적이다. 간결한 문장이되 재치를 바닥에서 깔면서 윤기를 안으로부터 배어나오도록 했다. 나름대로 기법을 터득했다는 증거이며, 어느 시조 窓에도 예속되지 아니한, 자기 소리임을 뜻하는 일이다. 정진하기 바란다.

　― **徐伐** 시인

이주남

- **등단** : 1986년 《동아일보》 신춘문예 시조 「빈 이랑 일어나기」 당선으로 등단.
- **대표작** : 시집 『햇빛에 말 걸기』 『오하이오에 며칠을』 『아픔만큼 싹튼 봄빛』. 동시집 『뭐라구요, 오늘이 토요일이라구요?』 외 다수. 역서 장편서사시 『오메르스』 공역.
- **수상** : 월간문학 동리상, 한국현대시인상, 자유문학상 등 수상.
- **현재** : 한국문인협회, 한국여성문학인회 회원. 국제펜한국본부 이사.

수필

이현명
[수필 분과 / 영어영문학과 / 1964년 졸업]

대표작
팝송

작품평
프로필

essay

대표작

팝송

이현명

나는 말이 없다. 온전히 아니 하루 종일 말을 하지 않는다. 그렇다고 말을 하기 싫다거나 그런 것은 아니다. 대신 혼자 유튜브에 나오는 옛날 팝송을 자주 많이 듣는 편이다.

가끔 나는 병원에 간다. 그곳에선 담당 의사와 간호사와 진료에 필요한 몇 마디만 하면 대화는 끝난다. 오늘도 잔 볼일까지 끝내고 집으로 돌아간다. 늘 지하철을 이용한다. 무임승차다. 입장할 때 승차권을 찍으면 그냥 통과된다. 젊어 한때 취직도 하고 결혼해서도 계속해 일을 해서 세금 고지서가 나오면 큰 액수 적은 액수 한 푼도 깎지 않고 꼬박꼬박 열심히 납부결과다.

이제 내 나이 65세가 지나며 패스권만 출입 검사기 위에 살짝 놓으면 출입을 막았던 쇠막대기가 자동으로 팔을 열어 움직이면서 그냥 통과시킨다. 그럴 때는 기분이 묘하게 좋다.

무료가 있는 이 편한 세상에 살면서 오늘도 사르르 미끄러지듯 에스컬레이터를 타고 지하로 내려간다. 그리고 지하철 타는 곳, 문이 열리는 바로 앞바닥 표식 위에 발을 올려 놓고 첫 번째로 섰다.

지하철 문이 열리는 바닥, 그 표시쯤 자리에 정확하게 섰다. 그리고 바로 옆줄, 제일 앞에는 눈 코 입 균형이 잘 잡힌 예쁜 아가씨가 첫 번째로 서 있다. 연보라빛 하늘거리는 촉감의 옷을 입은 그녀 뒤로는 귀엽게 잘 생긴 청년이 서 있다. 두 사람은 연인 사이 같은데 별로 말이 없다. 드디어 지하철이 도착하고 사르르 문이 열렸다. 지하철 안은 적당히 붐볐다. 나는 지하철 출입문이 열리자, 왼편 문 안쪽으로 들어가 곧바로 옆 노인석에 앉았다.

그런데 그 예쁜 아가씨도 바로 내 옆자리에 앉는다. 나는 놀라면서 아니? 아직 젊은데…… 의아한 눈초리로 검문하듯 슬쩍 곁눈질로 그녀를 보았다. 아…… 그렇구나 라고 나는 곧 이해를 했다. 미처 눈치를 채지 못했지만 아가씨는 임신한 몸이었다. 그렇다면? 그녀 앞에 마주 서 있는 귀티 나는 청년을 다시 바라보았다.

둘이서 뭐라고 대화를 한다. 한국어? 아니다. 우리나라 사람인 줄 알았는데 아니었다. 사사사…… 도대체 무슨 말인지 어느 나라 말인지 속삭이듯 소곤거리는 언어를 전혀 못 알아 듣겠다. 궁금증으로 가득찬 나의 귀는 토끼의 귀처럼 쫑긋하며 어느 나라 말인지 짐작이라도 해보려 애썼지만 전혀 알 수 없었다. 그들은 말을 주고받다가 잠시 멈추었다.

어디서 내게 용기가 났을까? 나는 여인에게 말을 걸고 있었다. 어느 나라에서? 혹시 일본? 중국? 몇 마디 묻자 그녀가 내게 미소를 지었다. 중국이란다. 그래요? 내가 물었다. 그럼 한국에 살아요? 아니요. 고개를 살며시 흔든다. 그럼 여행 왔나요? 나는 계속 질문을 하였다. 그녀는 고개를 끄덕이며 미소로 대답하였다.

예쁘게 볼록한 그녀의 배를 보며 아하? 한술 더 떠서 아기를 가졌네요. 라고 말하자 그녀는 고개를 끄덕였다. 그런데 나는 나도 모르게 미소 지으며 그녀에게 자랑하듯 말했다. 나의 아들이 중국 아가씨랑 결혼하여 남자 아기를 낳았어요. 그녀는 눈빛 가득 예쁜 미소를 지으며 살짝 그러세요? 라고 하듯 끄덕였다. 결혼한 지 얼마나 됐어요? 1년요. 그래요? 나의 아들은 10년을 연애하고 결혼을 하였는데…… 오래 사귀였나요? 묻자 그녀는 미소 지으며 아니요. 1년이요. 나는 조금 당황하며 괜시리 물어보았나 미안해하면서 아하…… 차암…… 요즘은 초스피드 시대네요! 그러자 그녀도 아기 아빠가 될 미남 청년도 내게 큰 미소를 보냈다.

어느새 내가 내릴 정류장 방송이 나온다. 나는 미소와 함께 일어서며 중국 청년 부부에게 작별 인사를 했다. 해브 어 나이스 트립! 손까지 흔들며 아기 축하해요!

나는 밖으로 걸어 나오며 괜시리 어깨를 으쓱 거렸다. 나는 여러 마디 말을 했다. 나는 혼자가 아니다. 남녀, 나이 가리지 않고 대화했다. 나라도 가리지 않았다. 게다가 나이스 트립? 그리고 아기를 축하해요! 내가? 와! 나는 수다인인가? 국제적인가?

나는 대화한다. 남과 녀, 세대, 국적을 가리지 않는다. 즐거운 날이다. 귀가 후 집안에선 여전히 팝송을 듣는 내 가슴엔 환한 미소가 번진다. 옛 유명 팝송, 도즈 워더 데이즈(those were the days). 라라라 나는 혼자가 아니다. 나는 소통하며 살고 있다. 나는 한국 사람이다. 지구인이다.

— 「팝송」 전문

작품평

이현명 작가의 수필 「팝송」은 노년의 일상 속에서 느끼는 고독과 소통의 기쁨을 따뜻하게 담아낸 작품입니다. 말이 적은 화자가 지하철에서 중국인 임산부와 짧은 대화를 나누며 "나는 혼자가 아니다"라는 깨달음에 이르는 과정을 섬세하게 그려냅니다.

무료 지하철, 에스컬레이터, 출입구 앞에 정확히 서는 습관 등 구체적인 일상 묘사는 노년의 삶을 생생하게 드러냅니다. 특히 외국인 부부와의 우연한 만남은 세대와 국적을 초월한 인간적 교류의 순간으로 확장되며, 화자는 그 속에서 활기를 얻습니다.

마지막에 흘러나오는 팝송 "Those were the days"는 과거의 추억과 현재의 삶을 이어주는 상징으로, 글 전체의 정서를 맑고 희망적으로 마무리합니다. 이 작품은 나이 듦을 소멸이 아닌 소통과 연대의 가능성으로 바라보게 하는 노년 수필의 미덕을 잘 보여줍니다.

서정성과 유머, 자기 성찰이 고르게 어우러져 있어 독자는 화자와 함께 미소 지으며 글을 마무리하게 됩니다. 무엇보다 "나는 혼자가 아니다"라는 깨달음은, 개인적 고백을 넘어 보편적 공감의 울림으로 확장됩니다. 「팝송」은 노년 문학의 한 사례로도 의미가 있고, 동시에 국적과 세대를 아우르는 '소통의 가능성'을 노래하는 밝은 메시지를 품은 작품이라고 할 수 있겠습니다.

— 김영두 소설가

이현명

등단 : 1986년 《월간문학》 「개구리」(수필), 1987년 《월간문학》 「고골호수」 외(시)로 입선.
대표작 : 시집 『혼불』 『커텐 사이로』 외 다수.
수상 : 영화 다큐멘터리 감독(국제노인영화제) 장려상, 40년 그리고 30년 우수상, 수선화(참혹했던 일본 쓰나미와 남녀 사랑이야기) 대상 등 수상.
현재 : 이대동창문인회 이사. 한국문인협회, 한국시인협회, 국제펜한국본부 회원.

▶ 시조

전연희
[시조 분과 / 국어국문학과 / 1969년 졸업]

대표작
꽃무릇 별사別辭
모란아모란아 — 사월에

작품평

프로필

sijo

대표작

꽃무릇 별사別辭

전연희

―

남겨 둔 발자국을 그대 딛고 돌아오라
살풀이 긴 자락을 모둠발로 내린 자리
뜨거워 눈을 감으면 가슴속도 불길이다

눈물은 별빛의 씨 뿌리 속 젖는 온기
헝클린 길을 닦아 붉은 살점 뚝뚝 진다
스러져 뼈마저 녹아 빈 하늘이 고이도록

오가는 꽃잎끼리 받드는 소신공양
명치에 갇힌 돌이 이보다 가벼우리
한 무리 지는 꽃 앞에 맑게 우는 종소리

― 「꽃무릇 별사別辭」 전문

모란아모란아 — 사월에

웃음도 죄스러운 이 사월* 뒤안길을
철모르는 여인네의 아찔한 저 분내음
드러낸 가슴 안쪽이 노란 꽃술이었네

*세월호 침몰 사고 2014. 4. 16.
— 「모란아모란아」 전문

작품평

 전연희 시인은 잃어버린 서정시의 위의威儀를 다시 세워보려는 정신을 바탕으로 하여, 근원적인 소리와 아름다운 풍경 사이에서 자신의 투명하고도 속 깊은 서정의 세계를 풀어놓는다. 함축과 절제의 정점을 아름답고 투명한 심미적 차원으로 구축하고 있다. 이 모든 것이 서정의 전위前衛로서 전연희 시조가 거둔 미학적 성취일 것이다. 이제 우리는 언어예술로서의 엄정함과 고전적 통찰을 담아내면서도 의미의 투명성을 건네는 시조, 정서적 위안과 인지적 울림을 동시에 허락하는 시조, 소통 가능성과 미학적 완결성을 꾀하여 복합적 기억을 생성해 주는 시조, 전통을 이어가면서도 동시대의 담론을 민활하게 결합해 가는 시조를 그의 여러 작품들에서 흰칠하게 발견하게 된다. 그렇게 전연희 시인은 시조 미학의 이러한 가능성을 최대화하고 첨예화해 주었다.
 — 유성호 문학평론가

 시인이 구사하는 시조의 가락은 물 흐르듯이 자연스럽게 전개되고 있으며, 솔기 하나 없이 매끄럽게 이어진 옷감의 그것처럼 평탄하고 담백하게 전개되는 시상의 흐름은 달인의 경지를 느끼게 한다. 시조의 율격과 보법을 끌어안고 숙련을 거듭해 온 시인의 절차탁마의 시정신을 엿볼 수 있다. 시인이 자전적 시론에서 언급한 것처럼 어떤 "과장이나 허상"도 없이 있는 그대로의 "맨살"과 "속엣말"을 드러내듯이 펼쳐 놓고 있는 시적 공간은 시인의 진솔함과 진정성으로 인해서 독자들의 심금을 울리는 감동의 원천이 된다.

— **황치복** 문학평론가

전연희

등단 : 1986년 전국시조백일장 장원(초회 추천), 1988년 《시조문학》으로 등단.
대표작 : 시집『얼음꽃』『이름을 부르면』현대시조 100인선『푸른 고백』외 다수.
수상 : 한국시조시인협회상 본상, 이호우·이영도시조문학상, 백수시조문학상 등 수상.
현재 : 한국시조시인협회, 부산문인협회 자문위원.

시조

하경민
[시조 분과 / 국어국문학과 / 1963년 졸업]

대표작
겨울비
길
도라지꽃
몰운대

작품평

프로필

sijo

대표작

겨울비

하경민

─

경이롭고 신비로운
겨울비가 내린다.

허전한 내 꿈의 뒤란에
가끔은 슬픔처럼
가슴을 먹먹하게 하며
쏟아지는 겨울비
―「겨울비」 전문

길

아득한 기억
소소히 허공을 향하고

아련한 꿈을 꾸듯

여물진 사랑의 길
잊혀진 그대 목소리
겨울 물살 울리네.
―「길」 전문

도라지꽃

너 무슨 꽃 될래
심심산골에 숨어 피는 도라지꽃 될래
산새도 오고 솔바람도 쉬어 가는
심심산골에 꼭꼭 숨어 피는 도리지꽃 될래
바람도 쉬어 가고 뭇짐승들도 놀다가는
깊은 산골 어디메든 피어서 흔들리며
도라지 노래 부를래.
―「도라지꽃」 전문

몰운대

갈매기와 파도가
함께하는 바다 그곳

물소리 아우성에
버들가지 흔들고

가슴의 그 빈자리에
가득찬 구름 조각
— 「몰운대」 전문

작품평

유명인의 생애나 단편을 작품화한다는 것은 성공률이 매우 낮다. 그러나 "어떤 인생사"에서 인용한 셋째 수 / 한 사나이 심전에 심어진 풀꽃으로 / 사랑의 징검다리 조율된 눈물의 노래 / 이미지 아로새겨진 긴 터널 벽의 그림임을/은 절창이다.

이영도 시인의 단아한 이미지를 풀꽃으로 상징한 것과 조율된 눈물의 노래 그리고 긴 터널의 벽의 그림이 흔치 않은 사랑을 안타까워하게 한다.

눈물을 조율해야만 했던 사랑은 바로 눈물인 탓이다. 긴 터널의 벽의 그림은 슬픔이다.

— 박정선 문학평론가

하경민
등단 : 1986년 《시조문학》으로 등단.
대표작 : 『작은새 피리네 새여』 『꿈꾸는 숲』 『어머니의 강』 외 다수.
수상 : 성파시조문학상, 부산여성문학상 등 수상.
현재 : 한국시조문인협회, 부산문인협회, 부산시조문인협회 회원.

제3부

1987~1995

오희숙(수필)	유선진(수필)
김순이(시)	김영두(소설)
이진화(수필)	정끝별(시)
김남순(수필)	김선진(시)
김현숙(소설)	박명희(소설)
오은주(소설)	주문희(수필)
조한숙(수필)	신정희(시)
이옥진(시)	조연경(수필)
김정희(번역)	류선희(시)
이정자(시조)	이종수(수필)
김국자(수필)	박영자(소설)
주연아(수필)	홍애자(수필)
고은주(소설)	김행숙(시)
서승석(시)	정부영(수필)

수필

오희숙
[수필 분과 / 영어영문학과 / 1962년 졸업]

대표작
소금단지

작품평

프로필

essay

대표작

소금단지

오희숙

———

　손바닥에 올려놓으면 딱 알맞을 정도의 중량감을 느끼게 하는 단지 하나를 갖고 있다. 한쪽 귀퉁이가 튕겨 나가 그 부분은 아무리 씻어 보아도 약간 검기 때문에 단번에 깨져 나간 표시가 눈에 띈다.
　맨 처음 깨져 나갔을 때 이 부분은 깨끗하고 윤이 났을 것이다. 그러나 오랜 세월이 흐르는 동안 흠집에 먼지가 끼고 찌들어져 다시는 원래의 빛깔을 찾을 수 없게 변했을 것이다.

　이 단지는 어느 때부터인지 모르게 친정집 부엌 부뚜막에 소금단지로 놓여 있었다. 음식을 준비하시다가 소금 간을 필요로 하는 음식을 익히실 때마다 어머니 손이 닿았을 이 단지는 어머니가 세상을 뜨신 후 내 손에 들어왔다.
　내팽개쳐진 헌 신발짝처럼 어수선한 부엌 한쪽에 외롭게 버려져 있는 모습이 안타까워 내가 주워왔다. 원래 그릇 사치를 많이 하신 어머니라 찬장마다 멋진 그릇들이 많이 있었지만, 왠지 이 소금단지 외엔 아무것도 갖고 싶지 않았다. 화려하게 치장한 어머니 모습보단 행주치마를 두르고 바삐 움직이시던 소박한 어머니 모습이 더 그리웠기 때문인지도 모른다.
　서둘러 찬을 장만하시던 어머니의 자애로운 모습도, 부엌 가득 채우시던 어머니의 구수한 내음새도 이제 다시는 대할 수 없게 되었다.

나는 이 단지를 화학 세제로 씻고 오랫동안 물에 담가 소금기를 말끔히 우려내어 안방 문갑 위에 장식해 놓았다.

백자 옆에 세우면 가무스름한 회색빛이 돋보이고, 청자 옆에 놓으면 흰빛이 살아나는 이 단지는 내가 가진 어떤 도자기로 흉내 낼 수 없는 특유한 빛깔을 갖고 있다.

이 단지가 어떤 과정을 거쳐 어머니 손에 들어가 부엌 부뚜막의 소금단지가 되었는지 나는 모른다. 사대부의 멋을 자랑하는 백자의 검소한 아름다움 대신 희뿌연 회색이 가미된 빛깔의 아둔한 색조를 지닌 이 조그만 친근감이 어머니로 하여금 손 가까이에 두고 싶은 마음을 갖게 해드린지도 모른다.

구울 때 유약이 채 발려지지 않은 부분에 진한 회백색의 반점을 많이 갖고 있는, 밑쪽엔 다듬어지지 않은 나선 모양의 선이 그어진 둔탁하게 생긴 이 단지를 나는 좋아한다. 가만히 들여다보고 있으면 오랜 정든 벗을 대할 때처럼 마음이 놓이고 부담 없는 정겨움을 느끼게 해 준다.

부담감 없이 만나고 대할 수 있는 사람이나 물건은 흔치 않다. 열 길 물 속은 알아도 사람 속은 모른다는 말이 실감 나고, 때문에 누구를 대하든 피로감과 부담감을 갖게 마련이다.

나는 단지 밑부분의 까맣게 찌든 얼기설기 엉켜 있는 미(美)를 감상하기 좋아한다. 아무런 꾸밈도 가식도 없이, 있는 그대로의 모습을 완전히 드러내고 있다. 자랑하고 싶은 고운 선도 자태도 없이 아둔한 빛깔로 투박스러울 만큼 소박함만을 드러내고 있다. 많은 시련을 겪고 어느 곳, 어느 때든지 소금의 역할을 감당할 수 있는 사람의 모습이 이럴 수도 있지 않을까 생각해 본다.

모가 없이 둥글고 가식이 없이 소탈하며 꾸밈없이 자연스럽고 무한한 포용력을 가졌으나 자랑하지 않는 소박한 모습의 인간……

나는 친정집 부뚜막의 따사로운 훈기를 소금단지를 통해서 느낀다. 친정

집의 부뚜막엔 소금단지 외에도 식초를 만들던 정종병과 물기에 후줄근하게 변형된 성냥통도 함께 놓여 있었다. 막걸리를 정종병에 부어 넣으시며 어머니는,

"오이, 미역냉채가 맛있는 절기가 왔구나."

하시기도 했다.

막걸리가 삭아서 식초가 되기까지 어머니는 맛을 보시고 또 보시고, 하루에도 수십 번씩 소금단지와 정종병과 성냥통을 이리저리 옮겨 놓으며 부뚜막을 깨끗이 닦으셨다. 나는 반질반질 윤이 나는 부뚜막에 걸터앉아 열심히 일하시던 모습을 보길 참 좋아했다. 소금단지 속엔 하얗게 반짝이는 소금이 항상 가득 담겨 있었고, 식초병엔 뽀얗게 가라앉은 앙금 윗부분에 노리끼리한 맑디맑은 식초가 떠 있었다.

나는 안방 문갑 위에 따사로운 햇볕을 안고 놓여 있는 소금단지를 본다. 속은 텅 비어 있다. 간숫물이 스며들어 간 검은 선의 흔적만 남아 있다.

손바닥에 가만히 올려놓아 본다. 알맞게 주어지는 중량감. 나는 단지 가득, 어린 시절의 추억과 어머니의 그리움으로 채워본다.

─「소금단지」 전문

작품평

1987년 내가 수필가로 정식 등단하던 해 등단 수필이다. 내가 제일 아끼는 작품으로, 당시 《수필공원》 주필로 계시던 수필가 박연구 선생님의 좋은 평을 받았다. 시인이나 수필가다운 면모보다는 소설가의 자질이 돋보인다고 평해주었다. 국문학자였던 이응백 선생님의 평도 과분했다. 「소금

단지」에는 어머니의 사랑을 잊지 않고 기억하고 있는 내 마음이 그대로 담겨 있다.

— 자평

어머니가 불혹을 훌쩍 넘긴 46세 되던 1985년에 쓰신 수필이다. 최초 이 수필은 시인 신달자 선생님이 엮으신 수필집 『다시 태어남을 위하여』에 다른 6인이 쓴 수필들과 함께 실렸다. 이후 이듬해인 1986년 계간 《수필공원》 겨울호에 실렸고, 동 여름호에 실린 수필 「경대를 바라보며」와 같이 추천됨으로써 1987년 어머니가 수필가로 등단하는 데 일조하였다.

어머니는 말 못할 삶의 수많은 시련과 난관을 문학으로 이겨내셨다. 나를 포함하여 세 자식을 키우는 동안 짬짬이 앉아 수필을 쓰시던 모습을 여전히 기억한다. 글을 쓰실 때의 어머니 얼굴은 내가 본 중 가장 평안했다. 거동이 불편하여 누워 계시는 편이 많은 지금도 내 옆에 앉아 틈나는 대로 글을 쓰신다. 나의 글쓰기와 학문에 대한 열정은 아마도 이러한 어머니의 피를 물려받은 결과일 것이다.

올해 6월 단독 저서로는 처음 출간하신 회고록 『아버지, 나의 아버지』를 출판사와 같이 편집하면서 외가에 대한 몰랐던 사실들을 많이 알게 되었다. 외가에서 첫 손주였던 나는 외가에서만큼은 어디에서도 누려보지 못한 왕자 같은 시간을 보냈다. 이러한 조건 없는 사치는 때로 한 남자가 살아가는 데 근원적인 동력으로 작용하기도 한다. 외조부, 외조모님이 베풀어 주신 사랑은 그 정도로 가치 있는 것이었다.

'소금단지'의 원 소유주였던 외조모님은 경상도식으로 표현하면 '애살'이 많은 분이었다. 그 덕에 어머니는 어린 시절부터 나름 적잖은 곤란(?)을 겪으셨던 것 같다. 외딸로서 외조모님의 눈에 차지 않은 부분들이 있었기 때문이다. 그러나 손자였던 나에게는 무한히 관대하셨다. 외조모님은 요즘

기준으로는 이른 나이인 환갑에 돌아가셨다. 그 마지막 나날의 밤들을 나는 외조모님과 같은 이부자리에서 보냈다. 외조모님이 그립다.

— **가족평** 아들 김택중

오희숙
등단 : 1987년 《수필공원》으로 등단.
대표작 : 『다시 태어남을 위하여』(공저), 『떠오르는 빛』(공저), 『나무로 만나 숲으로 서다』(공저), 『아버지, 나의 아버지』 외 다수.

수필

유선진
[수필 분과 / 영어영문학과 / 1959년 졸업]

대표작
더위와 맞서다

작품평

프로필

essay

대표작

더위와 맞서다

유선진

　기상청의 날씨 관측 이래 초유의 더위라는 금년 여름을 에어컨 없이 보내고 있다. 우선 단열 하나는 제대로 된 집이고, 앞뒤 유리창이 남북으로 툭 튀어서 맞바람이라도 불어오면 견딜만하여 선풍기 몇 대만 놓고 지낸다. 남편의 평생의 좌우명 '절약'이 만드는 여름나기다.
　'절약하기 위해 태어난 사람'이라고 해도 무방할 남편의 절약시리즈를 엮으면 한 권의 소설이 될 것이다. 그다음 권은 그 아내의 숨 막히는 절규. 마지막 한 권은 절약이 주는 가치에 길이 들여진, 저 유명한 계명인 '부부일심동체'의 현주소일 것이다. 아니, 실내 온도 31도 32도에 살면서도 그리 불편하지 않은 마춰된 심신이 되기까지의 과정이 되려나?
　오늘은 벽시계가 실내 온도 29도를 가르키고 있다. 이 여름 들어 처음으로 선풍기를 틀지 않고 이틀을 보냈다. 에어컨을 26도 언저리에 놓고 지내는 생활이었으면 29도는 견딜 수 없는 더위일지 모른다. 그런데 30도를 웃도는 집에서 살던 사람에게 29도는 조금도 덥지 않다. 상쾌하기까지 하다. 29도에서 전혀 더위를 느끼지 않는다는 것은 그 사람이 32도 33도를 온몸으로 맞서며 지냈기 때문이리라. 고난이라는 것도, 고통이라는 것도 이런 것이구나 생각이 든다.
　생각해 보면 내 인생 구십 년도 고난이 키워 낸 세월이다. 숱한 실패와 좌절에 부딪치며 마디가 단단하고 굵어졌다. 만일 무고와 안일로 편안했다면 수없이 몰아친 풍우를 어찌 감당했으랴.

요즘 사람은 불편을 견디지 못한다. 더운 것도 추운 것도 곧바로 냉난방에 의지한다. 그러다 보니 자체 온도 조절 능력은 점차 퇴화되고, 질병에 대한 저항력도 약해진다. 더위와 맞서는 일, 추위를 견디는 일이 건강증진을 위한 더 없는 운동이 될 터인데 말이다. 자발적 불편함을 즐길 줄 아는 것은 정신 건강의 으뜸이다.

아흔다섯 살 남편은 전기료가 아까워서, 아흔 살 그의 아내는 에어컨 없이 사는 생활의 좋은 점을 꼽아가며 막바지 더위를 덥게— 아니 시원하게 보내고 있다.

　—「더위와 맞서다」 전문

작품평

유선진 작가의 글 「더위와 맞서다」를 논하기 전에 작가와의 개인적 인연에 대해 짧게 이야기할 필요가 있겠다. 작가는 나의 여고 8년 선배이지만 작가의 글을 읽기 전까지는 전혀 모르는 사이였다. 20여 년 전, 여고 동창회 홈페이지에서 작가의 글을 처음 읽은 날 이후 나는 작가의 열렬한 애독자가 되었다. 일상의 경험들을 자기 연민 없이 섬세하게 묘사하며, 아픔을 아름다움으로 승화시키는 글에서 깊은 감동과 내공이 느껴져 매료되었다.

작가는 자신의 수필집 서문에서 "나에게는 나름의 삶의 철학이라고 해도 좋을 한 가지 신조가 있다"고 말한다. 사람이 자기가 경험하는 독특한 체험들은 그것이 실패든 성공이든 다른 이와 공유해야 한다는 것이 그것이다. 내가 먼저 겪은 일들은 나보다 나중에 부딪칠 사람에게 좋은 경험담이 되며 길잡이가 되기 때문에 '삶'은 귀중하고 서로 나눠야 한다는 요지이다. 이것이 작가가 글을 쓰는 이유이고, 바로 그런 이유로 이 작가의 글을 읽는 독자들은 작가의 글을 통해, 아직 닥쳐오지 않은 자기 인생길에 '간접경험'이라는 나침판 하나를 갖는다.

이 글 「더위와 맞서다」도 같은 맥락이다. 이 글을 읽으면 작가 특유의 고난, 결핍의 선기능(은혜)에 직면하게 된다. 그리고 승화된 아픔에서는 잔잔히 감동한다. 불편에 대해서도 다시 생각하게 된다. "자발적 불편함을 즐길 줄 아는 것이 정신 건강의 으뜸"이라는 구절은 편리함을 쫓기보다는 그 불편을 감수하고 나면 오히려 삶이 가벼워지고 마음이 단단해짐을 알게 한다.

이같이 확실하게 교훈을 주는 글임에도 작가의 글은 결코 건조한 훈화조로 전개되지 않는다. 담담하면서도 위트와 유머 있는 문체와 안정적인 구성으로 독자들에게 공감을 안겨준다.

작가는 단순한 '더위 견디기'라는 일상적 주제를 통해 인내와 노년의 삶의 태도 등 깊은 주제를 끌어낸다. 그러므로 유선진이라는 작가는 단순히 '글 잘 쓰는 사람'이 아니라, 삶 자체를 문학으로 삼고 있는 생활 철학자라고 말할 수 있겠다.

— **이경순** 전 영상물등급위원장

유선진
등단 : 1987년 《월간문학》으로 등단.
대표작 : 『섬이 말한다』, 『사람, 참 따뜻하다』, 『한 평 반의 행복』 외 다수.

시 ▶

김순이
[시 분과 / 국어국문학과 / 1969년 졸업]

대표작
제주바다는 소리쳐 울 때
아름답다

작품평

프로필

poem

대표작

제주바다는 소리쳐 울 때 아름답다

김순이

―

맨살의 얼굴로
제주바다는 소리쳐 울 때 아름답다

외로울 때마다
바다를 생각하는 버릇이 있는
나는 바닷가 태생
구름에서 일어나 거슬러 부는
바람에 쥐어 박히며 자랐으니
어디에서고 따라붙은 소금기
비늘 되어 살 속 깊이 박혔다
떨치고 어디론가 떠나보아도
되돌아오는 윤회의 파도가
내 피 속에 흘러
원인 모를 병으로 몸이 저릴 때마다
찾아가 몸을 담그는 나의 바다
깊은 허망에 이미 닿아
더 이상 잃을 것도 없는
몸이 되었을 때

나는 바다로 가리라
소리쳐 울리라
제주바다는
맨살의 얼굴로 소리쳐 울 때 아름답다
―「제주바다는 소리쳐 울 때 아름답다」 전문

작품평

  시선집 『기억의 섬』은 제주도의 산과 바다, 그리고 그런 자연 속에서의 삶이 역사나 개인의 문제에 반영되는 아픔과 체관들로 그 특징을 이루고 있다. 어떤 대목에서는 서술이 늘어나고 있는 점도 지적되어 마땅하지만 그런 점까지 감싸안는 미덕인 바, 첫째 이색적인 이미지 남용이나 기교부리기 따위가 없어서 그것이 오늘의 시 경향에 대한 의연함이 되고 있음을 안다. 빼어난 체험감각이 살아서 조용히 삶의 달관에 다가가는 것은 놀랍다.
― 후략 ―

― 고은 시인

김순이

등단 : 1988년 계간 《문학과 비평》으로 등단.
대표작 : 시집 『제주바다는 소리쳐 울 때 아름답다』. 시선집 『기억의 섬』 『제주야행』 외 다수.
수상 : 학원문학상, 이화여자대학교 주최 전국여고생문학백일장 장원, 제주문학상 등 수상.
현재 : 제주문학관 명예관장. 제주도민속자연사박물관 학예사. 문화재청 문화재감정관.

소설 ▶

김영두
[소설 분과 / 물리학과 / 1977년 졸업]

대표작
푸른달

작품평

프로필

novel

대표작

푸른달

김영두

사랑하는 나의 딸, 진아야,

창밖에 초승달이 떴구나, 미황색의 달빛이 어슴푸레 창문을 비추고 있구나.

너에게 꼭 해줄 말과 물려줄 물건이 있어. 30년 전, 네 아버지가 내게 프러포즈 하던 날, 내 목에 걸어준 목걸이야.

"어머니께서 임종하시면서 주신 물건이에요. 제게 결혼할 여자가 나타나면……"

네 아버지는 20대의 헌헌한 사내대장부였음에도 여인네처럼 수줍음을 타면서 초승달 모양의 금목걸이를 내게 걸어주었어. 그는 내게 하늘의 달을 따 준거야. 달은 노랗고 환하고 반짝반짝 빛이 났어. 하지만 더할 나위 없이 낡아서 박물관 진열장에서나 볼 수 있는 물건 같았지. 네 아버지는 나의 임신도 너의 탄생조차도 알지 못해. 내가 가족과 학우들과 조국에게서, 또한 네 아버지에게서도 숨어야 했던 뼈아픈 사연을 알릴 수가 없었으니까.

오늘 뉴스에 네 아버지가 나올 줄 알았어. 그래서 아침부터 TV를 켜놓았지. 치안감이래나. 무슨 지방경찰청장으로 퇴임을 하는구나.

"30여 년간의 공직 생활을 끝으로 정든 경찰을 떠납니다. 큰 자부심과 긍지를 가지고 퇴임합니다. 경찰은 '인명 존중'이라는 절대 가치를 우선시

해야 하며……"

사랑하는 내 딸 진아야,

작별도 못하고 보내버린 청춘은 돌이킬 수 없어졌고, 또한 횃불처럼 지펴졌던 정열은 재처럼 사그라졌구나. 우리의 실체는 불멸하는 영혼이 아닐까. 육체는 잠시 머물다가는 집일 뿐, 아마 혼이 들어있는 인간은 그리 쉽게 쓰러지지는 않을 거야.

나무 밑동을 감아 도는 시린 새벽안개처럼 숨이 차가워지고 있구나. 숨에 냉기가 서리는 이유가 무엇일까. 건강검진의 결과가 이 암울한 느낌의 해답을 줄 거야. 전문의가 내게 시한부 인생임을 선고한다고 해도, 열정적인 살사춤을 배우고 싶어. 아프리카의 오지를 탐험하고 싶어. 에베레스트 정상을 오르고 싶어. 스카이다이빙도 하고 싶어. 세상의 어느 용감한 여행자도 저어했던 한계선을 넘는 도전을 하고 싶어.

고상하고 우아하게 늙어가기보다는 더 많은 실수를 하며 또 그 실수를 극복하며 거칠게 살고 싶어. 그리고 힘닿는 데까지 너의 일을 돕고 싶어. 네가 동고동락을 맹세했다는 청년과 결혼하여 가정을 꾸리고 아이의 엄마가 되는 것도 보고 싶어.

난 아직도, 플라타너스 가로수 길에서 네 아버지를 처음 만나던 날처럼 심장이 뜨겁거든.

―「푸른달」 일부

작품평

여러해 전 김영두의 소설집 『미투』에 실린 「호텔리치몬드 인 에베소」를 읽었을 때, 단편 몇 편이 진하디 진한 정사 장면에다 감히 어느 누구도 묘사할 수 없는, 마지막 절(節)에서……정사를 끝낸 뒤 창가에 홀로 서서 떠나가는 애인의 뒷모습을 바라보는 주인공의…… 허벅지에서 흘러내리던 뜨거운 분비물 장면에서 적잖은 충격을 받은 일이 있다. 그런데, 소설가 교주(유만상)가 늘 자신있게 김영두를 칭찬하던 기억이 잊히지 않았다. "김영두 글 잘 써요! 김영두가 소설 잘 쓴다고요!" 교주의 칭찬 때문이 아니라, 내가 감탄한 것은 김영두의 거칠 것 없는, '내숭없음!' 이었다. 우리나라 여성작가들 중에, 김영두만큼 남녀관계 인간관계를 적나라하게 그려내는 소설가가 드물지 싶다.

우선 가볍지 않은 마음으로 김영두의 소설을 열었다. 그러나 읽기 시작하자 술술 읽힐 만큼 김영두의 소설 속 세상으로 빠져들었다. 「상당(上黨)산성에 뜨는 달」 외에 일곱 편은 일인층 소설로, 읽는 동안 김영두의 이야기를 직접 듣는 듯 친근했다. 내숭 없이 솔직한 술회를 직접 듣는 것처럼 솔깃했다. 걸칠 것 없는 솔직함, 개칠한 흔적 없는 정직성,…… '글은 곧 그 사람이라'는 말이 있지만 김영두의 내면을 샅샅이 드려다보는 느낌이었다.

우리나라 여성문사들에게는, 조선시대의 유교의 흔적이 관습의 문신처럼 남아있는 까닭인지, 대체로 그 글들이, 어느 대목쯤에서는 무엇인가를 감추거나 슬쩍 넘어가거나 숨긴 듯한 내숭끼를 만날 때가 적지 않았다. 그런데 적잖은 일본 여성문사들의 속옷까지 활활 벗어 붙인 듯 아슬아슬할 만큼 자유스런 글을 만날 때마다, 왜 우리나라 여성들은 자기 자신에게조차 정직, 자유롭지 못한지 답답할 때가 있었는데, 김영두의 소설은 그런 뜻에서 특별했다.

『푸른달』은 결혼한 적이 없는 엄마가, 아버지 없이 태어난 딸에게 주는 회고 형식의 이야기이다. "……나는 젊은 날 끝내주게 미쳤었어…… 이제 안정에 대해 조금 눈 뜰만 해졌지만, 난 앞으로도 말썽거리를 찾아다니며 전진하는 삶을 살고 싶은데 왜 지나간 세월을 회상하게 되는지……"

말썽거리를 찾아다니며 전진하는 삶을 살고 싶은 주인공, 바로 김영두는 그 자신의 삶, 순간, 순간이 남다른 스토리이다.

— **정연희** 소설가, 대한민국예술원 회원

김영두

등단 : 1988년 《월간문학》 단편소설 「둥지」 입선, 1990년 《중앙일보》 동화 「부소산 소년」 입선.
대표작 : 『푸른달』 『첫사랑, 첫키스』 『술꾼, 글꾼 우러러 그리되리라』 외 다수.
수상 : 한국소설작가상, 문학저널창작문학상, 계몽아동문학상, 영랑문학상 등 수상.
현재 : 한국문인협회 소설분과 회장. 이대동창문인회 부회장. 계간 《소설앤소설가》 발행인.

수필

이진화
[수필 분과 / 특수교육학과 / 1978년 졸업]

대표작
날개옷을 짓는 직녀

작품평

프로필

essay

대표작

날개옷을 짓는 직녀

이진화

―

 인간이 살아가는 데 가장 기본적인 조건은 '의식주(衣食住)'라고 한다. 발음하기 편해서인지 다른 이유가 있는지는 몰라도 '식의주'나 '주식의'가 아니고 우리는 아무 거부감 없이 '의식주'라는 말을 쓴다. '옷이 날개다'라는 말이 있지만 생활이나 생존을 위해 과연 음식이나 집 이상으로 옷이 중요한가, 그렇게 주장하기는 어쩐지 억지스러운 느낌이 든다. 하지만 지난가을 산더미 같이 쌓인 옷과 한판 승부를 겨루면서 인간의 사회적인 욕구는 무엇보다 옷으로 상징된다는 걸 확실하게 깨달았다.
 노경의 어머니께 보다 편리한 환경을 만들어 드리기 위해 새 아파트로 이사를 계획했는데 가장 큰 문제는 차곡차곡 모아둔 살림을 어떻게 처리하는가 하는 것이었다. 공간의 면적이 작아지니 당연히 짐을 줄여야 하지만 도무지 엄두가 나지 않았다. 그중에서 가장 많은 물건은 홀로 살며 25년간 모은 옷가지와 원단, 갖가지 부자재였다. 어머니는 왜 그렇게 옷에 집착하셨을까, 짐작되는 바가 없는 건 아니다. 나도 어머니의 옷 사랑에 일조를 한 장본인이기 때문이다.
 어머니 연세 여든 무렵 나는 라이프코칭이라는 새로운 일을 시작하면서 어머니를 내 연구소의 1호 고객으로 모셨다. 고객의 삶의 이야기를 새롭게 쓰기 위해 심층 인터뷰를 했다. "어머니, 다시 젊은 시절로 돌아간다면 무엇을 하고 싶으세요?" "내가 인생을 다시 산다면 디자이너나 배우로 살고 싶다." 뜻밖의 답을 듣고 나는 평생 어머니의 후원자, 매니저가 되기로 작심을 했다. 그래서 합의를 본 것이 시니어 라이프모델이다. 실제로 몇 번 스카웃 제의도 있었지만 누군가의 통제를 받지 않고 생활 속의 모델이 되기로 한 지 10년이 넘었다.

어머니의 옷에 대한 취향은 확실하다. 평소에 색감 좋고 디자인이 세련된 옷을 즐겨 입는 편이고 비싸지는 않아도 원단이 좋은 옷을 고쳐서 세상에 하나뿐인 의상을 만들고 항상 깨끗하게 갈무리를 해두었다. 내가 어릴 때는 소매와 깃이 닳아버린 아버지의 와이셔츠로 여름 원피스나 등거리를 만들어 입혔고, 겨울에는 털실로 뜨개질을 하느라 한시도 쉬는 적이 없었다. 틈틈이 부녀회관에 가서 새로운 편물기계 쓰는 법을 배웠다. 공무원 생활이 늘 빠듯해서 그랬을 테지만 막상 솜씨 좋고 멋을 아는 어머니에게는 외출복 한 벌 변변한 게 없었다.

어머니는 종종 어린 시절 이야기를 하신다. 1930년대 영국 성공회에서 운영하는 유치원에 다녔고, 소학교 시절에는 소풍 때마다 백화점에서 쇼윈도에 걸린 옷을 사 입을 만큼 외할아버지의 사랑을 독차지했다. 하지만 여학교 때 전쟁이 나면서 서울을 점령한 인민군에게 동원되어 군복을 만들어야 했고, 부산 피난 시절에는 여섯 남매의 소녀 가장으로 방직공장에서 일했다.

전시에 발휘된 어머니의 창의성과 순발력은 타국에서도 빛을 발했다. 1970년대 말 인도네시아 공관에 근무하게 된 아버지를 따라간 현지 생활에 신속하게 적응했다. 중국인 시장에서 각종 식재료를 구했고, 이웃의 외국인 주부들에게 김치와 불고기 만드는 법을 알려주었다. 백일이나 돌을 맞이하는 교민 아기들을 위해 백설기와 돌떡을 쪄주고, 결혼하는 한국인 신부를 위해 면사포와 부케를 만들어 주었다. 망사는 한복 안감을 이용했다.

지난 10월 어머니는 꼭 필요한 짐을 트럭에 한 대만 싣고 이사를 했고 생활이 한결 밝고 가벼워졌다. 나는 여러 날 동안 어머니의 옷에 담긴 외로움, 그리움, 슬픔, 아쉬움과 끝나지 않은 바람의 메시지를 읽어내며 수많은 날개옷과 이별식을 하느라 지쳐서 쓰러질 만큼 소진했으나 며칠 지나지 않아 필생의 과제를 해낸 기쁨으로 다시 일어났다. 요즘은 주말에 어머니 집에 가서 다음날 입을 옷, 모자, 구두, 핸드백을 함께 고른다. 날씨와 절기에 맞추어 옷을 입어보며 패션쇼를 한 어머니는 주일 아침마다 시내버스를 타고 교회에 가신다.

저녁 무렵 어머니의 전화를 받았다. "애야, 그동안 쓰던 재봉틀이 고장 나서 버리고 왔잖니. 그래서 오늘 당근에서 스웨덴제 중고 재봉틀 하나 샀다. 겨울에 장난감이 하나 있어야 심심치 않겠지, 안 그러냐?" 이웃에 사는 젊은이의 도움을 받아 온라인마켓에서 재봉틀을 산 93세의 어르신께 "잘하셨어요, 어머니!" 외에 무슨 말을 보탤 수 있을까. 날개옷을 짓는 직녀의 이야기는 한동안 계속될 전망이다.

— 「날개옷을 짓는 직녀」 전문

작품평

이진화의 「날개옷을 짓는 직녀」는 제목에서 무엇을 전달할지 궁금증을 자아낸다. 범상치 않을 것을 기대하며 읽다 보면 역시 그렇구나 하며 고개가 끄덕여진다.

전제부터가 심상치 않다. 흔히 말하는 의식주를 바꿔 읊어보다가 결국 '의'가 앞에 오는 체험에 진솔하다. 노모의 생활 반경을 옮기고 짐을 정리하는 과정에서 밀려드는 어머니의 일대기를 조목조목 묘사하는데, 그 축약에서 감동을 부른다.

작가의 어머니 성장 배경은 비교적 유복하며, 백화점 쇼윈도우에 걸린 옷을 사 입을 만큼 외할아버지의 사랑을 독차지 했단다. 하지만 여학교 때 전쟁이 나면서 인민군에게 동원되어 군복을 만들어야 했고, 부산 피난 시절에는 여섯 남매의 소녀 가장으로 방직공장에서 일했다는 일화가 그 시대의 역사성을 말해준다. 우리는 한 편의 글을 이해할 때 시대적 배경이 주는 울림을 무시할 수 없다. 하여 문장 외의 흐름을 읽어내는 것이다. 다방면에서 바느질로 솜씨를 보인 어머니의 꿈이 80세에 이르러 "디자이너나 배우"란다. 어머니의 입장에서 젊은 날에 꿈을 다 펼치지 못한 애환이 묻어나는 대목이다.

어머니의 일대기를 미니 전기문으로 그려낸 숨가쁜 필치이다. 혈연관계의 이야기일수록 밀도를 더하기가 힘이 들었을 터, 시대적 공간적 흐름에 맞춰 그려내느라 애쓴 흔적이 분분하다. 젊은이의 재봉틀이라면 뭐 그리 큰 공감이 있었겠는가. 93세 어르신이 장난감 삼아 재봉틀을 들이셨다는데, 편자의 무슨 말이 더 필요하랴. 따님의 자리에서 어머니를 향한 우렁찬 박수을 보낸다. 날개옷을 짓는 직녀가 재봉틀을 통해 너울너울 춤을 추시길 응원한다.

— 김선화 수필가, 문학평론가

이진화
등단 : 1988년 《한국수필》로 등단.
대표작 : 수필집 『신을 신고 벗을 때마다』, 『마음의 다락방』, 『두 개의 의자』 외 다수.
수상 : 한국수필문학상, 경기도문학상(수필) 본상 등 수상.
현재 : 이대동창문인회 부회장. 한국수필가협회, 국제펜한국본부, 한국여성문학인회 이사.

시

정끝별
[시 분과 / 국어국문학과 / 1987년 졸업]

대표작
춤

작품평

프로필

poem

대표작

춤

정끝별

―

내 숨은
쉼이나 빔에 머뭅니다
섬과 듬에 낸 한 짬의 보름이고
가끔과 어쩜에 낸 한 짬의 그믐입니다

그래야 봄이고 첨이고 덤입니다

내 맘은
뺨이나 품에 머뭅니다
님과 남과 놈에 깃든 한 뼘의 감금이고
요람과 바람과 범람에 깃든 한 뼘의 채움입니다

그래야 점이고 섬이고 움입니다

꿈만 같은 잠의
흠과 틈에 든 웃음이고
짐과 담과 금에서 멈춘 울음입니다

그러니까 내 말은
두 입술이 맞부딪쳐 머금는 숨이
땀이고 힘이고 참이고

춤만 같은 삶의
몸부림이나 안간힘이라는 겁니다
—「춤」 전문

작품평

　뜻 생각 안하고 읽기만 해도, 말맛이 참 좋은 시예요. 울렁울렁 넘어가는 맛이, 딱딱 들어맞는 합이, 저절로 끄덕여지는 고갯짓이 생겨요.
　레고 같은 시예요. 어떻게 끼워도 형상이 만들어지는 것은 고도의 계산을 장착한 블록들이기 때문이죠. 우선 한 자 요술이에요. 숨 쉼 빔 섬 둠 짬 봄 첨 덤 맘 빰 품 님 남 놈 뺨 점 움 꿈 잠 홈 틈 짐 담 금 말 땀 힘 참 춤 삶. 다음 두 자 요술이에요. 보름 그믐 가끔 어쩜 웃음 울음 요람 바람 범람 감금 채움 입술. 세 자는 딱 둘이에요. 몸부림 안간힘. 연을 따라, 의미를 따라, 라임을 따라, 자유자재 레고가 가능한 것은 시인이 이미 여러 자리의 조립을 해봤기 때문이죠.
　세 번째에서 역전하는 리듬이죠. 봄이고 첨인 내 숨은 덤이라네요. 내 맘은 점이고 섬이어서 거기서 움이 튼다네요. 보름과 그믐을 겪어, 님과 남과 놈을 겪어, 요람과 바람과 범람이 한통속임을 알게 되었고, 두 입술이 맞부딪쳐 머금는 땀나는 숨이 참이라는 분별에 닿았다네요.
　한 글자, 두 글자, 세 글자로 나팔처럼 퍼지는 이 시에서 요즘의 제가 고르고 싶은 한 단어는 덤이에요. 덤이니 춤이다, 이 방향을 지지해요. 안간힘을 몸부림을 숨으로 가진 삶이 춤이 안 된다면, 덤을 마땅한 것으로 착각하고 있지는 않나, 가끔과 어쩜의 보름과 그믐을 오가지 못한 채 채움과 감금을 헷갈리고 있지는 않나, 되돌아보는 시간이에요. 덤은 가진 것 위에 이유 없이 더 얹어지는 것. 받으면 우선은 어쩔 줄 모르게 되는 것, 정이면 귀엽고 커지면 부당한 것. '더'보다는 '덜', 거기에 삶이 춤이 되는 지혜가 들어있다, 저는 오늘 제게 알려주고 싶은 것이지요.

— 이원 시인

정끝별
등단 : 1988년 《문학사상》 시 「칼레의 바다」 외 6편, 1994년 《동아일보》 신춘문예 평론 「서늘한 패러디스트의 절망과 모색」 당선으로 등단.
대표작 : 시집 『모래는 뭐래』 『봄이고 첨이고 덤입니다』 『은는이가』 외 다수.
수상 : 유심작품상, 소월시문학상, 청마문학상, 현대시작품상, 박인환상 등 수상.
현재 : 이화여자대학교 국어국문학과 교수로 재직 중.

수필

김남순
[수필 분과 / 영어영문학과 / 1965년 졸업]

대표작
무대 위의 배우처럼

작품평

프로필

essay

대표작

무대 위의 배우처럼

김남순

―

졸업을 앞두고 있던 우리들에게 수업에 들어온 선생님들은 앞으로의 삶에 지침이 되는 좋은 말씀을 한마디씩 하였다. 영시 선생은 시를 읽어 주었고, 소설 선생은 특유의 표정으로 창문을 바라보며 띄엄띄엄 말을 잇곤 했다. 평론, 음운론, 수필 등 여러 선생의 말씀은 양질의 영양소로서 우리들의 가슴에 스며들었다.

아직도 생생하게 기억하는 것은 희곡 선생님의 한마디였다. '행운의 신은 머리카락이 세 개가 있는데……' 라고 하며, 기회가 왔을 때 꽉 잡지 않으면 행운은 빠져나가니까 때를 놓치지 말라는 말씀이었다. 살아가는 동안 세 번 정도의 행운은 있는 모양이다. 그러나 행운이 빗겨간다고 여길 때마다 실망스러운 마음을 나름의 처방으로 달래곤 했다.

'인생은 하나의 연극이다. 막을 내렸다가 다시 오르면 또 하나의 무대가 펼쳐질 것이니 놓쳐버린 운에 연연하지 말자. 내가 딛고 선 이 자리가 바로 새로운 무대가 아니랴' 라고.

우리들은 세상에 태어난 그때부터 희극배우이자 고독한 배우로 세상이라는 무대에 서게 된다. 자신이 선택하든 아니하든 이 거대한 무대는 어떠한 배역이라도 소화해내게끔 요구하는 것 같다.

내가 다니던 여학교에서는 매년 예술제가 열렸는데 연극은 꽤 인기가 있었다. 연극 연습을 할 때는 으레 학교에서 합숙을 했다. 합숙 생활을 해보면 그 사람의 인간성, 생활 습관, 예절, 성격이 다 드러나게 마련이었다. 4막의 극중에서 두어 번 얼굴을 내미는 역할을 말없이 하는 선배를 보며, 많은 대사를 조금도 틀리지 않고 외워내는 주연 언니의 노력에 감탄하며, 합숙하는 방의 자질구레한 일들을 도맡아 처리하는 후배의 부지런함에는 머리가 숙여지곤 했다. 그때의 단체 생활은 사회에서 어떻게 처신해야 하는가를 미리 깨닫게 해준 또 하나의 작은 무대였다.

대학은 지나온 삶 가운데서 가장 자유롭고 활기차고 희망찬 무대였다고 생각한다. 캠퍼스 안에서는 누구나 갈채를 받을 만한 배우였지 싶다. 학창 생활을 더욱 알차게 보내려는 각오가 되어 있을 무렵, 어느덧 졸업무대 위에 서 있는 자신을 발견하게 된다. 그때부터 배역은 숨가쁘게 변해간다.

결혼한 여자들의 생활은 대체로 비슷하지 않을까. 십대의 학창 시절을 거쳐 이십대의 사랑, 삼십대는 아이의 어머니로서 가사에 몰두하는 시기다. 바쁜 벌은 근심할 틈이 없다는 말처럼, 이 시기는 너무나 바쁘고 피곤하여 고독감마저 느낄 틈이 없다.

사십대는 어떠한가. 내게는 집안 일에서나 아이들에게서 약간의 자유를 얻기 시작할 때였다. 시간적 경제적 여유가 조금 생기게 되면 여자의 일생이 이런 식으로 끝나는 것일까 하는 갈등이 찾아왔고, 대학에 다니며 공부했던 목적이 무엇이길래(?)라는 삶의 회의가 어김없이 뒤따랐다. 살아온 무대에서 보였던 나의 연기는 멋있는 데라곤 하나도 없었다. 그냥 허덕이며 어설픈 몸짓만 했다는 자괴감이 차올랐고, 성근 숲에 스쳐 가는 바람의 슬픔처럼 우울하게 만드는 이때가 바로 중년의 무대임을 알아차렸다.

집안 일은 경험을 통해 숙달된 사람이 잘해 내는 단순 노동이라는 생각이 들 때마다 불만이 석고처럼 굳어지면서 마음에 경화증을 일으키는 날이 간간이 있었다. 갈증이 날 때 물을 찾듯이 숨통을 열어줄 신선한 공기를 갈구하며 나는 발작 지경에 이르곤 했다. 경제적인 산소가 공급되면 문화적인 산소가 아쉬워진다고 할까.

학생 때 쓰다가 집어치운 글쓰기에 다시 매달리면서 가슴에 차있던 가스가 서서히 빠져나가기 시작했다. 어디선가 상쾌한 바람이 가슴속을 스쳐갔다. 경화증이 있던 마음이 꿈틀거리며 움직이는 느낌이 들었다. 수확을 거둔 들판같이 허전한 무대 위에서 다시금 호흡을 가다듬고 새로운 연기를 하지 않으면 안된다는 생각을 했다. 아직 행운의 머리카락이 한 개쯤은 남아있으리라는 기대감이 살아났다.

　이제 또 다른 배역이 주어지면 그 역에 맞는 표정을 연습해 보려고 한다. 연기 생활의 성패는 표정에서 좌우되듯 사람의 표정은 그 사람의 교양과 인격, 지위와 환경을 반영하는 척도라 해도 틀리지 않을 성싶다. 사르트르는 자신과 계약 결혼한 보봐르를 두고 '몇 백 권 분량의 교양이 소화된 표정'에 반했다고 하지 않았던가.

　우리가 살고 있는 곳이 하나의 무대라면, 집은 어떤 모양새로 있어도 마음 편한 작은 무대이고 사회는 우리들의 연기를 보여줄 커다란 무대인 셈이다. 앞으로 나의 배역이 무엇이 될지, 어디에서 퇴장하게 될지 모르지만 다만 주어진 역할에 충실할 뿐이다. 지금 서 있는 자리에서 서툴게 행동하는지, 틀린 대사를 외우고 있는지 막간이 있을 때마다 점검해야 할 것 같다. 그리고 나서 느긋한 마음으로 자연스럽게 연기하면 그것으로 족하지 않으랴.

　― 「무대 위의 배우처럼」 전문

작품평

　김남순의 수필은 아주 잔잔한 감동을 일으킨다. 너무 커서 요란스럽지도 않게, 그렇다고 너무 하찮아서 의미 없이 버려지는 것이 아니라 적당하게 분위기를 살리는 그만의 재치가 있다.

— 중략 —

결국 그의 수필의 감동 모티브는 자기성찰, 자기반성, 자기 다스리기로 자기 가슴에다 하는 독백인 양 독자의 가슴에 은밀히 자신의 얘기를 들려줌으로써 자기와 동화 내지 하나되기를 시도한다. 땅 속 깊이 흐르는 물줄기 같이 독자의 가슴에 스며들기를 기대하는 것이라 할 수 있다.

자기의 이야기를 이만큼 다양한 소재의 감동적인 글로 승화시킨 것은 그가 역량 있는 작가이기 때문이다.

삶이 수필이라 할 때 김남순이야 말로 진정한 삶의 수필가다. 그가 아버지로부터 받은 믿음 '백 번의 효력'처럼 그의 연기는 분명 효력이 있을 것이다. 그의 수필과 함께하는 시간 동안 나는 그와 더불어 주어진 막간의 무대에서 느긋하고 자연스럽게 정직하게 연기하고 싶어졌다. 글을 쓸 때의 힘겨움까지 즐기는 그가 참으로 부럽다. 끊임 없이 살아있음에 대한 인식과 각성, 그를 통해 충만한 생명력을 느낀다. 앞으로 그의 수필이 더욱 기대된다.

— **최원현** 수필가, 문학평론가

김남순

등단 : 1989년 《수필공원》(現 에세이문학)으로 등단.
대표작 : 수필집 『백 번의 효력』 외 다수.
수상 : 교육부 장관상 등 수상.
현재 : 서초여성가족플라자, 강남노인종합복지관, 논현노인종합복지관 자전수필 강사.

시 ▶

김선진
[시 분과 / 국어국문학과 / 1966년 졸업]

대표작
숲, 눈과 귀를 열다

작품평

프로필

poem

대표작

숲, 눈과 귀를 열다*

김선진

―

무엇이 나를 깨워 소스라 쳤나

숲의 우두머리 서어나무 숲속에서
유난히 큰 까막딱따구리의 울음소리였나
해 질 무렵 '소쩍당 소쩍당' 화답하는 소쩍새였나
회청색머리 황조롱이는
때때로 공중에 가만히 머물며 숲을 내려다만 보았나

초록 물 머금은 물푸레나무
은사시나무 잎도 덩달아 물들게 했나
민들레는 오늘도 몸을 날려
가장 먼 곳까지 새끼를 치는데
땅이 꺼지는 외로움, 나무마다 친친 감아올리는 칡덩굴
'사랑의 한숨' 꽃말을 그 누가 붙였을까

습지와 물맛을 좋아하는
원추리 비비추 물레나물 가득한 청태산
노랑턱멧새, 청딱따구리, 노랑할미새는

어미 품을 빠져나온 나방을 잡아먹나

나뭇가지 위 보금자리 새 알과 새끼까지
작은 짐승 다람쥐로 배를 채우는 청설모
겨우내 울음소리 내는 직박구리와
드디어 싸워서 이기는 물까치야!

해는 달을 키우고 구름은 비를 살리는데
안식년도 없는
봄, 여름, 가을, 겨울
사계四季의 하늘 밤별을 따오는 그날까지
푸르게 공생하며 품어 살도록

숲이여!
부디 눈과 귀를 열어주소서

*2025년 산림문학상 수상작

—「숲, 눈과 귀를 열다」 전문

작품평

 산림문학상에서 본심의 대상으로, 첫째로는 있는 그대로의 자연생태계에 대한 진지하고 애정 어린 관찰, 그리고 이를 바탕으로 할 때 비로소 드러나는 생태 논리를 향한 자각과 표출 의지를 보고자 했습니다. 둘째로는 자연생태계의 논리를 인간의 삶에 적용해 봄으로써 인간 사회가 지닌 현상을 냉철하게 성찰해 보려는 노력과 다짐을 찾아보고자 했습니다. 셋째로는 자연을 인간의 사회적 욕망을 위한 부속적 자원으로 여긴다거나 무감각한 물질로 간주함으로써 생명 가치를 왜곡시켜온 현대 산업사회의 제 모순에 대해 얼마나 적극적으로 고발하고 합리적 개선을 주장하고 있는지를 관심 있게 보았습니다. 결국 자연의 자연다움 그리고 이를 향해 인간이 마땅히 취해야 할 시선과 행동 등등을 얼마나 어떻게 시작품 속에 배접시키고 있는지를 살펴보고자 하였습니다.

그리하여 최종적으로 김선진 시인의 시 「숲, 눈과 귀를 열다」를 제11회 산림문학상 수상작으로 선정하였습니다.

위의 선정 기준에 견주어 볼 때, 이 작품 「숲, 눈과 귀를 열다」는 자연에 대해 매우 진지하고 적극적인 눈으로 관찰하고 있다는 점에서 상대적으로 돋보였습니다. 그리고 생태계의 논리를 근거로 인간과 사회에 대해 성찰함에 있어서는 시적 자아의 주장이나 견해를 노골적으로 드러내지 않으면서도 독자가 공감할 수 있는 접촉면을 매우 넓게 확장시키고 있다는 점에서 완성도를 인정할 수 있었습니다.

— 이승복 한국시문학아카데미 학장

김선진
등단 : 1989년 《시문학》으로 등단.
대표작 : 『숲이 만난 세상』 『마음은 손바닥이다』 『몽환의 다리에서』 외 다수.
수상 : 현대시인협회상, 이화문학상, 윤동주문학상, 산림문학상 등 수상.
현재 : 현대시인협회, 국제펜한국본부, 한국여성문학인회, 「문학의집·서울」 이사.

소설

김현숙
[소설 분과 / 영어교육학과 / 1973년 졸업]

대표작
그 겨울의 하행
산우

작품평

프로필

novel

대표작

그 겨울의 하행

김현숙

─

　지난가을 초입, 전남 장성에 사는 병석으로부터 돌연 전화가 걸려왔다. 수현과 이제 도저히 더 이상 함께 살 수 없으니 형님 내외가 내려와 이혼을 좀 원활히 도와달라는 어이없는 부탁이었다. 불과 몇 달 전 시집 근처 농협에 근무하는 막내 동서 미정이 부부 싸움 끝 또 사네 안 사네 하며 집안에 한바탕 풍파를 일으킨 지 얼마 되지 않는 시점이라 희연은 다시 또 가슴이 철렁, 내려앉았다. 소도시의 예쁜 아파트에서 알콩달콩 살아가는 시청 공무원인 막내 시동생, 진석과 농협 직원인 미정은 겉으로 보기엔 불화할 아무런 이유도 까닭도 없어 보였으나 워낙 커플의 나이 차이가 많은 관계로 이따끔 진석의 파쇼적 행태가 도저히 참기 힘든 수준이라며 미정이 울분을 터뜨렸다. 그러나 미정은 워낙에 찰지고 말이 없는 내향적 성품이라 주위 누구의 말도 듣지 않곤 그대로 짐을 싸 친정으로 가버렸고 둘은 긴 별거에 들어갔다. 그나마 이혼까지 가지 않은 건, 내 눈에 흙이 들어가지 않는 한 자식들의 이혼만은 결코 용납 안된다, 는 단식 시위를 통한 시모의 목숨 건 제지로 겨우 유보가 된 상황이었다. 그런데 이번엔 또 병석과 수현의 차례인가.
　평일 오후 황망 중에 병석의 연락을 받곤 급히 차를 몰아 꼬불꼬불 산길 이어지는 장성을 향해 달려가는 경석의 낯빛엔 스산한 기운이 가득했다. 선친을 여의고 연로한 노모를 대신하는 장남의 역할. 더구나 자신처럼 대책없이 현실성이 결여된 아내를 이끌며 고된 삶을 살아가는 모습이 때론 더없이 딱해만 보여 희연은 순간 가슴이 서늘해왔다.

장성이 이렇듯 빼어난 곳이라니. 군에 상사로 몸담고 있는 병석이 벌써 몇 해째 그곳에 살며 꼭 한번 놀러 오라는 전갈을 보내곤 했어도 별 관심없이 지나쳤던 무심함이 새삼 마음에 한 웅큼의 자책감을 몰아왔다. 그러나 희연은 나뭇잎 곱게 물들어 가는 깊은 가을 숲에 눈길을 주며 마치 여행을 하듯 짐짓 여유를 즐기는 자신의 이중성에 놀라움을 느꼈다. 동생을 위해 운전대를 잡고 황황히 장거리를 달려가는 남편이 더없이 딱해 보이면서도 또한 자신은 그와 완전히 동화될 수 없음을 느끼는 그 무어라 설명할 수 없는 미묘한 괴리. 또한 시동생 부부의 상황이 적이 우려되면서도 도중의 아름다움은 결코 놓치지 싶지 않은 이기. 혈육을 향한 본능적인 감정과 법과 연으로 맺어진 인위적 의식 사이에는 하 많은 세월의 교류에도 결코 합일될 수 없는 그 어떤 개체간 거리 같은 것이 존재함을 부인할 수 없었다.

어둑한 저녁, 경석과 희연이 장성의 군인 아파트, 병석의 집을 찾아가자, 냉기 가득한 실내엔 미처 전등불도 켜지 않은 채 병석과 수현이 마치 금방이라도 서로가 서로를 해하고야 말듯 맹렬히 싸우고 있었다. 형님, 우린 근본적으로 서로 맞질 않습니다. 저 사람과 함께 살다간 저, 병 걸려 곧 죽을 것만 같아요. 병석은 터질 듯 분노에 찬 얼굴로 수현을 맹비난하며 이젠 그녀를 한순간도 더 견딜 수 없다는 낯빛을 해보였다. 군 하사 시절 학업과 복무를 병행하느라 건강이 악화, 결핵을 앓게 된 병석이 군이 태권도장에서 만난 미용사, 수현과의 결혼을 서두르며 하던 말이 생각났다. 내가 결핵에 걸렸다고 밝히면 주위의 모든 사람들이 날 피하고 되도록 가까이 하지 않으려고 달아나는데 오직 그 여자만은, 요즘 결핵이 뭐 대순가요. 불치병도 아니고 약만 꾸준히 먹으면 곧 완쾌되는 병이니 아무 걱정 말아요, 하며 수현 특유의 대범함, 활달함으로 자신을 감싸고 용기를 북돋워 준 그 마음에 반해 모든 걸 감수하고 그녀와 결혼하겠다던 그 초심은 잊은 것일까.
— 단편 「그 겨울의 하행」 일부

산우

 산길이 오르막으로 치닫는 곳에 이르자 여자들이 주춤 걸음을 멈추며 쉬어가길 원하는 몸짓을 해보였다. 지치도록 빨갛게 물든 산등성이 저쪽으로 눈에 익은 산막이 바라보였다. 그가 여자들을 돌아보며 말했다. "좀 쉬었다 갈까요?" "그러죠. 오늘은 좀 쉬엄쉬엄 가야겠네요." 엘라가 가볍게 레아의 팔을 부축하며 그의 뒤를 따랐다. 산막은 변함이 없었다. 오후라 그런지 수북한 멸치, 오이 더미가 나지막이 줄었을 뿐, 독특한 실내 풍경은 그대로였다. 그는 막걸리를 원했고 여자들은 커피를 원했다. 각자의 잔을 들고 먼 산을 바라보며 한동안 말이 없었다. 그는 최근 입원했다 퇴원했다는 레아의 건강에 대해 줄곧 생각하고 있었으나 그걸 쉽게 입 밖에 내어 아는 체 할 수도 없는 입장이라 그저 침묵할 뿐이었다. "아 참, 우산 돌려 드립니다. 매우 요긴하게 잘 썼어요." 엘라가 배낭에서 그의 우산을 꺼내어 그에게 돌려주며 말했다. "어쩜, 너 그걸 가져 왔니. 형제님을 이렇게 다시 만날 줄 알았던 거야?" 레아가 눈을 반짝이며 엘라를 향해 놀라움을 표했다. "산에 올 때면 늘 배낭에 넣어 다녔어. 혹시 만날까 하고……" 생긋 웃어 보이는 엘라의 모습이 까칠하던 처음과 달리 더없이 부드럽고 온화해 보여 그는 내심 놀라움을 느낀다. 연이어 엘라가 그를 향해 상냥히 물었다.
 "형제님이라 불러도 될까요? 형제님에게선 어딘지 성당 분위기가 느껴져요. 왠지 교우 같은…… 참 이상해요, 처음부터…… 혹시 성당 다니신 적

있나요?" 허를 찌르듯 날아오는 그녀의 말에 그도 어쩔 수 없이 실토할 수밖에 없음을 느낀다. "와, 정확히 보셨습니다. 대학 시절 알바를 했는데 그 집 주인이 가톨릭 신자였어요. 저를 뽑는 조건이 성당엘 나가야 한다는 거였지요. 한창 용돈이 궁하던 때라 도리없이 일요일이면 무작정 그들을 따라 미사엘 참여하곤 했어요." "그럼 영세도 받으셨나요?" "사실 영세를 받은 것은 그 후 군대 다녀와서였어요. 제가 군대 간 사이 묘하게도 저희 어머니께서 먼저 신자가 되어 있었는데 아들이 무사히 군복무 마치고 복귀한 것이 다 성모님 덕이라며 저를 끌고 억지로 성당엘 다니곤 하셨는데 끝내 영세는 받지 못했어요. 결혼 후엔 아내가 교회를 다녀 어머니와 아내의 갈등으로 좀 힘들었어요."

― 단편 「산우」 일부

작품평

중견작가 김현숙이 새 장편소설 『흐린 강 저편』을 펴냈다. 1989년 《동아일보》 신춘문예에 단편 「골고다의 길」로 문단에 나온 저자는 그해 다른 유수 문예지에서도 연이어 당선되어 3관왕의 영예를 차지하는 문운을 누리며 화려하게 등단했다. 그러나 삶이 문학에 우선되어야 한다는 생각을 고수하며 한동안 침묵하였다. 그러다가 2002년 주옥같은 단편을 모은 첫 창작집 『하얀시계』로 문단에 그 존재감을 드러내며 활동을 재개했다.

최근 신작 장편소설 『흐린 강 저편』은 지난 2년간 계간 《리토피아》에 연재한 작품을 묶어낸 장편이다. 그 줄거리를 요약하자면 다음과 같다.

'도시 중산층 가정에서 평탄히 자란 중학교 교사 희연은 심성이 곧고 학구적이며 향토적 체취가 물씬 풍기는 경석에 끌려 그와 결혼한다. 그러나 그녀 앞에 펼쳐진 어둡고 캄캄한 결혼생활은 험난하기만 하다. 눈을 흠뻑 뒤집어쓴 하얀 산야, 눈바람 몰아치는 끝없는 광야에서 그녀는 늘 중심을 잃고 휘청거린다. 영호남으로 갈리는 지역적 대립과 도시 농촌 간의 관습적인 문화적 충격, 그리고 누린 자와 누리지 못한 자 사이의 애증과 갈등이 그녀를 짓누른다. 희연이 부딪치며 껴안고 넘어야 할 삶의 과제는 첩첩산중이어 실로 버겁고 아득하기만 하다. 그러나 그녀는 골고다의 길을 걷듯 모든 난제들을 나름의 지혜로 잘 풀어나간다.'

요즘 시대의 모든 것이 싫어 '시'자로 시작되는 시청도 돌아간다는 젊은 이들에게 이 작품은 결혼생활의 귀감이 되는 측면이 특히 돋보인다. 또한 문학이 점차 서사를 잃어가는 요즘 강물처럼 흐르는 유장한 스토리가 강력한 흡입력으로 독자를 사로잡는다. 『노을 진 카페에는 그가 산다』 『먼 산이 운다』 『히스의 언덕』 등 강렬한 감응력을 지닌 그녀의 대다수 작품들이 그러하듯 『흐린 강 저편』 또한 그러한 기대에 전혀 어긋나지 않는다. 그런 강점들이 더욱 강화되고 연마되어 보다 더 원숙한 경지에 이른 느낌이다.

— **양순열** 인천뉴스 기자

김현숙

등단 : 1989년 《동아일보》 신춘문예 단편 당선, 1989년 《현대문학》 소설추천 완료 등단.
대표작 : 단편집 『히스의 언덕』, 장편소설 『먼 산이 운다』 『흐린 강 저편』 등 다수.
수상 : 한국문협작가상, 한국소설작가상 등 수상.
현재 : 이대동창문인회 이사, 한국문인협회 감사.

소설

박명희
[소설 분과 / 국어국문학과 / 1971년 졸업]

대표작
숨어있는 방
못난이 인형
봄눈
안개등

작품평

프로필

novel

대표작

숨어있는 방

박명희

———

……그건 아니고, 왜 그런 때 있잖아? 그냥 증발해 버리고 싶을 때, 니가 와서 묵어도 머리카락 한 올도 안 보일 곳이야. 쓸 일이 있으면 더 좋은 거지만 살다 보면 있을 수 있잖아? 괜찮은 피난처가 되어줄 거야. 내 오피스텔이야. 나만 아는 방이야……

……그런 건 없었다. 그가 군에 가고 첫 휴가를 나오기도 전에 나는 그에게 청첩장을 보냈던 것이다. 결혼 전날까지 나는 그가 탈영할까 봐 걱정했었다. 절대로 나를 붙잡을 사람이 아니라는 걸 알면서도, 어쩌면 기다렸을 수도 있다. 탈영까지 불사하면서 여자를 붙잡으러 오는 남자의 열정을. 그러나 내가 결혼하고 다른 남자와 살고 있는데도 아무 일도 일어나지 않았다. 그는 빚쟁이처럼 나를 쫓아오지도 않았고, 약을 먹고 자살했다는 소문도 없었고, 술을 마시고 폐인이 되어 간다는 소식도 띄우지 않았다. 무심히 흐르는 물처럼 조용했다. 오히려 내가 좀이 쑤셨었다. 내 쪽에서 그의 소식을 넌지시 수소문해 보곤 했었다. 반드시 범죄 현장에 다시 나타나는 범인처럼 그가 궁금해서 견딜 수 없는 순간들이 있었다. 그가 술로 몸을 망치면 어떡하나? 어렵게 복학한 학교를 포기해 버리면 안될 텐데. 사랑 없는 여자와 결혼해서 불행한 것은 아닐까. 그러나 나는 자학하듯 그의 불행을 기다려왔다. 혹시 그가 알았을까? 가끔씩 그에게 안부를 전하고 싶었던 내 마음을. 여성잡지에 나와 행복을 치장하는 여자들처럼 그에게 나 사는 것을 허풍떨고 싶은 적도 있었다.

지하철 맨 아래 계단에서 한 푼의 은전을 구걸하는 사람보다 내 자신이 더 초라하게 느껴질 때마다 그에게 응석부리고 싶었다. 가을 하늘, 먼 빛을 올려다보며 귀를 기울인 적도 있었다. 혹여 그가 나를 부르고 있지 않을까?

— 「숨어있는 방」 일부

못난이 인형

……어찌 보면 여자만 매어 사는 것이 아니었다. 삶이란 누구나 다 고만고만한 어려움을 견디며 살아 내게 되어 있다……가정은 어떠한 목적을 가지고 그것을 성취해야 하는 치열한 싸움터가 아닌 것이다. 그저 삶의 장소인 것이다. 삶이란 무엇인가. 살아가는 것이다. 내 사랑하는 사람들과 함께 살아가는 과정, 그게 삶인 것이다. 삶이란 어느 한 날, 명확하게 이것이 성공한 삶이라고 떠억 벌어진 잔칫상처럼 식탁 위에 올려놓을 수 있는, 혹은 금빛 나는 투구를 쓰고 고향으로 입성하는 따위의 눈으로 볼 수 있는 어떤 결과는 아닌 것이다……

— 「못난이 인형」 일부

봄눈

……하긴 미움은 그리움의 다른 말일 수도 있다. 정직하게 말한다면 어머

니와 네가 나를 부르지 않았어도 오히려 내 편에서 늘 너희를 기다려 왔다. 그 기다림을 너희에게 행여 들킬까 봐, 그러고도 버림받는다면 더욱 비참해질 것 같아서, 너희의 부름을 더 매정하게 외면했던 것이다. 어머니가 가고 없다 해서 너희가 내 마음에서 사라지지는 않을 것이다. 그래서 너희가 미운 것이다. 사랑받을 수 없는 사람을 내가 사랑하고 있다는 사실이 분해서……

―「봄눈」 일부

안개등

……어디서고 안개를 걷어갈 해나 바람이 나타나 줄 기미가 없다. 문득 인생이 이런 것이 아닌가 싶어진다. 한치 앞에 보이지 않는 안개 속에 잠재된, 어쩌면 있는지 없는지도 실체를 찾아 미망 속을 더듬어가는 여정, 그게 우리 삶일 수도 있다. 가까스로 매달려 있던 나뭇가지에서 못내 아쉬워서 몸을 부르르 떨며 땅으로 내려가던 낙엽 하나가 아직도 내 머릿속을 구르고 다닌다. 떠나오기 전 아파트 놀이터에 서 있던 플라타너스가 새삼스럽게 가을을 보여 주었다. 그 떨어진 이파리에서 서려 있던 가을의 운명까지. 그 잎에서 나는 내 아기를 본 것 같기도 하다.

……차창에는 어느새 눈물방울 같은 물기가 번지고 있다. 나는 무엇을 위해 이 길을 가고 있을까? 행여 험한 진창을 밟을세라, 해바른 곳만을 골라 다니느라 이리 피하고 저리 피해 기껏 지켜온 자리가 겨우 안개 가득하고 무서운 적막만 고여 있는 이 길인가? 지금 가는 곳은 과연 내 자리일까? 수많은 병원을 지척에 두고 범죄를 모의하는 범인들처럼 굳이 이 도시의 낯선 끝자리까지 찾아가는 이유는 어디에 있는가? 내가 원하는 편안한

삶이 이 세상 어딘가에 과연 있기는 한 것일까?

　나는 간절히 해를 기다린다. 바람을 불러본다……

　　―「안개등」 일부

작품평

　박명희의 소설은 왜곡된 여성의 자각에만 머물지 않고, 거기에서 더 나아가 올바른 여성적 삶의 방식, 건강한 여성적 의식을 추구한다. 「안개등」은 시앗을 본 남편의 입장과 정작 시앗의 위치로 전락한 여성의 입장 모두에서 올바른 여성적 실존의 방향을 모색함으로써, 왜곡된 여성성의 신화를 해체하는 모습을 보여준다. 이러한 박명희의 소설 세계는 1990년대 들어서 활발하게 전개되고 있는 여성소설의 한 집단적 문제의식으로 보기에도 손색이 없을 정도이다. 박명희의 소설은 무엇보다도 소설에 대해 조바심치는 자의식을 갖고 있지 않다는 점에서 동시대의 젊은 여성작가들과 대별된다. 실제 인생 경험의 복합적인 지층에 굳건히 뿌리를 두고 있음으로써 세부의 핍진성과 테마의 보편성을 확보하고 있다는 것이 그 단적인 증거일 텐데, 박명희를 필두로 여성됨이라는 한 사회의 문화적 패러다임의 본질을 탐구하는 여성작가들의 작업이 보다 활성화된다면, 우리는 여성소설에 대해서는 물론이거니와 우리가 속해 있는 문화의 근본적 조건에 대해서도 한층 심화된 인식을 갖게 될 것이다.

　　― 김경수 문학평론가

　「숨어있는 방」에 실린 작품들은, 저마다의 슬픔과 괴로움을 안고 몸부림치며 그렇지만 넘어지지 않고 앞길을 열어 어기차게 나아가는 인물들의 길

찾기를 서사의 중심축으로 삼는다. 그들이 분투하여 찾아낸 그 길은 그들이 온몸, 온 마음으로 분투하여 연 것이다. 그 길은 종교 경전 속 권위적 '말씀'이 아니라, 낮은 포복으로 나아온 저마다의 삶 속에서 생성되어 뻗어 나온 길이다.

「못난이 인형」은 도덕의 벽 앞에서 일어나는 애정 심리의 굴절, 그런 심리의 표현 방식 등이 흥미로운데 작가의 인간 심리에 대한 통찰이 어느 수준에 이르렀는가를 잘 보여준다. '맞서 싸움'을 서사의 중심 모티브로 설정하는 여성작가 일반의 페미니즘 소설과는 다른 자리에 박명희의 소설이 서 있다는 것이 이로써 분명하다. '맞서 싸우기'의 모티브를 따라 펼쳐지는 서사를 담고 있는 작품이 없는 것은 아니다. 여성의 인권을 아예 인정하지 않는 남성중심주의와 맞서 싸우는 한 여성의 싸움을 다룬 「바람의 약속」이 그것이다. '그렇다. 나는 꼭 딸을 찾고 말 것이다. 그럴 일은 없겠지만 설사 이 항소심에서 지더라도, 하늘 끝에 가서라도, 땅끝에 가더라도, 꼭 내 딸을 찾아오고 말 것이다'라고 주인공은 다지는데 재판에서 질 일은 없을 것이라는 그녀의 생각과는 달리 그다지 승산이 있어 보이지는 않는다. 그러나 중요한 것은 승산이 있느냐 없느냐가 아니다. 물러서지 않고 맞서 싸운다는 것이 요점이기 때문이다.

— 정호웅 문학평론가

박명희
등단 : 1989년 《문학사상》 단편 「별의 주소」가 당선되어 등단.
대표작 : 작품집 『안개등』 『숨어있는 방』 외 다수.
수상 : 한국소설문학상 등 수상.

소설

오은주
[소설 분과 / 심리학과 / 1980년 졸업]

대표작

잠든 정원으로부터
잠열
오후 5시의 수염

작품평

프로필

novel

대표작

잠든 정원으로부터

오은주

―

……월요일 오전에는 강의가 없는 터라 나는 오전에 가겠다고 답하곤 멍하게 앉아 있다가 무슨 부름에 끌렸는지 평소에 엄마가 좋아했던 녹두죽을 만들 재료를 찾아냈다. 죽을 빨리 끓이기 위해 찹쌀 한 컵과 거피한 녹두 한 컵을 뜨거운 물에 씻어서 불렸다. 팍팍한 전분이 많은 녹두죽은 냄비 바닥에 금방 눌러 붙어 탄내를 풍기기 때문에 쉼 없이 저어야 한다. 제법 걸쭉해진 녹두죽에서 기포가 생기면서 톡톡 튀어올랐다. 조심을 했는데도 튀어 올라와 볼에 붙은 뜨거운 기포 탓에 눈물이 찔끔 났다. 뜨거운 기가 가셔도 눈물이 계속 흘렀다. 이유를 알 수 없는 눈물이었다. 찹쌀 알갱이가 익어서 크기가 두 배가 되어 죽이 다 될 때까지 눈물이 멈추지 않았다.

녹두죽을 보온병에 담아서 병원으로 가는 길, 그 국도변에는 개나리며 진달래가 조명탄처럼 화사했다. 엄마는 그 찬란한 봄 햇살 속에서 영원히 깨지 않을 정물처럼 잠들어 있었다. 조금 있으면 장미와 수국의 계절이 오겠지만 비료와 물 관리를 하지 않은 그 정원은 잡초로 덮여버릴 것이다. 나는 잠든 엄마의 귀에다 대고 나지막하게 얘기했다.

"엄마, 나 이제 정원을 떠나요."

주인들이 떠난 정원은 이제 곧 폐원이 되겠지. 어린 내가 여름이면 바이올린을 켜고 돌면서 이 선율을 듣고 꽃들아 나무들아 잘 자라렴, 잘 자라렴, 하고 깡충거리던 그 정원이여 안녕. 엄마가 잠들고 나면 정원도 잠들겠지. 그러다가 누군가 새로운 주인이 나타나서 물과 햇살과 정성으로 가꾼다면 다시 잠에서 깨어날 수 있으리라. 수국과 장미의 정원에서 나는 떠난다. 나의 탯줄이 묻힌 그 오래된 정원에서 나는 이제 떠난다.

　─「잠든 정원으로부터」일부

잠열

　……진숙은 아까 은혜가 마지막으로 한 말을 떠올렸다. '빛을 거부하지 말라', 그럼 어쩌라는 말일까. 내가 언제나 일부러 응달진 길을 걸어온 것인가. 용암으로 지져 놓아 움푹 패인 저 깊은 상처에 무슨 빛이 도달할 수 있을까. 지나온 시간처럼 진한 미움만으로 앞으로의 시간을 지탱해 나갈 수 있을까.

　우선은 김규식과 이 자리에서 헤어지는 것이 아니고 호텔로 돌아가 짐을 꾸리고 택시와 기차를 타고, 로마에서 우리나라행 비행기를 타고 다시 11시간을 날아 인천공항까지 가야 했다. 몇 끼니의 식사와, 기차와 비행기 속에서의 잠을 포함하면 거의 이틀을 같이 지내야 했다.

　진숙은 가장 무서운 위력을 지닌 시간의 힘에 몸과 마음을 맡기고 여정을 시작하기로 했다. 시간은 이틀이었다.

　─「잠열」일부

오후 5시의 수염

나는 조금 전인 저녁 7시경에 퇴근해서 들어왔다. 남편은 반갑게 나를 맞으며 요즈음 늘 그랬던 것처럼 품에 안았다. 압박해서 나를 안으며 무언가 냄새를 맡는 그를 내 몸에서 떼어냈다. 그에게선 방금 떠나온 직장에서 같이 일하던 남자들이 풍기던 냄새와는 전혀 다른 고요와 안온의 냄새가 났다.

……남편은 그날 그가 전문의로 일하던 대학병원 외과 의국에서 앉아 있던 의자와 함께 왼쪽으로 쓰러졌고, 삶에 대한 나의 계획도 왼쪽으로 쓰러져갔다. 남편은 곧장 응급실로 실려 갔고, 중증 심근경색 판정을 받았다. ……집에 있게 된 남편에게서 여러 가지가 사라져갔다. 우선 그에게서 까칠한 오후 5시의 수염이 사라져갔다. 그것은 아침부터 저녁까지 일을 하는 남자의 특권이었다. 나는 오후 5시쯤, 아침에 면도를 한 남자들의 수염이 막 다시 거뭇거뭇하게 자라나기 시작하는 모습에 종종 매혹을 느꼈다.

남자의 얼굴에서 자라난 수염은 얼굴에 그늘을 만들며 이제 그만 이성의 시간을 멈추고 감성의 시간을 준비하라고 말해주는 듯했다. 그 시간에 나는 남자가 사랑스러워 수염 난 그 얼굴을 통째로 먼저 가슴에 안곤 했었다.

……오늘 남편은 왠지 더 침울해 보였다. 병원에서 찍은 심장초음파 검사의 결과가 여전히 좋지 않다고 말했다. 휴직기간을 1년이라고 정해 놓았지만 사실 언제 다시 오후 5시의 푸릇한 수염이 자랄 때까지 일하는 남자가 될지 알 수 없는 처지였다. 그는 내 품을 파고들며 말했다.

"요즘 남자들이 바르는 애프터 쉐이브 로션을 사다 줘."

그때 나는 비로소 깨달았다. 남편은 나를 의심하는 것이 아니고, 내가 묻히고 들어오는 싱싱한 남자들의 냄새를 그리워하고 있다는 것을. 그래서 막 퇴근한 나를 그토록 깊이 안았다는 사실도. 나는 내 기억의 창고에서 그가 가졌던 오후 5시의 그늘진 수염과 옛냄새를 불러일으켰다. 그러자 모든 준비가 끝났다. 나는 저녁이 되어도 수염에 힘이 없는 그의 머리를 들어 내 가슴에 힘껏 파묻었다.

— 스마트소설 「오후 5시의 수염」 일부

작품평

「잠든 정원으로부터」

소설가 오은주는 심리학적 시선과 일상에 대한 섬세한 관찰이 돋보이는 작품을 꾸준히 발표하며, 현대 한국소설의 한 축을 담당해 왔다. 오은주의 소설에서 사회적 메시지와 개인적 성찰은 긴밀하게 연결되어 있다. 개인적 성찰은 인물들이 자신의 주변 세계를 돌아보고, 내면의 갈등과 상처를 마주하며 성장하는 과정을 의미하며, 이 과정에서 인물들은 자신의 정체성과 삶의 의미를 성찰하게 된다. 이러한 성찰은 곧 사회적 메시지로 확장된다. 주인공에게 자신에게 주어진 역할이나 통념, 특히 여성의 사회적 위치와 같은 구조적인 문제에 대한 성찰을 유도한다.

오은주는 소설 속에 심리적 통찰뿐만 아니라 '통속'도 적극 활용한다. 오은주 소설의 '통속'은 그것을 서사의 뼈대로 삼되 그 내용을 성찰하는 시선을 유지함으로써 우리 자신이 그런 '통속'의 현장에 있다는 사실을 자각하게 한다. 이는 '통속'을 동원하고도 '막장드라마'의 그것과 같은 '우연성'을 전혀 활용하지 않는다는 것으로도 짐작되는 바다. 오은주 소설의 '통속'은 '대중적으로 저속하게 읽히는 흥미로운 스토리'의 한 단면을 내세워 우리 사회의 저속성을 지적하면서 우리가 참으로 타락한 현실에 사는 존재임을 일깨우는 일종의 '방법적 통속'이라 할 수 있다.

'함께 살면서 행복한 미래를 꿈꾸는 가족'에서 '떨어져 살아도 돈은 있어야 행복한 삶이 되는 가족'으로 변모된 가치관! 그런데 실은 이 같은 변모가 글로벌시대 이후에 급진적으로 나타난 사회현상이라고만 할 수 없다는 사실을 우리는 잘 알고 있다. 오은주 소설은 이미 이렇듯 달라진 가족관계를 재현하고 있을 뿐 아니라 이런 현실이 배태된 과정을 아울러 성찰함으로써 '문제제기적 문학'으로서의 가치를 실현한다.

— 박덕규 문학평론가

「잠열」

대부분의 작품에서도 결말에 대한 작가의 선명한 방향 제시는 독자의 몫으로 남겨놓은 것으로 보이지만 특히 「잠열」의 경우, 헤어졌던 부부가 딸의 종신서원식을 계기로, 산레모라는 이국적 공간에서 귀국까지 통행해야 할 상황을 설정하고 그 결말에 대해 작가의 '시치미떼기' 전략 역시 흥미롭다. 최근 이야기되고 있는 소위 '수용미학적' 결말유보의 한 전형을 보고 있는 것 같기 때문이다.

— 유금호 소설가

오은주
등단 : 1989년 《현대문학》에 소설 「늪」과 「저녁산행」이 추천완료되어 등단.
대표작 : 작품집 『달의 이빨』 『하루이야기』 『잠든 정원으로부터』. 칼럼집 『신중년 요즘세상』 외 다수.
수상 : 한국소설작가상, 조연현문학상 등 수상. '세종도서문학나눔' 선정.
현재 : 한국문화콘텐츠21 운영위원. 서울가정법원 가사조정위원.

수필

주문희
[수필 분과 / 의학과 / 1970년 졸업]

대표작
한치 앞도 모르고 살았네

작품평

프로필

essay

대표작

한치 앞도 모르고 살았네

주문희

　내가 운동하는 헬스장에서 고교 선후배들이 '자경회'라는 친목모임을 만들어 몇 년째 만나고 있다. 그런데 나보다 2~3세 많은 선배들이 몸이 아파 병원에 가서 여러 검사를 해도 모두 정상이라 하는데 본인들은 팔, 다리, 허리 등이 계속 아프니 어떻게 하냐고 묻는다.

　그런데 고작 2~3살 차이인데도 내가 그 선배들 나이가 되니 서서히 힘이 약해져서 무거운 물건 오래 못 들고 몸 여기저기가 딱 어디라고 하기 힘들게 아픈 것도 아니고 우릿하게 불편한 것을 느끼기 시작했다. 또 몇 시간씩 운전해도, 집안일을 해도, 과도한 운동을 해도, 친구들과 여러 시간 떠들어도 피곤을 몰랐는데 예전 같지 않게 쉽게 지치고 피곤했다. 이때서야 아, 노화가 시작되고 있구나, 선배들이 말하던 통증이 병이 아니고 노화였구나 하고 깨닫고, 한치 앞도 모르며 살았네 하는 생각이 들었다.

　최근 몇 년 동안 세계인을 한치 앞도 모르게 한 사건이 터졌다. 바로 코로나 사태이다. 현미경으로만 보이는 바이러스로 인해 온 세상이 쩔쩔 맬 줄 누가 알았을까? 고도의 문명도, 사람도 얼마나 무력한 존재인지를 느끼며 살아남기 위해 애썼던 때였지만 그래도 사람은 어떤 슬픔이나 고통이 있을 때라도 나름 즐거움이나 아름다움을 찾을 수 있는 마음이 있다는 것을 발견했다. 영원한 슬픔이란 없고 순간순간 행복을 느끼고 아름다움을 느낄 수 있어서 하나님께 감사했다.

오랜만에 만난 친구나 이웃들에게서 마스크 쓴 얼굴 위에서 반갑게 빛나는 눈이 얼마나 아름다운지 예전엔 미처 몰랐다. 꽃들이 너무 예뻐 쓰다듬으며 너 참 예쁘다 중얼거렸고, 무료해서 쳐다본 푸른 하늘에서 흰구름들의 다양한 모습, 밤하늘의 별들이 얼마나 예쁘게 반짝이는지, 초승달의 서늘하게 날렵한 모습, 풍성한 보름달의 환한 빛을 보면서 사람과 자연이 얼마나 큰 축복인가를 느꼈다. 인생은 정말 새옹지마인 것 같다.

찬송가 중 '주 하나님 지으신 모든 세계'가 영어 가사는 왜 'How Great Thou Art'인지 깊이 느꼈던 시기였다. 한치 앞도 모르면서 교만이나 열등감에 휩싸여 사는 우리들에게 하나님은 내가 만든 아름다운 세상, 아름다운 사람들을 보라고 하시는 것 같았다. 이제는 샹송 고엽(Autumn Leaves)처럼 인생의 가을 문턱에 서서 오래 살아주는 친구가 최고라는 시처럼 우리 모두 건강하게 오래 살아 가장 좋은 친구로 남기를 바라는 마음 간절하다.

― 후략 ―

― 「한치 앞도 모르고 살았네」 일부

작품평

오늘을 살아가는 여성들이 겪고 있는 문제들을 정신적, 심리적인 측면에서 분석한 글.

― 자평

주문희

등단 : 《조선일보》를 비롯한 여러 신문과 잡지사의 원고 청탁으로 글을 쓰기 시작.
대표작 : 에세이『여자도 모르는 여자의 콤플렉스』. 의료분야 논문 6권 외 다수.
1989~1992년 월간 여성지 《레이디경향》 - 주문희 컬럼 연재(3년간).
1992~1994년 월간 《가정의 벗》 - 여성과 정신건강 연재(2년간). 1996~
1997년 주간 《뉴우스 메이커》 - 성 이야기 연재(8개월간).
현재 : 주정신건강의학과 원장. '아름다운 음악인' 자문위원. 이대동창문인회 이사.

수필

조한숙
[수필 분과 / 국어국문학과 / 1969년 졸업]

대표작
초록빛 은유

작품평

프로필

essay

대표작

초록빛 은유

조한숙

내 마음속 저 깊은 곳에는 찔레나무가 한 그루 있다.

봄이 오면 연녹색 새순이 돋아나고 오월이 되면 하얀 꽃이 미풍에 나부끼는 찔레나무가 있다. 꽃그늘 옆에는 태어난 지 한 달이 조금 넘은 첫아기를 품에 안고 있는 젊은 어머니가 서 계신다. 젖먹이를 바라보고 있는 어머니는 행복해 보인다.

어머니가 첫아기를 출산하고 몸조리를 하면서 외갓집에 머물던 삼월, 외숙모도 만삭이 되어 오늘내일 출산을 기다리고 있었다. 외갓집에서 이레가 되던 날, 외숙모는 진통을 시작했다. 한 집에서 같은 달에 태어난 아기가 둘 있으면 삼신할머니가 노하신다며, 외할머니는 서둘러 어머니를 시댁으로 보내셨다. 외갓집의 솟을대문 닫히는 소리를 뒤로 하고 문 밖으로 나왔을 때 어머니 팔에는 어린것이 세상모르고 자고 있었다. 산후조리도 제대로 안 된 산모가 박달재 아래 시댁을 바라볼 때 그 길이 얼마나 멀고 아득했을까.

그런 섭섭한 마음도 잠시, 어머니 곁에는 현실이라는 슬픔이 있었다. 시댁에 갔으나 할머니는 마음만 있었지 며느리에게 충분한 미역국을 끓여줄 형편이 못 되었다.

그때부터 어머니의 친정행이 시작되었다. 어머니는 젖먹이를 생각해서 내키지 않은 발걸음을 떼어 날마다 외가 마을 평동을 다녀오셨다. 외갓집 건너편에 있는 영길네 집으로 가 있으면 외할머니는 밥상을 한 상 차려 그 집으로 내오곤 하셨다. 남의 집 마루에서 밥상을 받고 이런저런 설움에 눈물 흘리는 어머니에게 영길네 아주머니는 수저를 쥐어 주고 위로를 잊지 않으셨다.

"새댁, 먼 훗날 지금 이야기하고 살 테니 너무 서러워 말고 어서 국 식기 전에 먹어, 어서 먹어" 하며 등을 두드려 주셨다.

1940년대, 해방을 맞고 어수선하던 그 시절, 그때는 서울이고 시골이고 가난을 벗삼아 살았다. 아버지는 그때 가난한 종갓집의 장손으로 서울에서 어렵게 유학을 마치고 식산은행에 다니실 때였다. 한 집안을 일구어야 한다는 일념으로 신혼의 아내를 집에 남겨 두고 홀로 서울에 올라가 계셨다. 훌쩍 떠나버린 남편을 생각하며 어머니는 시댁과 친정을 다니느라 박달재를 수도 없이 오르내리셨다.

몇 년 전 예술의전당에서 악극 〈울고 넘는 박달재〉를 공연했을 때, 악극을 보며 나는 관중석에서 소리 없이 울었다. 오십여 년 전, 서울로 간 남편을 그리워하며 첫딸을 안고 박달재를 수시로 넘나들던 나의 어머니야말로 그 시대의 주인공인 금봉이가 아니겠는가.

지금도 나는 천등산 박달재를 그리워하며 일 년에 한 번쯤은 그곳을 찾아간다.

내가 태어난 삼간 모옥은 벌써 헐리고 나란히 있었다는 이웃집 두 채도 자취 없이 사라졌다. 집 앞으로 있었던 산길은 크게 확장되어 지금은 4차선 도로가 시원스레 뚫려 있다. 그 길은 제천과 봉양으로 가는 길이다.

지난해 가을, 이모님 두 분을 모시고 여행을 했다. 수안보를 거쳐 외가 마을을 지나 나의 친가가 있었던 천등산 기슭으로 갔다. 산자락에 서니 저 멀리 외갓집이 있던 평동이 내려다보이고 막내 이모가 다니던 교회도 보였다. 두 이모님이 예전부터 알고 있는 나의 친가가 있던 자리를 찾아 몇 바퀴나 걸었다. 시골 집터라고 하기에는 옹색하기 이를 데 없건만 어머니를 느끼기에는 더없이 크고 넓은 집터로 다가왔다. 그 터에는 어머니의 고단한 발걸음이 아직도 따뜻하게 남아 있었다.

지금도 내 마음 저 깊은 곳에는 초록빛이 남아 있다.

초록빛 속에는 어머니의 길 친구 찔레나무가 푸르고 무성하게 서 있고, 그 밑으로는 어머니의 강한 모성이 뿌리내리고 있다. 또 그 안에는 내가 이 세상에 태어나게 되고 나에게 우주를 열어 주신 아버지와 어머니의 젊은 날의 초상이 담겨 있다. 대지와 같이 넉넉한 어머니 품에는 세상 모르고 행복하게 어머니의 서러운 젖을 빨던 갓난아기 내가 있다. 법 없이도 사셨다던 할아버지 할머니도 계시고, 젖이 모자라 보채는 나에게 암죽을 끓여 먹이던 하나뿐인 고모님도 계신다. 종다래끼 속에서 김이 모락모락 나는 미역국을 들고 박달재로 걸어가는 막내 이모도 보인다.

봄비 같은 그분들이 계셨기에 나는 잘 자랐다. 내가 지금처럼 편안하게 늙어 갈 수 있는 것도 그분들의 덕일 것이다. 어머니가 그 옛날 밥상을 받고 눈물짓던 외갓집 앞집의 영길이는 목사님이 되어 웃고 있다.

초록빛 속에는 한 개인의 시원(始原)이 머물러 있다. 따사롭고 부드럽고 희생적인 무한의 사랑으로 충일된 초록의 이미지, 그 속에 나를 키워 주신 소중한 어머니가 계신다. 나는 그 초록을 한없이 사랑한다.

— 「초록빛 은유」 전문

작품평

조한숙의 수필집은 진경산수화를 그린 열두 폭 병풍을 대하는 것 같다. 칸마다 녹야와 야생화 같은 세밀한 묘사와 비유가 가득하여 조한숙의 문향(文香)을 이룬다. 이처럼 조한숙 수필은 초록빛 천등산 박달재에서 흘려내려 그녀의 삶과 수필에 청아하고 서러운 이미지를 불러일으킨다.

어쩜 이렇게 한 사람의 펜이 자연을 부르고 사람을 끌어들이고 시인 묵객과 예술가를 초대하여 문학의 숭고함을 일깨워 줄 수 있을까. 어쩜 한 사람의 눈과 귀가 그토록 다채롭고 풍부한 소재를 끌어올까. 어쩌면 한 사람의 가슴이 시적이고, 소설답고, 때로는 드라마 같은 문장을 펼칠 수 있을까.

조한숙의 이야기에는 아름답고 서러운 삶의 원형이 깃들어 있다.

부유한 가문의 어머니와 가난한 학자 집안 출신의 아버지 혈통을 물려받고 높고 푸른 천등산 박달재 아래 삼간 모옥에서 3월에 태어났다.

첫 손녀가 태어난 기쁨도 잠시, 어머니는 친정에서 산후조리를 할 처지가 못되었다. 같은 달에 외갓집에서도 외숙모가 아기를 출산하는 경사가 겹쳤기에 양갓집 관습으로 친정에서 몸조리를 하려고 더 있을 수가 없었다.

1940년대, 가난했던 그 시절, 어머니의 슬픈 이야기는 고스란히 조한숙의 출생 설화가 되어 잊지 못할 초록 이미지를 잉태시켰다.

이화여대 국문과를 졸업한 조한숙은 1990년 《수필공원》(현 에세이문학)으로 등단한 후 한국수필문학진흥회 회장을 두 차례에 역임하고 현재 매원박연구수필문학상 운영위원장으로 활동하는 등 한국 수필계를 대표하는 작가이다. 무엇보다 단아한 인품과 학풍으로 연배로는 원로작가이지만 작품은 젊디젊은 문청이다. 서러운 상징이었던 천등산 박달재가 영광의 이미지로 승화된 것이다.

2004년에 출간한 첫 수필집, 제 23회 한국수필문학상을 수상한 『초록빛 은유』와 2012년에 출간하고 제 31회 현대수필문학상을 수상한 『네프로네피스가 있는 풍경』은 자아 치유와 탐색의 작품집이다.

무엇보다 조한숙 수필의 두 축은 글과 길이다. 앞서 설명하였듯이 절차탁마 같은 "學而時習之 不亦說乎"가 그녀 삶의 반구(半球)를 구성한다. 배우는 것을 즐기므로 그 성향은 세상 작가들의 탐방으로 이어진다. 작가들의 자취를 순방하는 르포의 길에서 그녀는 국화주를 좋아하는 도연명, 야월의 시인 이백, 무위자연의 장자, 월든 호수의 시인 소로우를 만나고, 무엇보다 《열하일기》를 따라 연암 선생과 함께 길을 걸을 때, 철인 작가들에게 경배를 드리는 것을 잊지 않았다.

조한숙은 「초록빛 은유」에서 "초록빛 속에는 한 개인의 시원(始原)이 머물러 있다. 나는 그 초록을 한없이 사랑한다."고 말한다. 그녀에게는 가족도, 세상 작가도, 글도, 풍경도, 천등산 박달재와 열하도 모두 모태 같은 존재다. 왜냐하면 그 푸름이 조한숙의 문학적 생명이므로.

― 박양근 문학평론가, 부경대 명예교수

조한숙

등단 : 1990년 《수필공원》(현 에세이문학)으로 등단.
대표작 : 수필집 『초록빛 은유』 『네프로네피스가 있는 풍경』 『연암과 동행한 오월의 열하』 『장강에 배 띄우고』 『실크로드의 봄』(공저). 논문 『우암선생계녀서의 수필성 연구』 등 다수.
수상 : 한국수필문학상, 현대수필문학상 등 수상.
현재 : 《계간수필》 발행인. 수필문우회 회장. 매원수필문학상 운영위원장.

시

신정희
[시 분과 / 기독교학과 / 1971년 졸업]

대표작
시 아닌 나의 시
기여

작품평

프로필

poem

대표작

시 아닌 나의 시

신정희

진리를 만나는데 걸림돌은
불완전한 부모
원치 않은 피의 유전자
스스로 손댈 수 없는 운명
부조리한 면 있는 사회
무능한 정치 지도자

타인
악마
절망
문화

죄
인줄 알았는데

오직 내 자신이
걸림돌이라는 걸 아는데에
평생이 걸려

스스로 폭파해도

절대 죽지 않는 내 자아만이
걸림돌
—「시 아닌 나의 시」 전문

기여

수천억 개의 별이 있다는 은하계에
작은 새끼 별 하나 박지 못해

온통 꽃밭인 지구에도
안개꽃 하나 날리지 못해

겨울산 소나무 숲 잔가지에
하얀 눈송이 한 줌 얹지 못해

정말 아무것에도 기여할 것 없다니

실망할 건 없지

네 가슴에
뽑을 수 없는 언어의 비수 꽂을 수 있고

증오의 에스컬레이터 높일 수 있고
너를 짓밟아 내가 사는 악순환에는
악 기여를 하고 있지

나로 인해 더러워진
지구별의 오물 씻는데

깨끗한 물 한 바가지 기여해보려고
오늘도 시 한 편 받아쓰기 준비 중
— 「기여」 전문

작품평

「시 아닌 나의 시」

 이 시는 진리의 걸림돌은 자아임을 직설로 드러낸다. 구세사에 있어서 인간의 죄는 구세주의 십자가 처형이라는 과정을 거친다. 신 시인은 신의 영역이 무한하다는 것과 섭리의 파장이 무한하다는 것을 알고 있다. 하나의 종교를 선택하고 그 종교에 귀의하여 그 인생을 시, 장편소설, 희곡, 수상집, 라디오 드라마 등 장르 경계를 넘어 상상과 사상과 문체를 아로새기는 스케일이 보다 넓고 큰 작가이다. 문학을 거의 전 방위에서 스스로의 신앙적 삶에 연결시키는 희귀한 작가로 이 시에서도 인간이 인간일 수 있는 것은 십자가라는 지점을 통과해야 하는 것이고 그 통과지점을 자아라고 본다. 그리스도교적 지향이 때로는 시 아닌 영역으로 들어갈 수 있음을 예고하는 것이다.

「기여」

「기여」는 수천억이라는 별과 지구의 꽃밭과 겨울산 소나무 숲 잔가지와 세상의 악순환 그리고 지구별의 오물에 대해 얘기한다. 범위가 광대하고 단위가 은하계와 지구촌 전역이다. 화자가 할 수 있는 일은 오물씻기이고 시 한 편 받아적기다. 시를 쓴다는 것은 그 자체로 참회의 보속이 된다는 것이다. 윤동주도 우리 글자로 시를 쓴다는 것 자체가 독립운동이어서 일제하의 폭거에 항거하는 것으로 보았다. 창조주의 영역에 참여하지 못하고 산다는 것은 지구 밖으로 밀려나는 것일 때 인간으로서의 원죄적 한계가 있음을 시인은 상상한 것이다.

— **강희근** 시인, 경상대 명예교수

신정희

등단 : 1991년 《문학공간》(수필), 《월간문학》(시), 《기독공보》(희곡) 당선 등단.
대표작 : 수상집 『구원에 이르는 신음』. 시집 『임계온도』 『노래여 자유의 노래여』. 장편소설 『비상』 『열두 번째 만남』 외 다수. 「미완의 크리스마스」 KBS 무대 라디오 드라마.
현재 : 이대동창문인회 이사.

▶ 시

이옥진
[시 분과 / 신문방송대학원 / 1980년 졸업]

풀잎색 빗소리 듣는 검은머리물떼새
허수아비

작품평

프로필

poem

대표작

풀잎색 빗소리 듣는 검은머리물떼새

이옥진

―

　검은머리물떼새의 그 붉은 눈동자의 슬픔을 보셨습니까. 풀꽃들이 잔잔히 바람에 흔들리고 있는 동안, 갯벌은 밀물에 서서히 잠기어 가고. 무인도의 암초 위에서 아득한 수평선을 응시하던, 새의 연한 발자국도 물살에 지워지고. 날개를 접고 물살을 쳐다보던 새의 눈동자.
　썰물과 밀물. 그 물살의 깊이. 사라지는 것과 남는 것의 거리. 그 허망한 면적. 무인도에 둥지 틀고 가슴에 남아있는 비애의 붉은 열매 하나. 풀잎색 빗소리 들으며 리코더의 울음소리로 쿠릴 쿠릴 울어도 보지만, 아무도 귀 기울이지 않았습니다. 우리의 삶 또한 썰물과 밀물 사이로 조금씩 지워져 가고. 지금 내가 남기고 가는 깃털 하나도 썰물에 씻기어 사라질 것입니다. 검은머리물떼새의 눈동자는 나날이 붉게 젖어 가고 있었습니다.
　―「풀잎색 빗소리 듣는 검은머리물떼새」 전문

허수아비

　누군가를 사랑하는 일은

저 곡식이 무르익기를 기다려 바람에 곁가지 내어주고
충만한 미소로 흔들리는 것이다
아서라 비록 짝사랑이라 해도
빈 들판 휑한 외면으로 답할지라도
너의 눈빛이 그를 지켰으니
누군가를 사랑했음으로 너의 그 긴 시간이
노래로 들판을 가로지르지 않았는가
누추한 옷가지 햇살에 그 빛 바래어도
부족함 없이 행복했노라
언젠가 육신은 너덜거리며
사그러드는 목숨 여윌 때
지나간 먼 슬픈 시간 떠올릴 작은 기억 하나
아스라이 품지 않았겠는가
누군가를 사랑하는 일은 네 마음
말할 수 없는 뿌연 기쁨으로 그득 채우는 일이다
―「허수아비」 전문

작품평

   이옥진의 시는 삶의 고통과 허망함을 딛고 신성의 빛을 향해 올라가는 계단과 같다. 그 계단은 튼튼하고, 그것을 밟고 올라서는 말들에는 범상치 않은 힘이 실려 있다. 또한 그의 시에는 지름길을 피해 멀리 돌아온 방황의 이력이 있으며, 자아의 존재감이 무한대로 넓혀질 수밖에 없는 황무지의 체험이 녹아 있다.

그에게 자기성찰의 되새김질이 없이, 은혜나 결핍의 감정이 없이, 기시감이나 향수의 사무침이 없이, 그냥 바라보았던 사물은 아무것도 없다. 그를 성장시키지 않은, 그의 육체가 되지 않은 바깥 것은 아무것도 없다. 그는 하찮은 것에서도 과거와 미래의 무게를 느꼈다.

시인은 마침내 하나의 자유를 성취한다. 그를 가로막던 질서들은 저 무시로 일어나는 하나의 미봉책에 불과하다는 것을 알기 때문이며, 어떤 혼란도 제압할 수 있는 일자의 빛이 자신의 기세 높은 감정 속에 날카롭게 투사하는 순간들을 구체적으로 경험하였기 때문이다.

— **황현산** 문학평론가, 고려대 교수

이옥진

등단 : 1991년 《현대시》로 등단.
대표작 : 『새들은 풀잎색 빗소리를 듣는다』 『불문율의 숲에 몸을 누이다』 『따뜻한 고요』 외 다수.
수상 : 바움작품상 등 수상.
현재 : 한국여성문학인회, 이대동창문인회 이사.

수필

조연경
[수필 분과 / 법학과 / 1975년 졸업]

대표작
가장 든든한 노후대책
바그다드 카페

작품평

프로필

essay

대표작

가장 든든한 노후대책

조연경

'울지 마라 외로우니까 사람이다 / 살아간다는 것은 외로움을 견디는 일이다 / 공연히 오지 않는 전화를 기다리지 마라 / 눈이 오면 눈길을 걸어가고 / 비가 오면 빗길을 걸어가라 / 갈대 숲에서 가슴 검은 도요새도 너를 보고 있다 / 가끔은 하느님도 외로워서 눈물을 흘리신다 / 새들이 나뭇가지에 앉아 있는 것도 외로움 때문이고 / 네가 물가에 앉아 있는 것도 외로움 때문이다 / 산 그림자도 외로워서 하루에 한 번씩 마을로 내려온다 / 종소리도 외로워서 울려 퍼진다'

시인 정호승의 '수선화에게'라는 시다. 이토록 인간의 외로움을 잘 표현한 문학작품이 또 있을까 싶다. 특히 '외로우니까 사람이다'에서 우리는 슬픔보다 안도감을 느낀다. 나만 외로운 게 아니니까. 외로움이 공평하다는 건 위로가 된다.

'할머니가 되면 난 보라색 옷을 입을 거야 / 나와 어울리지도 않는 빨간 모자와 함께. / 연금으로는 브랜디와 여름 장갑과 고급 샌들을 사고, / 그리곤 버터 살 돈이 없다고 말할 거야. / 피곤하면 길바닥에 주저앉고 / 상점 시식 음식을 맘껏 먹고, 화재경보기도 눌러 보고 / 지팡이로 공공 철책을 긁고 다니며 / 젊은 날 맨정신으로 못하던 짓을 보충할 거야. / 빗속을 슬리퍼를

신고 돌아다니며 / 남의 집 정원에서 꽃도 꺾고 / 침 뱉는 법도 배울 거야.'

영국의 시인 제니 조지프의 '경고(Warning)'란 시다. 유머러스하면서도 많은 걸 시사하고 있다. 우리는 질서와 원칙을 지키며 모범적으로 살려고 애쓴다. 그러나 때로는 너무 답답해서 자유스러운 일탈을 꿈꾸기도 한다. 한번쯤 회사로 가는 출근길 발걸음을 돌려 바다로 가고 싶다. 한번쯤 저녁 찬거리 대신 화사한 안개꽃 다발을 장바구니에 담고 싶다. 한번쯤 가격표를 먼저 살피지 않고 옷을 사고 싶다. 수많은 한번쯤이 있지만 그 한번을 하지 못한다.

그러나 조금 덜 외롭고 조금 덜 답답하게 살아가는 방법을 찾아낸다면 나이 들어 물가에 앉아서 혼자 울지 않아도 되고 동네 사람들에게 "놀라지 마세요"를 외치며 빵 살 돈으로 굽 높은 샌들을 사며 그동안 억눌린 심정을 토로하지 않아도 된다. 바로 '혼자 잘 노는 것'이 좋은 방법이 될 수 있다. 흔히 노후를 잘 보내려면 돈, 친구, 건강이 있어야 된다고 하는데 혼자 잘 놀 줄 알면 이보다 더 든든한 노후대책은 없다.

혼자에 두려움을 느낀다면 쉬운 것부터 하면 된다. 동네 산책, 조조 영화 보기, 대형책방 둘러보기 이런 것들은 혼자가 더 자연스럽다. 점점 익숙해지면 범위를 넓히면 된다. 둘레길 걷기, 기차여행하기, 식당 혼자 들어가기 등등. 영화 한 편을 보려 해도 꼭 동행이 있어야 하고 아무리 배가 고파도 혼자라서 식당 들어가기가 주저된다면 삶의 다양한 즐거움을 놓치게 되고 더욱 외로워진다. 어쩌면 삶은 살아가는 게 아니라 살아 내야 하는 것인지 모른다. 나 자신을 가장 좋은 친구로 만들어 혼자 시간을 잘 보낼 줄 알면 이보다 더 든든한 것은 없다.

(*세계일보 조연경의 행복줍기 연재 중)
— 「가장 든든한 노후대책」 전문

바그다드 카페

　행복은 마음먹기에 달려 있다. 그런데 우리는 돈, 건강, 풍요로운 식탁, 좋은 직장 등 행복의 조건을 만들어 놓고 스스로 그 속에 갇혀 살면서 자신이 행복하지 않다고 억울해하고 있다.
　어떤 상황이나 조건 때문에 행복하고 불행한 건 아닌데 말이다. 영어의 스트레스(stressed)를 반대로 하면 디저트(desserts)란 말이 된다. 조금만 시각을 달리하면 세상은 눈부시고 우리는 행복해진다.
　이해인 수녀의 '1%의 행복'이란 시에 이런 구절이 나온다. "저울에 행복을 달면/ 불행과 행복이 반반이면/저울이 움직이지 않지만/불행 49% 행복 51%면/저울이 행복 쪽으로/기울게 됩니다./행복의 조건엔/이처럼 많은 것이 필요없습니다./우리 삶에서 단 1%만 더 가지면/행복한 겁니다." 행복할 마음이 있는 사람은 행복해진다.

(*세계일보 조연경의 행복줍기 연재 중)
― 「바그다드 카페」 일부

작품평

　만남이 행운입니다.
　나는 작가 조연경의 열렬 팬이다.
　KBS TV단막극 '드라마게임'과 KBS 라디오 단막극 'KBS 무대' 그리고 아침드라마와 미니시리즈 등에서 그녀의 작품을 만나면서 푹 빠졌다. 따뜻하고 달콤하고 유쾌하고 재미있고 그런데 그게 다가 아니다. 감동과 메시지를 절대 놓치지 않는다. 계산하지 않고 정색하지 않고 자연스럽게 그대로 스며든다.

어느 해인가 '드라마게임'과 'KBS 무대'의 최다 작가인 동시에 P.D가 뽑은 '좋은 작가상'을 탄 것만 봐도 알 수 있다. 사실 나는 팬심 때문에 물건을 훔친 경험이 있다. 나는 작가 조연경이 쓴 대본을 너무도 갖고 싶어서 KBS 별관에 출연자들을 위해 보관되어 있는 그녀의 대본을 훔쳤다. 결국 발각됐지만 나는 내 생애 가장 멋진 선물을 받았다.

그녀의 드라마에 출연하는 유명 탤런트들 이름 옆에 '여의도 그분'이라는 새로운 칸이 생겼고 그 속에 작가 조연경의 대본이 들어 있었다. 조마조마한 마음으로 훔치지 말고 떳떳하게 가져 가라는 그녀의 배려심이었다. 졸지에 '여의도 그분'이 된 나는 행복했다. 그녀가 조선일보, 국민일보, 세계일보 등에 칼럼을 쓸 때 나는 바로 해당 신문 구독자가 되었고 그녀가 책을 출간할 때마다 서점으로 뛰어가는 달리기 선수가 되었다.

작가 조연경의 글은 늘 나를 단박에 첫 사랑을 막 시작하는 젊은 연인으로 만든다. 평범한 일상에 금가루가 뿌려진 듯한 경이로움, 달콤한 설렘, 그리고 살아 있는 자체가 감사하고 행복하게 느껴지는 마음. 황홀한 마술이다.

참 따뜻한 사람, 참 따뜻한 작가, 참 따뜻한 글. 고맙고 고맙다.

— 은기 독서가

조연경

등단 : KBS 가족계획 드라마 공모 대상, MBC 제3교실 드라마 공모 최우수상, 1991년《세계일보》신춘문예 수필, 부산MBC 희곡, 소설 당선.
대표작 : 장편소설『첼로 엄마의 편지』. 생활지침서『준비된 신혼이 아름답다』. 에세이『지금 여기서 행복하기』등 20권.
수상 : '좋은 작가상', 이화문학상 등 수상.
현재 : 드라마 작가. 대본창고 '서울시네마' 대표. 신혼부부학교 교장. 문화센터와 각 기업체 등에서「평범한 일상에 눈부신 날개 달기」란 주제로 강연.

번역

김정희
[번역 분과 / 불어불문학과 / 1963년 졸업]

대표작

아쿠타가와 류노스케 문학에 나타난 소재활용 방법 연구

작품평

프로필

translation

대표작

아쿠타가와 류노스케 문학에 나타난 소재활용 방법 연구

김정희
―

「김장군」 출전은 미와 다마키三輪 環 『전설의 조선』에 수록된 설화 「김응서金應瑞」이다. 「김장군」의 구성은 임진왜란 당시, 김응서 장군과 평양기생 계월향이 평양성을 점령한 왜장 고니시 유키나가小西 行長를 살해한 사건을 골격으로 하고 있다.

다음은 「김장군」 말미에 부가된 아쿠타가와 류노스케芥川龍之介의 역사 인식이다.

이 이야기는 조선에서 전해지는 고니시 유키나가의 최후이다. 유키나가는 물론 임진왜란의 전쟁터에서 목숨을 잃지 않았다. 그러나 역사를 분식粉飾하는 것은 조선만은 아니다. 일본도 역시 어린이에게 가르치는 역사는, ― 혹은 어린애와 다를바 없는 일본 남아에게 가르치는 역사는 이런 전설로 가득 차 있다. 예를 들면 일본 역사교과서는 이러한 패전의 기사를 한 번도 실은 적이 없지 않은가?
"당나라 장군이 전함 170척을 이끌고 백촌강(조선 충청도 서천현)에 진을 치고 있다. 무신년(천지천황天智天皇 2년 가을 8월 27일) 일본(야마토) 수군이 비로소 당도하여 당나라 수군과 전쟁하다. 일본군은 불리하자 퇴각하다. 기유년(28일) ……더욱 더 일본의 대열이 흐트러져 정예군의 병졸을 이끌고 진격하여 당나라군을 공격하다. 당나라군이 좌우로 배를 사이에 두고 에워싸며 싸우다. 순식간에 관군(천황의 군대)에게 패한다. 강물로 뛰어들어 물에 빠져 죽는 자가 많았다. 뱃머리를 돌릴 수 없었다." (일본서기)

　어떠한 나라의 역사도 그 국민에게는 반드시 영광의 역사이다. 특별히 김장군 전설만 일소―笑할 만한 가치가 있는 것은 아니다.

　다음은 아쿠타가와의 역사 인식에 대한 필자 의견이다.
　아쿠타가와는 「김장군」에서, "유키나가는 물론 조선에서 죽지 않았다."라고 하면서 어느 나라 역사에도 많든 적든 사실을 왜곡한다는 것을 언급하고 있다. 조선에서 김응서 장군이 왜장 고니시 유키나가를 살해한 이야기가 민중 사이에 그럴듯하게 전해져도 그것을 이러쿵저러쿵 말할 필요는 없다고 한다. 일본의 영웅담이나 역사소설·역사서에도 진실이 아닌 이야기가 역사의 이름하에 전해져 일본 남아가 읽게 된다. 즉 아쿠타가와의 역사인식은 「일본서기」에서 663년의 백촌강 전투를 예로 들어, 승리만을 가르치는 당시의 일본 역사 교육을 비판하고 있다. 청일전쟁, 러일전쟁, 한일합방 및 제1차 세계대전으로 세월을 보낸 근대 일본은 전국시대 도요토미 히데요시豊臣秀吉의 야망인 대륙 진출의 재판再版으로 보았던 것이리라. 그래서 전쟁은 많은 영웅을 낳고, 대본영 발표는 항상 일본의 일방적인 승리를 보도하며, 일반 국민은 역사의 진실 부분과 분식되어진 부분을 밝히지 않은 채 믿고 있는 어리석음을 비꼬고 있다. 그러나 아쿠타가와는 일본의 역사 왜곡과 조선의 설화와는 큰 차이가 있다는 것을 몰랐던 것 같다. 일본의 영웅 창조는 승리자의 과장을 통해 국민의 전투의욕 고양을 목적으로 하지만, 조선의 「김장군」에서 보이는 영웅은 패잔병이 최소한의 울분을 풀려고 만들어진 허구라는 차이이기 때문이다.

　― 아쿠타가와 류노스케 문학에 나타난 소재활용 방법 연구 2장 일부

작품평

필자는 2006년 9월 16일 중국 닝보寧波대학 제2회 국제아쿠타가와 류노스케학회에서 「芥川龍之介『金將軍』出典考」 발표 중, 아쿠타가와 역사인식을 논했다. 게이센조가쿠엔대학교의 시노자키 미오코篠崎美生子 교수의 평을 공개한다.

"김정희 선생님의 발표 감사합니다. 선생님의 역사인식에 찬성합니다. 아쿠타가와는 자신의 권력성(당시 일본제국의 유명한 소설가로 영향력이 크다는 점)을 그다지 인식하지 못했던 것 같습니다. 적어도 이 소설을 읽은 당시의 독자들은 일본의 역사 왜곡에 대해 큰 죄책감을 느끼지 못했을 것이라고 생각합니다. 저는 항상 아쿠타가와를 지나치게 과대 평가하는 아쿠타가와 연구 경향에 위화감을 가지고 있었습니다. 비판해야 할 점은 비판해야 한다고 생각합니다. 그런 의미에서 선생님의 발표에 깊이 공감했습니다."

— 시노자키 미오코

김정희

등단 : 1992년 한국어로 번역한 시민헌장 「우리들이 지향하는 니가타」를 7월 21일 니가타일보 게재.

대표작 : 1999년 숭실대학교 인문과학연구소 「재일한국인 문학」 발표. 논문집 『아쿠타가 류노스케문학에 나타난 소재활용 방법 연구』. 역서 『아쿠타가와 류노스케전집 1~6권 공역』 「코鼻」 「김장군」 외 7작품 번역.

현재 : 이대동창문인회 이사. 한국기독교지도자협의회 〈일본 선교의 전망〉 주제로 강연.

시

류선희
[시 분과 / 피아노과 / 1968년 졸업]

대표작
그림자의 신비
가로등

작품평

프로필

poem

대표작

그림자의 신비

류선희

―

그림자는 어떤 경우에도
제 몸을 세상의 중심에 놓고
사고하거나 판단하지 않는다

때로는 바람막이로
때로는 은신처로

언제나 사물의 가장자리에서
본체보다 뜨거운 향기로
겸손하게 제 몫을 다한다

굳었던 가지가 뼈가 되고
얼었던 잎이 살이 되는
오묘한 신비여!

일어설 수 없는 바다나 대지에겐
요원한 꿈인 그림자.

겨울 비탈에서
기댈 그림자가 있다는 것은
더없는 축복이다
더없는 행복이다
—「그림자의 신비」전문

가로등

모든 가로등은 하루살이다
어둠별이 뜨자마자 다시 태어나
초췌한 몰골로 떨고 있는 풀들
잠시라도 누이려
뼈마디마다 녹여
시린 어둠 죄다 걷어내고
뜨거운 꿈길을 연다
보름달처럼 넘치거나
안개같이 잔인한 것들이
길 위에 길 내는 것은
누구나 할 수 있는 일이라고
등 뒤에서 빈정댈지언정
이슥토록 잠 못 드는 나목이나
길 속에서도 길을 찾는 눈먼 새를 위해
남은 불씨까지 마저 지피다

끝내
빈 몸으로 하루를 접지만
수직으로 살다 죽는 가로등은
매일매일
눈물겹게 부활한다
— 「가로등」 전문

작품평

「그림자의 신비」

　본체의 환영이나 지엽적인 존재에 불과하다고 여기는 그림자가 실은 본체보다 뜨겁고 육중한 존재감을 지니는 것이다. 인간은 늘 자신과 타인을 구분하면서 주체적인 자신에게 과도한 의미를 부여하는 경향이 많다. 주체와 타자의 경계 설정에서 비롯하는 여러 문제들도 바로 주체 중심의 사고방식에서 연원한다. 그림자의 속성이야말로 이타행의 첫걸음이다. 그리고 또한 "축복"이 된다. 그림자에 대한 실체적인 사유의 하나로 보아도 무방할 것이다. 이 또한 자체 그대로의 참신한 시적 이미지로써 시의 맛을 느끼게 해준다. 신비는 가려져 있지만 결국에는 베일을 걷고 나타나는 진실이다. 시인은 여기서 존재론적인 사유로까지 나아가는 통로를 마련한다.
　— 정훈 문학평론가

「가로등」
　가로등을 하루만 살고 죽는 '하루살이'에 비유하고 있다. 가로등을 그렇게 보잘것없는 사물로 인식하는 것 자체는 충격적이라고 볼 수 있다. 그러나 이 시를 계속 읽어 내려가면 비유에 대하여 납득도 되고 참신성도 발견한다. 밤에만 켜지는 가로등을 매일 죽고 매일 부활한다는 부활신앙에 근거한 상상력을 전개한 것이라고 깨닫게 된다.

이러한 상상력뿐만 아니라 풀들이나 나목들에게 무한한 사랑을 보내는 것도 가로등임을 깨닫게 한다. 즉 고통받는 자들이나 소외된 자들을 위해 매일매일 불을 밝히는 가로등같이 이웃을 위하여 희생하고 헌신하는 신앙을 상징한 것이 바로 이 작품이다.

달리 말하면 이웃을 위하여 사심 없이 헌신하고 봉사하는 시인의 사랑이 무의식적으로 드러난 작품이다.

— **양왕용** 문학평론가

류선희

등단 : 1992년 《한국시》로 등단.
대표작 : 시집 『사유의 향기』 『나목은 숲을 꿈꾸지 않는다』 『흔들리지 않는 달빛』. 시선집 『바람개비』 외 다수.
수상 : 부산문학상본상, 부산시인협회상본상, 한국문학상 최우수상 등 수상.
현재 : 부산시인협회 편집자문위원. 이대동창문인회 이사.

▶ 시조

이정자
[시조 분과 / 기독교학과 / 1966년 졸업]

대표작

아버지의 산
역설의 미학 2

작품평

프로필

sijo

대표작

아버지의 산

이정자

―

살다가 힘들 때도 넘어지고 싶을 때도
언제나 그 자리에 변치 않고 지켜준 건
내 옆에 우뚝 서 있는 아버지의 산이었다.

바란 것 어긋 나서 실망 속에 있을 때도
허한 맘 다독이며 힘을 주던 그 말씀에
세상을 지켜보면서 절제하는 내가 됐다.

아버지 깊은 뜻을 지금에야 알 것 같아
나 또한 아이에게 다독이고 힘을 주어
그 옆에 조용히 서서 쉬어가는 산이 되리.
— 「아버지의 산」 전문

역설의 미학 2

마음을 비워보라 한가득 채우리니
가만히 눈을 감고 세상을 읽어보라
눈 뜨고 못 본 세상이 눈에 가득 오리니.

이루지 못한 꿈이 아쉽다 생각되면
저만치 물러서서 지성껏 맞아보라
그렇게 바라던 꿈이 손을 뻗어 오리니.
―「역설의 미학 2」 전문

작품평

「아버지의 산」
　일명 사부곡의 최종 완결판으로 명명할 수 있다. 더불어 정신적 지주인 아버지에 대한 굳건한 믿음 또한 밑바닥에 깔려 있다. 첫 수의 중장에서 '언제나 그 자리서 변치 않고 지켜준 건'이란 따뜻한 수사적 언어들이 아버지의 산을 지탱하는 중심축으로 작용하게 된다. 아울러 아버지의 산은 서정적 자아인 나를 절제시키는 원동력이 될 뿐 아니라 아이들을 다독이는 근원적인 모성애의 힘이 되어 나를 세상에서 더 큰 존재로 업그레이드하고 있음을 노래하고 있다. 한마디로 아버지의 산은 범접할 수 없는 지고지순(至高至純)한 사랑의 결정체임을 엿볼 수 있다.

　― 김준 문학박사, 서울여대 명예교수

「역설의 미학2」

인생문제를 다루면서 깨달음을 주는 교훈적 작품이다. 제1수 초장에서 "마음을 비워보라 한가득 채우리니"라고 하였다. 마음을 비우는데 오히려 가득히 채우게 된다니, 이것이 역설의 미학이 아니고 무엇이겠는가. 가만히 눈을 감고서 세상을 읽어보라고 하니 이 또한 역설의 미학이다. 눈을 감고서 읽으라고 하니 범인(凡人)의 생각으로는 이해가 안 가는 것이다.

다음 종장의 내용은 더욱 엉뚱하다. 그래서 재미있다. 눈 뜨고도 못 본 세상이 눈에 가득하다고 했다. 그렇다. 이 세상의 사물은 육안으로 보이는 것이 있고 심안(心眼)으로 보이는 것이 있다. 아무리 시력이 좋아도 심안으로 보아야 하는 것은 육안에 안 보이는 것이다. 이런 류의 작품들은 상상력을 더해 준다. 그리고 재미를 더해준다. 작품에는 재미있게 쓴 작품이 있고 맛이 있게 쓴 작품이 있다.

「역설의 미학2」는 재미있게 쓴 작품이다. 제2수도 역설의 미학으로 빚어낸 작품이다. 이루지 못한 꿈이 아쉽다고 생각되면 저만치 물러서서 지성껏 바라보라는 것이다. 이 말은 그 소원에 너무 집착하지 말고, 조급하게 생각하지도 말고 여유를 가지고 정성을 다해 보라는 것이다. 그러면 그 바라던 꿈이 스스로 손을 뻗어 오고 소원성취하게 되리라는 것이다. 이 또한 달관의 인생철학을 비춰준다. 이런 작품은 그야말로 단순 서정이 아니라 시인의 인생철학이 배어난 의미 있는 작품이다.

— 원용우 문학박사, 교원대 명예교수

이정자

등단 : 1992년 계간《시조문학》시「마음 하나·5(생명의 노래)」등이 3회 천료(이태극 박병순 이우종 추천)하여 문단에 등단.

대표작 : 시조집『가을꽃 여울타고』『아버지의 산』『뿌리를 찾아서』외 10권. 수필집『풀은 마르고 꽃은 시드나』『당신의 인생도 업그레이드해보라』. 전문

서적 『한국시가의 아니마 연구』 『시조문학연구론』 『현대시조, 정격으로의 길』 『문학의 이해』 『현대시조문학사』 외 다수.
현재 : 시조문학 발행인. 한국시조협회 이사장. 이대동창문인회 고문.

수필

이종수
[수필 분과 / 영어영문학과 / 1976년 졸업]

대표작
숨은 그림 찾기

작품평

프로필

essay

대표작

숨은 그림 찾기

이종수

―

　일상의 호기심은 끝이 없다. 단순한 것도 아니다. 한계를 모르는 채 미로 속을 파고 들어간다.
　호기심에 의심이 가산될 때에 타인의 내면에 대한 관심이 커지는 것은 어쩔 수 없는 인간의 속성인지 모른다. 호의를 호의로만 받아들이지 못하고 무슨 속셈이 있을 것이라고 생각하는가 하면, 겉으로 보이는 행동을 믿을 수 없어 속마음을 알아내려고 전전긍긍할 때도 있다. 때로는 이면의 한 부분을 보고는 그것이 숨은 진실이라고 생각하고 표면의 것은 허위라고 단정해버리는 오류도 저질러진다. 진실과 거짓이 뒤죽박죽되고 혼합되어 무엇을 믿어야 할지, 어디까지 진실인지 몰라 의심하고 주저하는 사이에 불신이 쌓여 간다.
　타인의 속을 알 수 없어 애태우면서, 호기심을 안고 무엇인가를 찾아다니는 동안, 우리는 언제부터인가 서로를 믿지 않게 되었다. 사회도 정부도 신뢰하지 않는다.
　내가 남을 믿지 못하니 남도 나를 믿지 않는다고 생각하여 자신을 믿게 하려고 더 많이 애쓸 수밖에 없다. "정말이야", "믿어 줘"라는 말들이 대화 속에 끼어들어야 되는 것은 얼마나 슬픈 일인가. 상대방의 보이는 것을 믿지 못해 끊임없이 탐색하면서, 믿어주지 않는 자신을 믿도록 설득시켜야 하는 것이 현실이다.

믿고 싶다. 보이는 것이 거짓이라도 진실이라고 믿고 싶다. 그러나 소망보다 앞서서 가는 나의 신경은 세상이란 숫돌에 날카롭게 갈아진 칼날이다.

정말이야. 거짓말이 아냐—

라디오에서 흘러나오는 노래를 따라 부르며 딸아이는 어린이 신문 한 모퉁이의 '숨은 그림 찾기'를 하고 있다. 나뭇잎 속에서 숟가락을 찾고 지붕 위에서 모자를 찾아낸다. 숨어 있는 구두 한 짝은 결국 찾지 못한 채 아이는 일어선다. 숨은 그림 한 가지를 딸아이가 찾아내지 못한 것은 오히려 잘된 일인지도 모른다. '숨은 그림 찾기'는 감추고 찾는 가운데서 이어지는 세상을 살아가는 연습이기 때문이다.

—「숨은 그림 찾기」 전문

작품평

수필 「숨은 그림 찾기」는 "표면보다는 이면에 관심이 있는 것은 인간의 본능적인 호기심일까"라는 의문에서 출발하지만, 진실과 허위라는 대비적인 개념으로 사회 현실을 탐구하고자 하는 작가의 의도를 바탕에 깔고 있다고 여겨진다.

신뢰가 무너져내리는 사회, 아무리 믿기를 강조하여도 오히려 불신과 의혹의 눈초리를 갖게끔 하는 사회의 병리현상이 우리로 하여금 '숨은 그림'을 찾고자 하는 지난(至難)한 고통에 빠지게 한다. 이런 사회 병리현상이 만연되어 가는 가운데 우리가 목도하는 대상들에 대한 현실 자각이 이 작품 속에 구체적으로 나타나고 있지는 아니하다. 그저 소시민적인 일상 속에서 건져낸 잔잔한 파문이 인다.

작가 이종수의 수필의 묘미(妙味)는 현실탐구에서 시작하고 있으면서도 그 대상에 대한 긍정적인 사고로 결미가 맺어지고 있다는 데에 있다. 항용 이런 수필의 경우 대체로 비판적 면이 강조되고 자칫 흥분해버리기 일쑤다. 그러나 이 작가의 장점은 바로 이런 국면(局面)에서의 차분한 목소리에 있다. 이는 매사를 긍정적으로 바라보는 '눈' 즉 수필가의 시선으로 판단된다.

"숨은 그림 한 가지를 딸아이가 찾아내지 못한 것은 오히려 잘된 일인지도 모른다. '숨은 그림 찾기'는 감추고 찾는 가운데서 이어지는 세상을 살아가는 연습이기 때문이다"라는 작가의 메시지는 현대를 살아가는 우리들에게 던져주는 삶의 메시지이자, 현실탐구를 통한 문제의식이기도 하다. 인간의 위선을 어찌 나무라기만 할 것인가. 너와 나, 우리 모두는 같은 공범자에 불과할 수도 있기 때문이다.

이종수의 수필적 목소리는 그리 크지 않다. 그의 수필은 그림으로 말한다면 수채화를 방불케 한다. 유채색과 무채색을 적당히 배합하여 강하지도 그렇다고 무미하지도 아니한 색깔로 채색된 화폭, 그러면서도 무언가 모를 독자를 유인하는 매력, 그것이 읽는 이를 기쁘게 하는가 하면 매혹시키고 있다.

— 한상렬 문학평론가

이종수

등단 : 1992년 《문예사조》로 등단.
대표작 : 『그들은 왜 장미를 사랑할까』 『돌을 깨는 사람들』(공저) 외 다수.
수상 : 문예사조 신인상 등 수상.

수필

김국자
[수필 분과 / 가정학과 / 1966년 졸업]

대표작
들리는 것 들리지 않는 것

작품평

프로필

essay

대표작

들리는 것 들리지 않는 것

김국자

―

소리는 공기의 떨림이다. 그런데 소리에 따라서는 자연적 현상을 넘어 어떤 의미로 우리에게 다가오기도 한다. 보는 것보다 듣는 것이, 듣는 것보다는 만지는 것이 더 감각적이라고 하지만, 그리움은 아무래도 소리에서 더 느껴지는 것 같다. 눈은 새것을 찾지만 귀는 옛것을 찾는다는 말도 있듯이.

그리운 소리가 있다. 새벽을 가르는 두부 장수 소리, 어머니의 도마 소리, 굴뚝 소제하라는 징소리, 가을밤에 들리던 다듬이 소리……

듣기 좋은 소리도 있다. 산과(山果) 떨어지는 소리, 보길도 예송리 바닷가에서 듣던 몽돌 구르는 소리, 보리밭 종달새 소리, 외갓집 외양간에서 나던 소 울음소리 등. 하지만 우리가 쉽게 접할 수 있는 듣기 좋은 소리는 음악 소리이다. 세상에 음악이 없다면 얼마나 삭막할까 생각해 본다.

우연히 월정사에 들른 적이 있었다. 저녁 여섯 시가 되니 젊은 스님들이 모여 번갈아 가며 북을 치기 시작했다. 한 스님이 북을 치고 물러서면 옆에 대기하고 있던 스님이 이어서 북을 쳤다. 그 모습이 조용하고 절도가 있었다. 북 치는 스님마다 그 모습이 사뭇 달랐다. 보슬비처럼 아주 조용한 몸짓으로 북을 어루만지듯 하는 스님, 소낙비 쏟아지듯 정렬적인 몸짓으로 두드리는 스님, 리드미컬하게 경쾌한 몸짓으로 치는 스님. 그 뒷모습들이 아름다웠다.

　스님들이 북을 치는 것은 중생을 구제하는 데 있다고 한다. '법고'는 땅 위의 모든 중생들을 소리로 깨우쳐서 제도하기 위한 것이고, '운판'은 날짐승과 허공을 헤매며 떠도는 영혼을 제도하기 위함이며, '목어'는 물고기처럼 항상 눈을 뜨고 깨어 있으라는 뜻으로 물속에 사는 중생을 구제하기 위해서 친다고 한다. 나무로 긴 물고기 모양을 만들고 배 부분의 안쪽을 파낸 다음 그 바깥 양 벽을 두 개의 나무 막대기로 두드려 소리를 냈다. 목어의 모양을 줄여 만든 것이 목탁이라고 한다. 범종을 치는 것은 지옥의 중생들이 고통에서 벗어나 불법의 진리를 깨우치게 하기 위함이라고 한다.

　그 깊은 뜻을 생각하며 북소리를 들으니 또 다른 감명이 왔다. 북소리를 듣고 발길을 돌려 나오는데 절을 수리하는 인부의 망치 소리가 들렸다. 그런데 마음 탓일까, 그 소리가 예사롭게 들리지 않았다.

　"한 번의 망치 소리가 수백 년의 시간을 허공에 고정시키는 작업임을 목수는 알고 치는 것인지?"

　세상에는 이렇게 들리는 소리가 있는가 하면 실제로는 들리지 않지만 우리에게 들리는 소리 이상으로 감명을 주는 소리가 있다. 바로 문장 속에서 들리는 소리이다.

　"是日也放聲大哭(시일야방성대곡), 이날에 목 놓아 통곡하노라."

　1905년 11월 17일 을사조약이 체결됐을 때, 《황성신문》 20일자에 장지연(張志淵)이 일제의 국권 침탈 음모에 분노하여 대성통곡한 논설 제목이다. 그 통곡의 소리가 오랜 시간이 흘렀는 데도 들리는 것 같고 가슴에 찡한 울림이 왔다.

　'階前梧葉已秋聲(계전오엽이추성). 계단 앞 오동나무 잎에서 이미 가을 소리를 들었다.'고 주자(朱子)는 「권학문」에서 말했다.

　대문장가 한유(韓愈)는 그의 저서에서 '大凡物不得其平鳴(대범물부득기평명), 무릇 사물은 평정을 얻지 못하면 소리를 낸다.'고 했다. 봄은 새로써,

여름은 우레로, 가을은 벌레로, 겨울은 바람을 빌려 운다. 그리고 사람은 문사(文辭)로써 울었다. 주(周)나라가 망하니 공자(孔子)의 무리가 울었고, 초(楚)나라가 망하니 굴원(屈原)이 울었다. 맹자는 성선설(性善說)로 순자(荀子)는 성악설(性惡說)로, 한나라의 사마천(司馬遷)은 사기(史記)로, 당나라의 이백(李白)과 두보(杜甫)는 시(詩)로 울었다고 했다.

세상을 살다 보면 듣기 좋은 소리만 듣고 살 수는 없다. 온갖 도시 생활의 소음들, 싸움 소리, 도를 넘는 충고나 잔소리도 듣고 산다. 같은 소리라도 듣는 순간의 심정에 따라서 다르게 들리기도 한다. 까치 소리도 어느 때는 반갑게 들리지만 시끄럽게 들릴 때도 있다. 하지만 싫든 좋든 우리는 세상의 소리를 들으며 살고 있다.

나는 가끔 새들이 지저귀는 소리를 알아들을 수 있다면 얼마나 좋을까 생각해 본다. 옆집 감나무 위에 앉아 지저귀는 새의 소리를 듣고 나도 소리로 응답해 본다. 그러면 새도 조잘대며 응답하는 것 같다.

세상의 모든 생물들은 소리를 내며 살고 있다. 우리가 그 소리의 뜻을 알아듣지 못할 뿐이다. 반면에 문장가들의 소리는 실제로는 들리지 않지만 시간과 공간을 초월하여 우리에게 감명을 주고 있기에 나는 책장을 들추며 그 문사들의 소리에 귀를 기울이고 있는 것이다.

― 「들리는 것 들리지 않는 것」 전문

작품평

그는 열심히 생활하면서 따로 눈을 준비해둔다.
그래도 들리지 않으면 음악을 듣고

그래도 보이지 않으면 기도를 갖는다

보이지 않는 것을 보일 때까지

— **허세욱** 고려대 교수

김국자

등단 : 1993년 계간 《에세이문학》으로 등단.
대표작 : 수필집 『하늘에는 새의 발자국이 없고』 『잠시 여기있는 거야』 『들리는 것 들리지 않는 것』. 산문집 『삶이 아름다운 이유』. 수필선집 『세상 빗기』 『왼손 오른손』 외 다수.
수상 : 현대수필문학상, 황진희문학상, 한국PEN문학상, 에스프리문학상 대상 등 수상.
현재 : 한국수필문학진흥회 기획위원. 에세이문학작가회, 이대동창문인회, 국제펜 한국본부 회원.

소설 ▶

박영자
[소설 분과 / 국어국문학과 / 1963년 졸업]

대표작
텐트 안의 울음소리

작품평

프로필

novel

대표작

텐트 안의 울음소리

박영자

움막 안에서 기역자로 허리가 굽어진 아버지가 다리를 끌며 나왔다. 빤히 나를 쳐다보다가 "댁은 누구슈?" 한다. 빗지 않은 머리가 엉겨 붙어 뻣뻣하게 제멋대로 엉켜있다.

"아버지 아들 아니우."

"그런데 왜 그렇게 늙었수?"

"아버지, 오늘부터 나하고 사는 거요."

— 중략 —

적막강산 속에 두 사람이 텐트 안에 누웠다. 어둠 속에서 꿈처럼 어렴풋이 무언가가 허공에 보였다. 허리 굽은 엄마가 내게 말을 하고 있었다. 아버지 앞에서 고개도 잘못 들던 엄마가 막대기 하나를 오른손에 짚고 "이놈아, 사내가 칼을 뽑았으면 썩은 고구마라도 잘라야지. 그 많은 땅 다 없애고 이 꼴이 뭐냐? 다시 해 봐!" 하며 고래고래 소리를 치는 것이었다.

— 중략 —

그렇다. 내가 낙방한 것은 순전히 잘못 쓴 연설문 때문이었다. 쭉쭉 뻗은 삼나무 사이에서 수많은 사람들이 내 말에 귀를 기울였다. 엄마는 환한 미소로 나를 바라보았다. 숲속에서 나무들이 주고받는 소리가 들렸다. 나는 그들에게 연설을 시작했다.

— 중략 —

"내가 남들보다 더 잃은 것은 아닙니다. 조금 빨리 버렸다는 것뿐입니다. 누구의 잘못도 아니고 제자리로 돌아가는 것일 뿐, 하늘이 예전부터 우리에게 알려주었으나 사람들은 잊고 있을 뿐입니다. 이것은 나라의 잘못도 정치인의 잘못도 아닙니다. 강가에 있는 나무는 가르치지 않아도 강을 따라 몸을 틀어 고개를 돌리고 자랍니다. 사람은 모두 그렇게 살아가야 합니다. 모든 것을 있는 그대로 하늘의 뜻에 맡기고 살면 세상은 싸움도 미움도 거짓도 없는 세상이 될 것입니다. 내가 국회의원에 당선되면 모든 사람을 나무로 만들 것입니다!"

우레와 같은 박수 소리가 온 산을 뒤덮었다. 중천의 푸른 달이 배추밭을 비추고 있었다. 숨을 고르고 다시 시작하려는데 하늘에서 지켜보던 엄마의 모습이 사라졌다.

— 「텐트 안의 울음소리」 일부

작품평

K씨는 국회의원이 되었지만 금배지를 한 번도 달지 않았습니다. 첫 번째 받은 금배지는 장애인 돕기 자선 바자회에서 200만 원을 받았습니다. 금배지를 산 사람은 아버지가 세 번이나 국회의원에 출마하여 집안이 거덜난 사연이 있어 그 금배지를 아버지 산소에 묻어드리겠다고 했습니다.

박영자 선생님의 단편소설 「텐트 안의 울음소리」는 후배에게 속아 농토를 처분하여 국회의원에 출마했다 낙선하여 알거지가 된 주인공의 쓰디쓴 인생사가 생동감 있게 펼쳐집니다. 소설의 배경이 되었던 시절에는 고무신 짝 돌리고 막걸리를 퍼먹이던 때였으니 벼락출세를 꿈꾸고 당선만 되면 팔아버린 농토를 10곱쯤 살 수 있을 법한 때였습니다.

못 배운 한과, 피땀으로 농사지어야 했던 굴레를 털어버리고 국회의원이 되어 벼슬 감투, 부귀영화 누리고 싶었겠지요. 그 잘난 아들 탓에 집도 절도 없이 허름한 움막에 사는 부모에게 더부살이하러 가는 주인공의 신세가 마치 저자가 경험이라도 한 듯 실감나게 펼쳐집니다. 창의력과 유머 감각은 물론 대범함을 엿볼 수 있습니다.

70년대 강남 개발 때 배추 농사꾼이 정치 바람에 휘말려 패가망신하는 과정은 생동감이 넘칩니다. 일제강점기에 태어나 해방과 동족상잔의 처절한 고통을 겪으며 어린 시절을 보냈으면서 명문 이화여대 국문과를 졸업한 박영자 선생님은 55세 때인 1993년 《에세이문학》에 수필로 등단했습니다. 2020년 82세 때에는 《시와 창작》에 소설로 등단할 정도로 영육을 담금질하며 살았습니다. 황혼기 한국 여성의 고달프고 우여곡절 많은 삶을 털어놓으면 장편소설이 될 수밖에 없습니다. 그 시대적 고난을 박 선생님은 우아하게 관통했습니다. 원고지 속에 자신의 영혼을 승화시킨 심연은 정진의 저수지가 되었습니다. 그 비판력과 뚝심 있고 선 굵은 필력을 어찌 감탄하지 않을 수 있겠습니까.

앞에 언급한 K씨는 제15, 16대 국회의원을 역임한 소설가 김홍신이고 금배지는 금색 도금한 1만 5천 원짜리입니다.

— 김홍신 소설가

박영자
등단 : 1993년 《에세이문학》 수필, 2020년 《시와 창작》 소설 등단.
대표작 : 수필집 『앞산이 보이지 않는다』 『내 안의 목소리』 『1940년생 그녀의 결심』. 소설집 『텐트 안의 울음소리』 외 다수.
수상 : 한국문인상(수필), 이화문학상 등 수상.
현재 : 이대동창문인회 이사.

수필

주연아
[수필 분과 / 신문방송학과 / 1976년 졸업]

대표작
차도르와 밸리댄스

작품평

프로필

essay

대표작

차도르와 밸리댄스

주연아

———

　어느 참에 나는 무대 위에 친구 대신 서 있는 나를 상상해보았고 그 순간 눈앞이 아찔하였다. 음악이 시작되면 춤은커녕 뻣뻣하게 굳어져 흡사 나무토막이 움직이는 것 같을 게다. 쑥스러움이 많고 무안을 잘 타는 나는 무대 공포증이 있다. 아마도 수백 개의 눈들이 나를 주시한다면 목소리도 나오지 않을 게다. 하지만 지금은 이런 나도, 어렸을 적엔 겁 없이 무대 위에 잘도 섰다는데, 왜 나이가 들면서 그런 일이 점점 부담스러워지는 것일까. 그 이유는 혹시 내가 순수했던 동심을 잃은 탓은 아닐까. 있는 나를 그대로 보여 주려 하지 않고 더 좋게 보이기 위해. 무의식적으로 나를 미화하려는 데서 생기는 압박감 때문은 아닌가 생각해 본다. 부끄러움을 모르던 이브가 에덴동산에서 쫓겨난 후 갑자기 수치심을 느끼고 나뭇잎으로 몸을 가리던 것처럼, 동심의 낙원에서 추방된 내가 순수의 옷 대신 과대포장의 옷으로 갈아입고자 하는 데서 오는 부작용인지도 모르겠다. 언제부터인가는 사진도 되도록이면 찍지 않으려 한다. 그것은 실물보다 사진이 못 나온 것 같다던가. 구도가 좋지 않다던가 하는 차원의 이유에서가 아니다. 인화된 사진들을 들여다보면 왠지 표정들이 자연스러워 보이지가 않기 때문이다. 스냅 사진의 경우엔 부자연스러운 느낌이 없으니, 결국 한 개의 렌즈라는 객체의 눈, 아니 한 사람의 타인의 시선을 의식한 탓일 게다. 타인의 눈길 앞에 마주 보고 선다는 것, 그것이 한 사람이던 수백 사람이던 상관없이 나는 왠지 어색하다.

사람은 자기를 감추고 싶은 심리와 드러내고 싶은 심리가 공존한다고 하는데 나도 예외 없이 이 두 가지 심리가 함께 하는 모양이다. 실생활에 있어 타인으로부터 나를 숨기고자 하는 욕구를 나는 가지고 있다. 하지만 나는 또한 노출의 욕구도 가지고 있음이 분명하다. 글을 쓰는 행위를 통해서 상당 부분 나는 그 욕구를 해소하고 있지 않는가.
— 「차도르와 밸리댄스」 전문

작품평

주연아, 차가운 대리석 안에 뜨거운 태양을 숨긴 수필가, 뜨거운 용광로 속에 빙하를 품은 문체, 그래서 그녀의 글은 여성적인 서정성의 한계에 머물지 않고 때로는 대리석처럼 차갑게 분석의 혜안을 번득이다가도 어느새 그 싸늘한 석재를 따스하게 데워주는 태양으로 변신한다. 그녀의 글은 때로는 꽃이나 새처럼 아름답다가도 가끔씩은 이성의 창이나 칼날이 선 비판의 채찍으로 변모하기도 하는 변용의 미학을 갖추고 있다.

주연아는 글에서 박학과 유식을 자랑삼진 않으면서도 지성적 글곡에 굽이굽이 휘감기게 만든다. 이 화려하지도 뽐내지도 않는 문체, 그러면서도 적절한 수사학과 탄탄한 논리적 구조와 은근한 고집스런 골격을 지닌 채 결코 감상으로 흐르지 않을 절제된 낭만과 서정성을 황금비율로 조합시킨 문체는 차라리 너무 치밀단단하고 안정적이어서 오히려 '문학적 바람기'를 잠재워 줄 것 같은 수필가, 그녀가 바로 주연아다.
— 중략 —

이제 주연아가 가장 가슴 아파하는 소재인 죽음의 문제를 거론하지 않을 수 없다.

19세기 프랑스의 낭만파 시인인 라마르틴느는 그토록 사랑하던 연인이 병사한 후, 세월이 갈수록 잊혀지자 이렇게 탄식한다. 망각은 죽은이의 두 번째 수의라고.

— 중략 —

망각, 그것은 망자에 대한 배신인가, 산자를 위한 신의 은총인가. 영원히 기억하고 싶던 사랑도 세월이 가면 잊혀지고 치유되지 않을 것 같던 절망도 시간이 흐르면 또 잊혀지고 만다. 신은 우리에게 살을 저미는 고통을 주고도 또 망각이란 역설의 축복이자 저주를 선사하는 것이다. 잔인한 신, 그러나 또 고마운 신.

—「두 번째 수의」 중에서

삶의 굴곡 속으로 틈입해온 죽음의 모습을 이처럼 생생하고 담담하게 처리할 수 있게 되기까지에는 숱한 세상의 아픔과 문학적 수련의 단계를 겪었을 것임을 굳이 말할 필요도 없겠다.

이런 작가이기에 재치 있는 사랑론 또한 곁눈질할 만하다. 남편의 애연 버릇을 풍자와 역설적 기법으로 다룬「사랑, 그 모호한 경계에 대하여」결혼 25주년을 맞으며 사랑의 의미를 되새겨보는「남자라는 이름의 외계인」아이 교육 방법을 둘러싸고 전개하는 부부싸움을 희화적으로 그린「신의 화살」고부간의 심리적 갈등을 다룬「마리아의 향유」등등은 하나같이 최근 한국 수필계에서 드물게 보는 가작들이고, 주연아의 문학적 향기가 스민 글들로 꼭 읽어보라고 권하고 싶다.

특히 수필작법을 위해서라면「차도르 밸리댄스」는 필독의 작품으로 권한다. 여고 졸업 30주년 기념 동창회라는 극히 일상적인 소재를 다루면서, 친구들을 간파하는 관찰력이나 그를 통해 자신의 내면을 응시하는 투시력이, 주연아의 영민한 문학적 재능을 뭉쳐 놓은 것처럼 옹골차게 드러나는 작품이다.

— **임헌영** 문학평론가, 중앙대 교수

주연아
등단 : 1993년 《현대문학》 수필 등단.
대표작 : 『시보다 짧고 사랑보다도 긴』 『누구나의 가슴에도 빙하는 흐른다』 『연인에 드리는 송가』 외 다수.
수상 : 한국수필문학상, 월간문학동리상, 남촌문학상(구 GS 문학상) 등 수상.
현재 : 이대동창문인회 고문.

수필

홍애자
[수필 분과 / 국어국문학과 / 1960년 졸업]

대표작
고독한 미소

작품평

프로필

essay

대표작

고독한 미소

홍애자

아버지 타계하신 지 꼭 6년이다. 세월은 유수와 같다더니 어느새 그 많은 날이 바람처럼 날아가 버렸을까. 아버지는 대퇴골 골절로 수술을 받으신 지 꼭 20일 만에 고요히 잠드셨다. 벽제 양지바른 동산에서 육신을 훨훨 흩날리고 미련 없이 떠나셨다.

아버지는 아내를 여의고 40여 년 동안 딸자식과 함께 살면서 내게 늘 미소를 지어주었다. 엄마 없는 내가 안타까워서 더 신경 쓰느라 그러셨을까.

그런 아버지 미소 뒤에 고적함이 서려 있다는 것을 나는 조금 늦게 알아챘다. 항상 밝은 표정이니 내면에 소슬한 외로움이 감춰 있을 줄 왜 미처 몰랐을까.

아버지는 홀로 된 후 시곗바늘처럼 정확한 시간에 탑골공원에 나갔다. 일종의 안식처가 아니었을까.

아침마다 입고 나갈 옷을 고르는 아버지 모습은 여행 떠나는 아이 같았다. 언젠가부터 현관 나서는 그분의 어깨를 바라보며 눈시울 적시기를 한두 번이 아니다. 당당하고 활력 넘치던 예전의 뒷모습이 아니어서다. 외로움 한 덩어리 등에 지고 외출하는 것은 아닐까, 삶의 끝자락에 그늘이 얹힌 건 아닐까, 나는 공원에 나가시도록 배려하는 것만으로 자식 할 일을 다 한다고 생각하는 것은 아닐까, 나는 그분의 속내를 애써 외면하지는 않았을까, 아무튼 아버지는 탑골공원에 나가는 걸 무척 즐기셨다.

이따금 공원에 들러 아버지의 오랜 지기를 만나면, 그분들은 "홍 선생은 딸 하나만 두었어도 행복한 분이지"라고 아버지를 부러워했다. 열 아들 부럽지 않다고 말씀해 주시는 분도 있었다. 아버지는 당신 딸을 얼마나 자랑하셨길래…… 순간 부끄러운 눈물이 쉴 새 없이 흘러내렸다. 나를 향한 아버지의 사랑을 재확인하는 순간이었다.

그날은 양심의 가책이 되어 공원을 나와 무작정 발걸음을 옮겼다. 내가 해야 할 기본 도리만 하고 있는데, 아버지는 그런 딸을 두둔하셨다.

아버지라고 자식에게 서운함이 없었을까, 노여울 때가 없었을까, 아버지는 한 번도 내색하지 않았다. 오히려 내가 볼멘소리로 짜증을 내면 아버지는 내 손을 꼭 잡아주시며 위로해 주셨다. 아이 여럿을 낳아 기르니 왜 힘들지 않겠느냐며, 얼마나 어렵겠느냐면서 측은히 여기곤 하셨다. 아버지는 어머니를 대신해서 언제나 자상하게 살피고 나를 이해하려고 애를 쓰셨다. 어쩌다 친정어머니가 생존해 계신 친구 얘기를 할라치면 "내가 네 어머니 대신 다 해주마" 하면서 환하게 웃으시던 아버지 속마음은 얼마나 아리고 쓰리셨을까.

그분을 모시고 살면서 나는 늘 마음속으로 다지고 또 다진 게 있었다. 아버지를 잘 모시는 게 어떻게 해야 하는 건지, 지나치게 마음을 쓰는 일이 과연 아버지께 도움이 되는 건지 생각해 보곤 하였다. 항상 하던 대로 대해 드리면서 서로 힘들고 부담이 되어서는 안된다는 결론을 내렸다. 웃어른을 모시고 살면서 위해 드리고 배려하는 일 외에는 내 아이들이나 별다르지 않게 대했다. 때로는 그런 나의 언동이 냉랭하게 보이기도 했겠지만, 그것이 어버이를 모시는 나의 보통 생각이었다.

아버지는 3세기에 걸쳐 사시면서도 요즘 사람들과 생각이 비슷하여 모시는 데에 큰 불편은 없었다. 단지 우리 부부가 함께 가야 할 곳에 가지 못하고 함께 해야 할 일을 못하는 작은 불편함만이 있었다. 그것이 내게는 소소한 일이지만 남편에게는 27년이라는 긴 날들이 말할 수 없는 적적한 시간이었을 테다. 그럼에도 나를 위로해 주고 큰 가슴을 열어 감싸주는 남편 때문에 그나마 아버지께 큰 불효를 면한 게 아닌가 싶다. 문득 「조홍시가」가 떠오른다.

> 반중(盤中) 조홍(早紅)감이 고와도 보이나다
> 유자(柚子) 아니라도 품음직 하다마는
> 품어 가 반길 이 없을새 그로 설워하나이다
> — 박인로 「조홍시가」 네 수 중 첫수

박인로가 한음 이덕형을 찾아가 접대로 내어놓은 홍시를 보고 돌아가신 어머니를 생각하며 지은 노래란다. 어버이에게 효도하려 하니 그때는 어버이가 계시지 않아 슬퍼하는 박인로의 효심이 묻어난다. 이 시를 음미하며 다시 한번 아버지의 모습을 떠올려 본다.

늘 활달하고 낙천적인 성품 때문에 미처 속마음을 헤아려 드리지 못해 항상 쓸쓸하게 지내셨을 아버지. 다시 내게 기회가 주어진다면, 침잠하는 고독의 수렁에서 건져드려 아버지의 마지막 무대를 멋지게 연출해 드리는 딸이 되련만. 아버지는 내 옆에 계시지 않으니 「조홍시가」에 담긴 뜻이 꼭 나를 두고 노래한 게 아닌가 싶다.

세월은 기다려 주지 않는다. 세월은 거스를 수도, 돌이킬 수도 없다. 당장은 힘이 들고 어려운 환경이라 해서 부모님을 향한 마음을 늦추게 된다면 영영 씻지 못할 회한이 남는다.

멋진 포즈로 환하게 웃고 계신 아버지 사진을 들여다보면서 웃음 뒤에 얼룩졌을 고독을 엿본다.

— 「고독한 미소」 전문

작품평

"외로움 한 덩어리 등에 지고 외출하는" 아버지 뒷모습이 사진 한 컷으로 이미지 하나로 딸의 가슴에 오래도록 머문다. 이런 딸의 모습 또한 고독한 미소다.

「고독한 미소」가 형용모순일지라도 깊은 의미를 곱씹게 한다. 웬만큼 살아보면 둘이 그런대로 어울리는 조합이라는 걸 안다. 나이 들어 그제 부모님의 그것이 눈에 들어온다는 점이 안타까울 따름이다.

사랑하는 사람에게 미소 지어 보이려고 하는 애씀에는 목울대 밑으로 가라앉혀야 할 일들이 많았을 테다. 그러니 층층이 겹겹이 쌓인 무엇인가가 있을 수밖에. 나이 들어도 인간은 존재론적으로 고독하다. 유한한 시간을 인식하기 때문이기도 하고, 원하는 대로 다 이루지 못해서도 그렇고, 주위 사람이 하나둘씩 떠나는 일도 원인이 될 테다. 이를 다 제외하더라도 삶이란 고해(苦海)를 헤쳐나오는 일이라서 그렇다.

아버지와 이별하고 시일이 지나 딸은 다시 아버지를 떠올린다. 아버지의 미소를 기억한다. 40년을 홀로 지낸 아버지에게 외동딸은 각별했을 테다. 아버지를 모시고 사는 딸이니 더욱 그랬을 테다.

딸의 이런 마음은 후회라기보다는 추억이자 애도이다. 이승을 떠나실 때 깊은 애도의 시간을 가졌겠지만, 바쁘게 살다가도 문득문득 떠오르는 게 가족이다. 날이 지날수록 더 깊어지게 마련이다. 그때마다 추억은 더 짙은 향기를 내고, 그때마다 상실감은 더 깊은 애도를 필요로 한다. 이런 향기와 애도는 나이 들수록 죽음에 한 걸음 다가갈수록 더 커지지 않을까.

「고독한 미소」를 쓰면서 작가는 남편을 여의고 자식들을 뒷바라지하며 짓는 자신의 어떤 미소도 행간에 두었을 테다.

— **사이채** 문학평론가

홍애자

등단 : 1993년《에세이문학》(구 수필공원)으로 등단.
대표작 :『음악처럼 보헤미안처럼』『쟤들이 내 딸이에요』『뒷모습의 대화들』(한국출판문화산업진흥원 우수문학도서 선정) 외 다수.
수상 : 범우윤형두수필문학상, 한국수필문학상, 현대수필문학상 등 수상.
현재 : 한국문인협회 회원. 이대동창문인회 이사. 김우종문학상 자문위원.

소설

고은주
[소설 분과 / 국어국문학과 / 1990년 졸업]

대표작
그 남자 264

작품평

프로필

novel

대표작

그 남자 264

고은주

여섯 자루의 권총은 순식간에 해체가 끝나 다시 쇳덩어리의 형태로 가방 속에 들어갔다.

"이 가방을 잘 보관해 주세요. 가까운 날에 누군가 찾으러 올 것입니다."

"누가 오는 것인지요?"

"그저 '맡겨놓은 가방을 달라'고 할 때 내어주면 됩니다. 더이상 자세히 알려고는 하지 말아요. 위험하니까."

"그리 위험한 일을 도대체 왜 하려는 겁니까?"

어린아이가 떼를 쓰듯 나는 이유를 물었다. 부질없는 질문이라는 걸 알면서도.

"살아있다는 게 치욕인 이 시절, 고뇌에 빠져있던 문약한 시인으로 기억되기 싫습니다. 나는 이제 항일투쟁의 최전선인 중국 대륙으로 가서 전장의 한복판으로 뛰어들려고 합니다. 내 이름을 걸고, 목숨을 걸고 가야 할 이 길은 물론 고통스럽겠지만, 이 길로 가지 않으면 더욱 고통스러울 것입니다. 윗대에 욕을 보이고 아랫대에 절망을 줄 수는 없으니까요. 조국의 운명이 순탄하지 않은데 나의 운명만 순탄하길 바라는 건 모순이지요."

더이상 그를 붙잡을 수 없겠다고 생각하는데, 그가 주머니에서 종이를 꺼내어 내 앞으로 내밀었다.

"이제 어느 곳에도 우리말로 글을 발표할 수가 없으니 이 시는 그대의 마음에만 발표하려 합니다. 내가 떠난 뒤에 펼쳐 봐요."

그리고 그는 손을 내밀어 내게 악수를 청했다. 내가 허탈하게 웃으며 악수를 받아주자 그는 부드럽게 부탁하듯 말했다.

"지금처럼 많이 읽고, 많이 생각하고, 반드시 그 생각을 글로 남기도록 하세요. 글은, 유한한 존재를 무한의 세계로 끌어올립니다."

악수를 하며 마주 잡은 나의 오른손 위로 그가 왼손까지 포개어 올렸다. 그 모습을 물끄러미 보던 나도 그의 오른손 위로 나의 왼손을 포개어 올렸다. 그가 미소를 지으며 말했다.

"연애가 주는 최대의 행복은 사랑하는 여자의 손을 처음으로 쥐는 것이라고 스탕달이 말했더군요."

마주 잡은 두 손에 힘을 주며 그가 덧붙여 말했다.

"최대의 행복을 누렸으니 이제 여한이 없습니다."

순간, 숨이 멎는 것 같았다. 하지만 나는 애써 심호흡을 하며 물었다.

"마음까지도 비밀이라 해놓고 이리 다 들키면 어쩝니까?"

"그럼, 이 마음은 우리 둘만 아는 비밀로 합시다."

그렇게 우리는 손을 맞잡은 채로 한동안 서로의 눈을 바라보았다.

"검소함을 편히 여기고 담박함을 사랑하라 배웠습니다. 또 그렇게 살아왔습니다. 그런데…… 그대는 화려한 보석처럼 내게 편하지 않아요. 그래서 나는 이제 내가 편한 길로 가려고 합니다. 그래요, 내가 편안해지고 싶어서라고 해둡시다. 하지만 이런 말로는 표현이 다 될 수 없겠지요. 어쨌든 내가 가장 편안한 그곳, 그 먼 마을부터 되찾아야 나는 다시 편안해질 수 있을 겁니다. 폐허가 되어버린 내 마음의 그곳을 되찾기 위해…… 나는 곧 북경으로 떠날 것입니다."

― 장편소설 「그 남자 264」 일부

작품평

넘치는 영상과 정보 속에서 헷갈리고 부대끼느라 내가 누구인지 도무지 모르겠는 우리 모두의 상실감과 허망감을 그려내는 이 작가의 솜씨가 결코 일회적인 작가로 끝날 것 같지 않은 믿음이 간다.
― 박완서 소설가의 '1999 오늘의 작가상' 『아름다운 여름』 심사평

「칵테일 슈가」는 한 편의 훌륭한 영미식 단편이라고 하겠다. 정교하게 구축된 하나의 사건이 마치 샤레이드 게임처럼 서로 긴밀하게 연결되어 있는 데다가 마지막에 극적인 반전이 오기 때문이다. 최근 국내에서 문제가 된 부부 스와핑을 모티프로 한 이 작품은, 셰익스피어의 희극처럼 서로 얽히고설킨 여러 쌍의 연인들이 벌이는 해프닝을 통해, 마치 칵테일 슈가처럼 달콤하고 편리하며 덧없이 녹아버리는 현대인들의 일회용 사랑놀이를 풍자하고 있는 대단히 인상적인 작품이다.
― 김성곤 교수의 '2004 이상문학상 우수상' 「칵테일 슈가」 심사평

된장이나 생선 냄새 가득한 소설, 혹은 '아버지, 아버지, 우리 아버지' 식 글쓰기에 익숙한 풍토에서 계피향은 신선하다. 불륜과 미약의 관계를 소설 속으로 끌어들인 것은 단연 새롭다.
― 김윤식 교수의 '2009 올해의 좋은 소설' 「시나몬 스틱」 선정 이유

고은주의 『시나몬 스틱』은 탄탄한 플롯 전개를 통해 집요함과 매서움, 날렵함마저 느끼게 만들었다. 압축된 문장과 군더더기 하나 없는 문체는 구질구질한 삶의 몸통을 가차없이 도려냈다. 습관은 흔들림의 전형처럼 우아함을 덮을 수 없었으며, 가면은 벗겨지고 화장과 거짓말은 해체된 채로 비명을 부르고 있다.

— 정유지 교수의 '2019 이화문학푸른상' 『시나몬 스틱』 심사평

글 쓰는 사람들이 자주 힘의 논리에 휘말리고 내면의 진실에 눈과 귀를 기울이지 않는 이때, 육사라는 한 존재를 향해 탐구의 시간을 바친 이 작가의 노고는 얼마나 귀한 땀방울이겠는지 생각한다. 이 한 편의 소설이 작가의 이름을 오래 기억하게 해줄 것이다.

— 방민호 교수의 『그 남자 264』('2019 노근리평화상 문학상' 수상작) 해설에서

고은주
등단 : 1995년 《문학사상》 단편 「떠오르는 섬」으로 등단.
대표작 : 장편소설 『그 남자 264』 『아름다운 여름』, 소설집 『칵테일 슈가』 외 다수.
수상 : 오늘의 작가상, 이상문학상 우수상, 노근리평화상 문학상 등 수상.

시 ▶

김행숙
[시 분과 / 교육심리학과 / 1966년 졸업]

대표작
노을
페인팅

작품평

프로필

poem

대표작

노을

김행숙

기묘하다

향기로운 어둠으로

하늘을 뒤덮었다

타오르는

붉은 화음

Mysterious // With fragrant darkness // Covers sky // Burning // Crimson harmony
　— 「노을」 전문

페인팅

그림을 그리기 시작하면서
안다

어디에서 보느냐에 따라
붓은

다르게 보인다

단면과
각도

위치는
따로 없다

보이지 않는
사이와 사이

알 수 없는
2차원의
깊이와 높이

짐작만 할 뿐

잠을 만드는

그릇

꿈을 꾸고 있다

As starting paint / realize // Depending on where look / brush // seem differently // Section and / Angle / Location / no separate // Unseen / gap and gap // Unknown / depth and height / of two-dimensional // Only guesses // Vessel // creating sleep // Dreaming
— 「페인팅」 전문 『신의 부스러기 God's Fragment』에서

작품평

아름다움을 가렸던 베일이 벗겨졌다
— 특별한 인연의 마리엘라 코르데로와 유리 탈베의 논평에서
"시는 세상의 숨겨진 아름다움에서 베일을 걷어내고 익숙한 사물을 낯설지 않은 것처럼 만든다." 영국 시인 퍼시 쉘리(1792-1822)의 이 문구는 김행숙 시인의 시집 『신의 부스러기』를 다 읽고 나서 떠올랐습니다. 시적 미니멀리즘의 결정을 보여주는 이 시들에서는 세상의 아름다움을 가리는 베일이 벗겨져 독자가 숨겨진 은총의 장소로 다가갈 수 있게 합니다.
시인은 탐험가이자 세상과 그 안에 담긴 모든 것에 대한 철저한 탐구자입니다. 눈에 보이는 것 너머를 보는 눈으로 관찰한 후 그녀는 하느님의 조각을 구성하는 시를 통해 자신의 계시를 독자와 공유합니다. 시인 김행숙

이 관찰한 사물, 자연현상, 일상의 요소들 속에는 작은 우주가 숨어 있습니다. 이 숨겨진 코스모스에 대한 그녀의 시선은 찰나의 시로 승화되어 읽는 우리에게 깊은 인상을 남깁니다.

김행숙 시인은 시적 미니멀리즘을 세련되게 표현하였습니다. 그러면서도 수학적이며 친 과학적이기까지 합니다. 김행숙 시인은 이 시에서 향기로운 어둠으로 하늘을 뒤덮었다고 노래하고 있습니다. 이 시에서 진홍빛 향기로 뒤덮인 하늘, 이 미묘한 향기, 이 만질 수 없는 신의 선물은 관대하고 무한하다고 표현합니다. 이 고요함 뒤에는 무엇이 있을까요? 무엇이 이 고요함을 지탱하는 걸까요? 무엇이 이 헤아릴 수 없는 우주를 지탱하는 것일까요?

삶은 무에서 비롯되고, 무에 의해 움직이며 무에 의해 훼손되고 무에 의해 빼앗기기도 합니다. 여기서 우리는 과학자, 작가, 시인, 예술가 모두의 위대한 질문으로 돌아갑니다. 무엇이 우주를 지탱하는가? 아마도 그것은 레몽 크노(1903-1976, 프랑스 작가이자 수학자)가 언급한 그 무(無)일 것입니다. 시인 김행숙은 아마도 그 영원한 무에 둘러싸여 고요히 사색에 잠겼을 것입니다.

> 손의 / 생각
> 창을 / 열어젖힌 / 오후
> 보이지 않는 / 빛
> ―「침묵」 전문

발레리가 수학을 미적 패턴으로 고려했다고 해서 그의 시가 기계적이고 회색빛 인공물로 변하는 건 아닙니다. 수학 공식은 시의 아름다움을 지니고 있으며 그 반대의 경우 또한 마찬가지입니다. 시인 김행숙도 시적 표현을 위해 특유의 방법이나 셈법을 사용하는데, 바로 은유 알고리듬입니다.

은유 알고리듬은 상반되거나 인과관계가 먼 대상이나 시어들을 결합하는 시의 원리에 바탕한 창작 기법입니다.

세상을 변화시킬 수 있는 시적 활동은 혁명적이며 영적인 운동이자 내면의 해방을 위한 방법입니다. 시는 이 세상을 드러내고 또 다른 세상을 창조합니다. 시인은 우리의 세계를 드러낼 뿐만 아니라 새로운 세계를 구현합니다. 김행숙의 시에는 하늘의 계산이 묘사되어 있으며, 시인은 자신이 본 것을 간결하지만 더없이 아름다운 방식으로 표현합니다.

『신의 부스러기』에서 아름다움을 감추고 있던 베일이 벗겨졌습니다. 시인은 비전통적 구조의 실험을 통해 조화와 신비로움을 드러냅니다. 독자들은 이제 저마다 그 신비스런 아름다움을 찾아 나서는 도전에 직면하게 될 것입니다.

— 마리엘라 코르데로 Mariela Cordero : 시인 · 평론가 · 번역가

덧붙여, 김행숙의 시집 『신의 부스러기』의 마지막 시는 이보다 더 이상 짧을 수 없습니다. 제목과 단 한 줄의 시구로 구성되어 있습니다.

관棺

옷을 갈아입는다

제목 자체가 양도할 수 없는 부분인, 이 한 줄의 시는 어두운 역설의 그늘을 품고 있습니다. 나는 김행숙의 시집 『신의 부스러기』에 있는 시를 높이 평가한다는 점을 덧붙이고 싶습니다. 우리에게 주어진 제한된 공간과 시간 속에서 인간 존재에 대한 강렬한 감성으로 가득합니다. 그녀의 시는 '실존적 시적 초월성'이라는 보편적 규범을 실질적으로 풍부하게 보여줌과 동시에 오늘날 한국 최고의 시적 창조성을 탁월하게 대변하고 있습니

다.

— 유리 탈베Juri Talvet: 유럽학술원Academia Europaea 회원

김행숙
등단 : 1995년 《시문학》으로 등단.
대표작 : 영역 시집 『신의 부스러기God's Fragment』(2024, amazone 동시 출간) 등 다수.
수상 : 미당시맥상 등 수상.
현재 : 시지프스(SIGPS) 위원. 한국문인협회 문학관건립위원. 한국현대시인협회, 한국여성문학인회 이사.

시 ▶

서승석
[시 분과 / 수학과 / 1980년 졸업]

대표작
섬김
흔들림에 대하여

작품평

프로필

poem

대표작

섬김

서승석

―

제가 낮아져서
물처럼 물처럼
한없이 낮아져서

제가 귀먹어서
신의 목소리만 듣던 베토벤처럼
까맣게 귀먹어서

오롯이
당신의 사랑 속에
살 수 있다면

광활한 숲을 달리던
광풍을 그러모아 당신 위해
고운 피리 소리 만들고

기다림의 눈물로 빚는 술과
간절한 시간이 승화된 춤을

당신의 제단에 바칠 수 있다면

아무것도 아닌 제가
당신을 섬김으로써
비로소 지순한 사랑이 될 수 있다면
— 「섬김」 전문

흔들림에 대하여

나는 흔들린다

버스를 타도 흔들리고
지하철을 타도 흔들리고
길을 가면서도 흔들리고
잠을 자면서도 흔들린다

흔들리는 것은 내가 아니다
하늘이 흔들리고
땅이 흔들리고
나무가 흔들리고
집들이 흔들리는 것인지도 모른다

아니 흔들리는 것이 사랑이고

흔들리는 것이 희망이고
흔들리는 것이 슬픔이고
흔들리는 것이 기쁨인지도 모른다

나는 흔들린다
흔들리면서 나이를 먹고
흔들리면서 사랑을 잃고
흔들리면서 죽음으로 가는
흔들리는 길 위에서
자꾸 흔들리고
— 「흔들림에 대하여」 전문

작품평

서승석은, 그녀의 어머님께 헌정한 시 「목련꽃 피던 어느 날」에서, 자유로이 붓어로 써내려간 문장 안에 살과 혼으로 이루어진 친자관계의 감동을 아로새긴다. 우아한 꽃 목련꽃은, 두 형태의 사유 사이에서, 한국에서나 마찬가지로 프랑스에서도 시적 부식토 속에 그들이 공통적으로 존재함으로써 내밀한 유대관계를 창출한다. 그리고 유년 시절을 상기하며, 그녀는 시의 영속적 시간과 그녀가 발휘하는 감미로움 속에서 두 언어를 아우른다.

세밀하게 선정한 단어들을 통하여, 서승석은 모국인 한국과 그녀가 제2의 모국으로 여기는 프랑스 사이의 연결고리를 이루는 피륙을 짜낸다. 사실 그녀가, 그녀의 정교함 속에서 영감을 길어 올리고, 그녀의 내면적 풍요로움을 향하여 밭고랑을 일구며, 부단한 각성을 통하여 민첩하고 예민하게 프랑스 시인과 감각과 단어들에 귀를 기울이며, 자유로이 종횡무진 넘나드는 것은 영토뿐만이 아니라 바로 언어의 영역이다.

그리고 그녀의 감각을 사로잡고, 그녀의 시혼을 자유롭게 해방시키고, 그녀의 시적 상상력에 영감을 주는 것은 바로 부재의 슬픔이다. 그녀의 노스텔지어에 젖어들면서, 그녀를 침수시키는 이 버림받음의 형태에 몸을 내맡기면서, 그녀는 격렬한 마음의 상처들과 애정적 균열을 이야기한다. 시행들을 멜랑콜릭하고 유려한 물처럼 흐르게 하면서 문장 문장마다 시행들은 그녀의 영혼과 그녀의 삶을 가득 채우고, 우리 각자의 감동과 추억 속에서 우리를 감동시키며 그녀에게 현기증을 유발한다.

시에서 시로, 기도와 탄식의 외침으로 울리는 것은 바로 사랑의 절규이다. 때로 이것은 희망을 실어오고, 때로는 고뇌를 수반하나 보편성은 항상 국경도 조국도 없는 진실, 있다면 사랑의 조국의 진실로 귀결된다. 서승석은 바로 난초, 연꽃, 혹은 다른 섬세한 장미 등의 꽃 이름으로 그녀의 언어 하모니의 선들을 그린다. 빨강 실을 움직이며 선들은 텍스트들 사이에 비유적 표현이 풍부한 길들을 창조한다. 마치 다시 되돌아올 뉘앙스처럼 이 그림에서 저 그림으로 감동적 회상을 반향하면서, 그리고 그렇게 작품의 일괄성을 구축해 가면서……

마치 종교적 서정적 음송을 반향하는 그녀 음악의 다양성을 파종하면서, 자연은 그녀의 연가들의 한가운데 가장 중요한 자리를 차지한다. 올리브나무에서 산호로, 고드름에서 석양으로, 모래 둔덕에서 겨울나무로, 디안이라는 유럽식 필명을 선택하면서, 서승석은 불어에 대한 그녀의 사랑을 더욱더 입증이라도 하려는 듯이, 이 시행에서 저 시행으로 흔히 통곡에서 미소로 이어지며 그녀의 환희와 고뇌의 묵주를 하나하나 굴린다.

하여 디안 서Diane SEO의 시집은 우리로 하여금 인간 영혼의 '테라 인코그니타Terra incognita(미지의 땅-역주)'를 여행하도록 인도한다.

프랑스에 대한 그녀의 취향은 모험에 대한 갈구로부터, 미지의 것에 자극받고, 매료되고, 놀란 존재로서의 성향으로부터 오고, 이로 하여 그녀의 모든 재능의 독창성이 더욱 돋보이게 한다.

그녀의 예술의 생략법 마법이 남긴 초상화 하나로 이 글을 마무리하기로 하자.

안으로
눈물을 가득 머금은
선인장

그 가시마다
돋는
열정의 음향
―「자화상」전문

― 빠트리스 드 라 뻬리에르Patrice de la Perriere(프랑스 평론가, 『유니베르 데 자르』 편집장)

서승석
등단 : 1995년 시집 『자작나무』 출간으로 문단 등단.
대표작 : 한 · 불대역시집 『흔들림에 대하여』 『사람 사랑』 『그대 부재의 현기증』 외 다수.
현재 : 이대동창문인회 이사. 한불문화예술협회 회장.

> 수필

정부영
[수필 분과 / 가정관리학과 / 1969년 졸업]

대표작
꽃담
우물

작품평

프로필

essay

대표작

꽃담

정부영

지루한 장마철, 잠깐 비가 쉬는 날이다. 고궁에 들러 자취도 더듬어보고 생활의 때도 닦아본다. 담장을 끼고 돌다 아늑함에 젖어 담에 기대어 하늘을 본다. 흐리게 내려앉은 하늘이 다정하다. 담에 기대어본 것이 얼마만인가. 도시에 담은 넘봐서도 기대서도 안되는 담벽이 된 지 오래고 주택을 보호하는 기능을 강조하여 정취가 감도는 아름다움도 잃어버렸다.

자경전(慈慶殿) 옆에 샛담을 끼고 돈다. 자경전은 내전(內殿)으로 여인의 숨결이 깊이 잠기던 곳이다. 샛담에도 여인의 고귀함과 고독이 함께 자리하는 듯하다. 담장의 모습도 조촐하고 아담하여 권위보다는 정갈하고 다소곳한 여인의 자태를 느끼게 한다.

— 중략 —

꽃담을 살피며 정겨움에 젖다 보니 옛 시골 마을의 모습이 떠오른다. 시골에는 싸리나무나 개나리 같은 나무로 촘촘히 울타리를 쳐서 자연과 동화되는 담이 많다. 소박하고 조촐하다. 멍석에 널린 붉은 고추의 뿔긋뿔긋한 색깔이 훤히 비치고 우물가 살림살이 모습도 보인다. 가릴 것 없이 풀어놓은 인심이니 두터운 담장이 필요 없어 바람이 넘나들고 정도 오간다. 이웃의 기쁨과 슬픔을 나누어 가질 수 있다.

— 중략 —

내 가슴에도 추억과 사연을 실은 창덕궁의 돌담이 자리 잡고 있다. 꽃다운 시절, 가깝게 사는 절친한 친구와 돌담길을 수없이 거닐며 기쁨과 슬픔, 꿈도 나누었다. 호젓한 길옆 돌담에 이야기를 새기며 성숙해지고 튼실해졌다. 돌담은 우리 둘에게 꽃담으로 화했다. 돌담에 새긴 이야기가 닳아 흐려지기도 전, 36살에 친구는 병마에 치쳐 세 아이를 남기고 꽃담을 돌고 돌아 세월을 꺾고 떠나갔다. 내 가슴에 그리움만 잔뜩 남겨놓고…… 그리움이 차오르면 돌담을 어루만져본다. 거칠고 차가운 돌의 감촉은 어느새 따스한 온기의 살결이 되어 정다운 말들을 전해준다. 그때의 눈짓과 웃음이 되살아나고 체취가 그대로 느껴진다. 돌담은 추억 속의 친구처럼 마음 한 자리에 자리 잡고서 때론 쉼터가 된다. 하늘 한 자락을 잡고 있는 꽃담 지붕 위에 눈길이 머문다. 가지런하게 뻗어있는 반원의 기와가 꽃잎 같기도, 잎사귀 같기도 하여 숲속 정경과 닮은 모양새다.

이렇게 고급스런 멋이 서려있는 꽃담을 어떻게 지을 수 있었을까.

― 「꽃담」 일부

우물

우물은 깊은 곳에서 퍼올리는 에너지원이다. 혈관을 흐르는 피와 같다. 그래서인지 '우물' 하면 어릴 적 고향이 생각나고 언제나 맴돌고 싶고 마음을 시리게 한다.

옛 동네 우물가는 열린 장소였다. 마을 아낙들이 생명수를 찾아서 모여드는 삶터이며 만남과 소식의 게시판 같은 곳이다.

― 중략 ―

우물터는 인체의 배꼽과 같다고 할까. 어머니의 자궁에서부터 생명선으로 이어지는 길이며 하나의 인간으로 태어나는 근원적인 통로이다. 그래서 우물은 언제나 바라보고 싶고 가고 싶은 정다운 고향의 상징이 되었다.

— 「우물」 일부

작품론

정부영의 모자이크는 거의 박물(博物)적이었다. 그의 차근차근한 관찰과 밀도 있는 분석의도, 광범한 독서의 편력과 세상 각지를 섭렵한 견물들의 복합이다.

그가 화해하는 목적은 생명이다. 추구하는 생명은 단독적인 것이 아니라 다른 생명과의 공존, 화해를 이룰 때 비로소 활력을 보인다. 화해의 극치는 상대의 포용에 달렸다. 유기와 무기, 고뇌와 환락, 자연과 인간, 그 상대적인 화동(和同)까지 발전한다.

— **허세욱** 시인, 수필가, 고려대 명예교수

「꽃담」의 문장은 전체적으로 단아하다. 간결하고 가지런하면서도 촉촉한 윤기가 있다. 읽으면 술술 빨려가면서 따스한 온기와 선명한 영상을 감지케 한다.

'연상기법(聯想技法)으로 펼친 내면세계' 수필집 『꽃담』 안에 담긴 수필 절반 이상은 전체적으로 혹은 부분적으로 연상에 의한 구성법을 사용하고 있다. 연상기법을 활용한 구성은 시공을 훌훌 뛰어넘음으로써 짧은 글 속에 다양한 내용을 담아 입체감을 줄 수 있다. 이를 좀 더 고차적으로 활용하면 가늠할 수 없는 무의식의 세계까지 끌어낼 수 있다고 한다.

「꽃담」의 우수성은 바로 이 유기적 결합에 있다. 작가가 시공을 넘나들며 얻은 많은 견문들이 부드러운 손길에 닿아 순화되면 그의 넓은 품이 이것들을 싸안아 하나로 묶어놓는다. 한마디로 평해 포용의 미학이다.

— 김형진 수필가, 문학평론가

정부영

등단 : 1995년 《창작수필》「보리수」, 1997년 《계간수필》「꽃담」으로 등단.
대표작 : 수필집 『꽃담』 5인 수필집 『하늘을 보면 눈이 시리다』. 5인 공동 저서 『황홀한 앨범』. 공저 『빈터』 『두드리는 소리』 『지상의 내 섬하나』 등 다수.
수상 : 이화문학상 등 수상.
현재 : 수필문우 회원. 이대동창문인회 이사. 한국문인협회 회원.

제4부

1996~2004

남금희(시)	박후자(시)
권지예(소설)	김창란(수필)
임정아(수필)	한혜경(수필)
문복희(시조)	박순자(수필)
이명환(수필)	이우경(수필)
정숙향(아동)	김우남(소설)
이상희(아동)	이수애(아동)
정훈모(수필)	서용좌(소설)
신수희(수필)	육미승(수필)
이예경(수필)	김선화(수필)
배정향(시)	이자숙(시)
허숭실(수필)	권민정(수필)
장명숙(수필)	

시

남금희
[시 분과 / 영어영문학과 / 1979년 졸업]

대표작
겨울 성묘
눈을 보았다

작품평

프로필

poem

대표작

겨울 성묘

남금희

―

집 안엔 눈이 스무 개
동네 지붕에는
바람개비처럼 민감한 안테나가 서 있던
그 시절 찾아가네, 찬찬히
닫힌 기억의 문 열어 보네

강물 넘치듯 그 세월
바다로 흘러갔어도
밀려든 하얀 소금 물결
백사장 주름 되어 드러누워 있네
살아 멍든 바람 자분자분 달래네

해 아래 새것 없으니
부모를 만나면 부모를 죽이고
자식을 만나면 뼈아픈 자식도 버리라던
말씀의 칼은 등 뒤에 꽂은 채
오도카니 눈사람처럼 얼어 살았던

그대의 길, 나의 길
모두가 협곡이요 빙판이었네
아직 그득한 눈물주머니
술잔 기울이듯 조금씩
싹 틔울 봄 잔디 속으로 뿌려 보네

그대 희미한 얼굴
웃는 듯 우는 듯 흔들리는데
딱딱한 흙의 온기
몸 덮어 안아보네
― 「겨울 성묘」 전문

눈을 보았다

자식놈 후기졸업식 날이다, 오래 기다린
차에서 내려 두리번거리는데
기습 시위대가 왁자지껄 몰려온다.
맨주먹으로 구호를 외치는
선창은 여학생이 돋우고
들쭉날쭉한 팻말들, 끝말을 복창한다
살려 달라는 얘기다
살려 놔라는 얘기다
모래성 같이 허물어지지는 말자고

그들 곁을 얼쩡대며 나도 살려 달라
속으로 부르짖었다 헛발 디디며 애쓴
두고 온 것들과 해야 할 일들을 생각하는 사이
새집 줄게 헌 집 다오, 되돌리고 싶은
나를 쳐다보는 커다란 눈을 보았다
— 「눈을 보았다」 전문

작품평

　남금희 시인은 초월적 신비의 언어(종교)와 실재적 진실의 언어(시)의 경계에서 위태롭고 불안하게 서성거리고 있다. 본질적으로 양자는 서로에게 군림할 수도 예속될 수도 없다. 따라서 어느 한쪽에 기울 수 없는 경계인으로서의 고뇌는 떨쳐낼 수 없는 시인의 숙명적인 조건이다. 그러나 시인은 감내할 수밖에 없는 불안 속에서도 결국 초월적 신비 즉 "가시관을 머리에 이고/ 간절하게 나를 기다리고 있"는 "한 사내의 얼굴"(「미제레레」)이 실재적 진실(시적 자아)을 감싸안음을 본다. 그리고 "십자가 죽임을 몰약도 없이 지켜보아야 했던 어머니"를 통하여 그리스도가 바로 인자(「부치지 못한 편지」)임을 되새기면서 "내 살을 떠먹여서/ 너를 살리"(「기도원에서」)려는 자신의 기도가 그리스도의 사랑에 합치하는 것을 경험한다. 그리하여 시인은 자신과 관계되는 모든 지상적 삶의 면면들이 참으로 소중한 존재로서 자신에게 『맡겨진 선물』임을 노래하고 있다.
　— 이진흥 시인(시집 『맡겨진 선물』 발문)

남금희

등단 : 1996년《문학세계》시 등단.
대표작 : 논저『현대문학과 기독교 세계관』. 시집『구름의 박물관』『맡겨진 선물』
외 다수.
수상 : 이화문학상, 아름다운문학상, 기독시문학 작품상 등 수상.
현재 : 한국기독시인협회 이사. 동북아기독교작가회의 재정담당.

시 ▶

박후자
[시 분과 / 국어국문학과 / 1964년 입학]

대표작
먹비
찻잔

작품평
프로필

poem

대표작

먹비

박후자

―

나의 고향은 굴뚝
허공으로 흩어지지 못하는
송진 그을음은
나의 육체
생의 굴뚝에
매달리다 털린 업(業)들
시간의 채로 걸러진 내게
아교질의 말랑말랑한 그대여
오라, 온몸으로
우리 단단한 정신의 뼈로써
한 자루의 붓을 위해
탁마의 먹비를 세우리니.
―「먹비」 전문

찻잔

가득 차서 아무 말 할 수 없습니다
목까지 찰랑찰랑한
그리움
이름 한 번 부르면
동심원의 물결 흘러 넘칠까
숨도 쉴 수 없습니다
오직 바람 속으로
증발하는 뜨거운 체온
내 안의 비워짐을 기다릴 뿐.
― 「찻잔」 전문

작품평

　박후자 시집의 표제작인 「먹비」는 이 시집을 발간하는 이유가 될 것이며 시가 정신의 산물임을 보여주는 작품이다. 「먹비」는 먹이 화자가 되어 먹을 생산하는 경로를 통해 우리의 삶과 시의 창작 과정을 비유로 확장시켜 보여준다. 먹으로 이룰 수 있는 최고의 경지인 먹비를 꿈꾸며 여기서 시인은 "생의 굴뚝에 /매달리다 털린 업(業)들을 시 정신으로 보았다. 그만큼 한 편의 시를 쓰기 위해서는 "굴뚝"에 묻어있는 소나무를 태운 "송진 그을음"같은 것을 뒤집어쓸 여력이 있어야 한다는 것이다. 그리하여 "업(業)들은 시간의 채로 걸러진 내게 /아교질의 말랑말랑한 그대"의 모습으로 나타난다. 이 얼마나 생을 조화롭게 탁마한 시인의 자세인가 "오라 온몸으로/ 우리 단단한 정신의 뼈로써 /한 자루의 붓을 위해/ 탁마의 먹비를 세우리니" 시인은 시어 하나하나 문장 하나하나를 옥이나 돌로 쪼고 갈겠다는 각오를 보여준다. 그로써 삶은 갈무리 되고 시는 겨울을 난 봄나무처럼 싱싱한 푸른 잎을 피워낸다.

― **문정영** 시인

박후자
등단 : 1996년 《문예한국》 시 등단.
대표작 : 시집 『그림자를 세워 집을 짓는다』 『은빛 화살로 꽂히고 싶다』 『묵비』 외 다수.
현재 : 한국문인협회, 한국시인협회 회원. 금천문인협회 고문.

▶ 소설

권지예
[소설 분과 / 영어영문학과 / 1983년 졸업]

대표작
뱀장어 스튜

작품평

프로필

novel

대표작

뱀장어 스튜

권지예

―

　격정의 시간이 지나고 나면 무엇이 남을 것인가. 한순간의 깊은 상처는 긴 세월 동안 흉터를 남긴다. 함께 하는 세월 동안 남편은 그녀의 흉터를 핥아줄 것이고 그것이 사랑이 아니어도 괜찮을지도 모르겠다. 그건 그저 아름다운 하나의 습관, 견딤, 의리라 한들 어떨까. 생이라는 건 질긴 것이다. 구슬을 꿰는 실처럼. 하루하루 끊임없는 애증으로 엮어진 질긴 실인 것이다.
　남편은 집으로 돌아온 그녀에게 삼계탕을 끓여주고 싶어했다.

*

　나는 지금 그녀를 보고 있다. 그녀는 강변을 향한 아파트 부엌창에 상반신을 드러내고 있다. 창을 열어놓고 담배를 피고 있다. 슈미즈 바람으로 담배연기를 내뿜는 그녀의 벗은 어깨가 부풀었다 내려온다. 얼굴은 상기되어 있지만 평온한 모습이다.
　비인지 안개인지 모를 물 입자가 강 주위를 떠다닌다. 이 비 오는 날, 멀리서 보면 집 안에 있는 그녀는 꽤나 아늑해 보인다. 부엌에선 삼계탕 끓는 소리가 자작자작, 빗소리에 잦아들고 있을 것이다. 소리 죽여 우는 여자의 흐느낌처럼, 격렬한 섹스를 끝내고 잠든 남자의 박동소리처럼 고요히 끓고 있을 것이다. 삼계탕이 끓고 있는 동안 그녀는 고즈넉한 평화로움에 젖는다. 살아서 펄떡이는 것들을 모두 스튜 냄비에 안치고 서서히 고아내는 일. 살의나 열정보다는 평화로움에 길들여지는 일. 그건 바로 용서하는 일인지 모른다.

그녀는 이제 집으로 돌아온 것이다.

타이머에서 종소리가 난다.
— 2002년 이상문학상 대상작 「뱀장어 스튜」 마지막 부분

작품평

「뱀장어 스튜」는 참신한 은유 하나하나가 사원의 모자이크처럼 정교하게 어울리면서 건축적인 아름다움을 자아낸다. 이상(李箱)이 이 소설을 보면 회심의 미소를 지을 것 같다.
— **이어령** 이상문학상 심사위원, 문학평론가

「뱀장어 스튜」는 평범으로 떨어지기 쉬운 소재를 기법을 통해 새로운 예술로 탄생시켜놓은 작품으로 이야기 소재에 대한 작가의 각별한 해석과 그것을 풀어나간 기법이 뛰어나다.
— **권영민** 이상문학상 심사위원, 문학평론가

동인문학상을 받은 소설집 『꽃게무덤』은 시종일관 지독한 외로움에 사로잡힌 인물들을 그리고 있는데, 곱고 말쑥하고 새뜻한 문체로 정서와 문체의 충격적 대비를 통해 현대인의 고독 밑바닥에 도사린 지극히 야만적인

충동들을 통째로 지적(知的) 질문의 견본들로 바꾸는 게 놀랍다고 평했다.
— **동인문학상 선정 이유서** 동인문학상 심사위원회

『퍼즐』
여성으로서의 소설 쓰기를 끝까지 포기하지 않는다는 점에서 권지예는 지독하다. 권지예는 완전한 삶을 회복하는 것은 곧 여성으로서의 삶을 살아가는 것이라고 말한다. 삶과 욕망, 그리고 여성은 동의어이며 필요충분적 전제다. 진짜 삶을 찾는 여정 속에서 그녀는 여성을 포기하지 않는다. 그녀가 찾고 싶어 한 삶의 원본은 바로 여성으로서의 완전한 삶이다.
— **강유정** 문학평론가

『베로니카의 눈물』
권지예의 소설은 이국의 경험을 활용하면서 우리의 삶이 구성되는 방식을 묻고 일상의 시간을 잡아 늘리는 여행의 시간을 통해 그 내부로 깊이 파고들어 문득 우리의 삶이 구성되는 방식을 낯설게 자각하게 된다(……) 소설에서 여행은 여행으로서의 그녀들의 삶이 해체되고 재조직되는 시간, 즉 부재의 시간과의 조우이다.
— **소영현** 문학평론가

권지예
등단 : 1997년 문학계간지 《라쁠륨》으로 등단.
대표작 : 『꽃게무덤』 『퍼즐』 『베로니카의 눈물』 외 다수.
수상 : 이상문학상, 동인문학상 등 수상.

수필

김창란
[수필 분과 / 영어영문학과 / 1966년 졸업]

대표작
그만 살고 싶은 나무

작품평

프로필

essay

대표작

그만 살고 싶은 나무

김창란

나는 이제 너무 늙었다. 천년이나 살았으니 천수를 다했지 싶다.

내가 서 있는 이곳은 여름이면 매미가 소프라노로 합창을 하고 개구리가 테너와 베이스로 화음하고 겨울이면 아이들이 얼음지치기를 하던 논밭이 있는 마을이었다. '마뉘꿀'이라는 아름다운 부락이었다. 때로는 산이 다섯 봉우리가 있어 마치 매화꽃 같다고 '매곡동(梅谷洞)'이라고 불러주는 이도 있었지. 사람들은 순박하여 땅에서 나는 것으로 만족하고 자연에 순응하던 어진 이들이었다.

저 멀리 큰 강이 내려다보이고 한여름 큰 비라도 내리면 내 발치까지도 물이 넘실대어서 장관이 되곤 했었다. 둘러 서있는 아기자기한 푸른 산들도 나의 마음과 눈을 쉬게 해 주었다.

이 마을 사람들은 대대로 내려오며 화목하게 살았고 이웃 간의 정도 깊었다. 15대째 내려오는 집안도 있었다. 이제는 기억도 가물거리지만 아마도 나는 어느 아름다운 집의 뜰에 심겨져 사랑받았던 향기 나는 나무였던 것 같다. 나는 오랫동안 그들의 삶을 지켜보며 해가 뜨고 지는 것을 기뻐했었는데, 그중에 가장 기뻤던 일은 새 생명의 탄생이었다. 대대로 나는 그들의 손자의 손자를 바라보며, 나의 삶은 그들과 함께 늘 기쁨이 지속되리라고 생각했었다.

그러던 어느 날 괴물 같은 커다란 기계들이 몰려와 땅을 파헤치고 산을 깎아 뭉개고 나의 친구들을 쓰러뜨려 버렸다. 하지만 나는 손 하나 까딱할 수 없었다. 그들이 모두 어디로 실려 갔는지 알 수 없어 슬펐다. 어른들도 아이들도 모두 어디론가 떠나고 이제 나는 혼자만 남아 큰 길 가운데 홀로 서 있다. 돌아올 수 없는 이곳은 더 이상 그들의 고향이 될 수 없을 것이다. 남은 것이라고는 한길에 서 있는 늙은 이 몸뿐이니까. 친구들이 그립다. 이제는 새들조차 오지 않는다. 내 팔이나 발밑에 와서 온갖 노래를 불러 주었었는데. 그래도 아직 달과 바람만은 찾아와 가끔 나를 위로해 주고 간다.

— 중략 —

사람들은 내가 서울에서 가장 오래되고 키도 크고 모양도 아름다운 향나무라지만 왠지 나는 그 소리가 기쁘지 않다. 차라리 진작 잘려나가 현판이 되어 어느 물가 좋은 정자에 걸리거나 장롱으로 다시 태어나 사랑을 받았으면 싶기도 하다. 아니면 수많은 연필이 되어 어느 고사리 같은 아이들의 손에서 사랑받을 수 있었으면 한다.

나는 때로는 슬픔을 참기가 힘들다. 늘 혼자여서 그렇기도 하지만 나의 미래가 걱정되기 때문이다. 나는 두렵다. 이러다가는 질식사를 하거나 병이 난 잔가지들이 도막도막 잘려 나가다가 마지막에는 쓰레기 더미에 던져질 것 같아서다.

언젠가는 장작이 되어 불에 타서 한 가닥 푸른 연기가 되어 하늘로 올라가거나, 썩어서 몸은 다시 흙으로 돌아간다 한들 서럽지는 않을 것 같다. 그동안 공기와 흙은 나에게 많은 것을 제공해 주었으므로 그들에게로 돌아가 함께 하는 것도 그리 나쁘지는 않으리라.

사람들은 나를 '서초동 향나무'라고 부른다.

—「그만 살고 싶은 나무」 일부

작품평

　김창란 수필가 「그만 살고 싶은 나무」는 한 그루의 오래된 향나무가 자신을 둘러싼 환경의 변화와 세월의 흐름 속에서 느끼는 상실감 외로움, 그리고 존재의 회한을 담담하면서도 절절하게 들려주는 아픈 이야기입니다.

　이 글은 단지 자연물로서의 나무를 그린 것이 아니라, 인간의 역사와 정서, 삶의 터전까지 함께 품어온 존재로서 나무를 조명합니다. 특히 '천년을 살아온 향나무'라는 화자를 통해, 도시화와 개발로 인해 파괴되고 소외된 자연의 아픔이 한층 더 절실하게 다가옵니다. 마뉘꿀이라는 정겨운 이름을 가진 마을, 매곡동이라 불릴 만큼 아름다웠던 그 풍경은 이미 사라졌고, 그 속에서 살아온 나무만이 과거를 기억한 채 '기억의 증인'으로 홀로 그 자리를 지키고 서 있을 뿐입니다.

　이 수필의 미덕은 단순한 향수나 환경 고발에 머물지 않고, 깊은 인간적 정서를 은유적으로 그려낸다는 점입니다. 나무의 시선으로 본 사람들의 삶과 죽음, 탄생과 놀이, 이웃과 공동체의 온기는 지금 우리가 잃어버린 '뿌리'에 대한 성찰을 이끌어냅니다. 나무는 더 이상 생명을 품은 생명체라기보다는, 쇠사슬에 묶인 채 고통 속에서 '그만 살고 싶다'고 절규하는 존재로 그려지며, 독자에게 낮고 묵직한 울림을 줍니다.

　"차라리 현판이 되거나, 연필이 되어 아이들 손에 들렸으면" 하는 바람은 자신이 다시 누군가에게 쓰이고 사랑받고자 하는 간절한 소망이자, 존재의 의미를 되찾고자 하는 마지막 몸부림처럼 느껴집니다. 그것은 인간 또한 공감할 수 있는 보편적 정서이기에 더욱 가슴을 울립니다.

　문장 구성은 유려하고 표현은 섬세하며, 서정성과 서사가 조화를 이루고 있습니다. 향나무의 내면 독백 형식을 통해 환경 문제뿐 아니라 생명, 기억, 공동체, 소외, 죽음에 대한 깊은 성찰을 끌어내는 이 수필은 단연 문학적 가치가 높습니다.

「그만 살고 싶은 나무」는 그저 늙은 나무의 하소연이 아니라, 인간 사회가 무심코 지나친 자연과의 단절, 그 속에 살아 숨 쉬는 존재들의 목소리를 다시금 듣게 하는 귀한 울림입니다. 나무의 마지막 소망이 담담하게 써내려간 이 글은, 읽는 이로 하여금 '우리 곁의 오래된 생명들'에 대해 다시 돌아보게 합니다.

― 김영두 소설가

김창란
등단 : 1997년 《수필공원》(현 《에세이문학》)으로 등단.
대표작 : 수필집 『남편과 바이올린』 『붉은 장미 예순 송이』 외 다수.
수상 : 국제문화예술상(수필) 금상 등 수상.
현재 : 한국문인협회, 이대동창문인회, 송현수필문학회, 에세이문학작가회 회원.

수필

임정아
[수필 분과 / 가정관리학과 / 1978년 졸업]

대표작
불량품

작품평

프로필

essay

대표작

불량품

임정아

 의사로부터 신장이식을 해야 한다는 선고를 받고 나서는, 세상이 다 끝났다 싶어 울며불며 지냈다. 친구들도 교인들도 위로 차 방문해서 함께 붙들고 기도하며 눈물바다를 이루었다.
 시간이 약이 되는 것인지 몸 상태가 호전된 것은 아닌데 마음이 점차 안정이 되어간다. 내 힘으로 고칠 수 없는 것이면 그냥 받아들이자고 생각을 바꾸니 훨씬 마음이 편해졌다. 생김새, 부모, 형제, 선천적인 질병 등의 타고난 것은 수단을 써서 변경 가능한 것이 아니지 않는가 말이다.
 연휴에 으레 떠나는 맘모스 스키여행을 올해는 가지 못했다. 지난밤까지도 가려고 짐도 쌌는데 며칠 전부터 몸 상태가 좋지 않은 것이다. 일년 전에 예약을 해둔 것이라 취소도 불가능하고 해마다 아들과 남편은 스키여행을 손꼽아 기다리지 않던가? 미안해하며 떠나는 두 부자를 보내고 나니 마음이 쓸쓸했다.
 마침 기회가 좋았다. 아무도 없는 빈집에서 하나님께 기도하리라 결심했다. 지나온 날을 감사하기도 하고 지금의 처지를 울며 하소연도 하였다. 그러다 보니 이런 생각이 드는 거였다. 유전적으로 약한 신장을 갖고 태어난 것을 원망하곤 했는데, 날 때부터 가지고 나온 것이면 하나님이 불량품을 내보낸 것이 아닌가 싶었다.
 배꼽은 '메이드 인 헤븐'을 표시하는 하나님의 손도장이라고 어느 글에서 읽었거늘, 아직도 내 복부 한복판엔 검수 낙관이 엄연히 존재하는 터이다. 디펙트(Defect)에 도장을 찍은 것이면 하나님이 책임져야 할 일이 아닌가? 나의 이 신통한 생각에 처음엔 울음으로 시작된 기도가 슬며시 웃음으로 변하였다. 하나님이 반드시 고쳐주셔야 할 이유를 발견한 것이다.
 주님께 당당히 기도했다.
 "불량품을 책임지세요. 나는 몰라요."
 짐을 모두 벗은 듯 참 후련하였다.
 ―「불량품」 전문

작품평

 「불량품」을 거듭 읽도록 하자. 신장이식의 필요성을 통보받았던 날의 심경을 정물화처럼 그려낸 이 작품은 모든 수필가가 추구하려는 미학적 조건을 지니고 있다. 그중의 하나가 내용과 기법의 일체성이다.
 절망적인 순간조차 입맞추고 싶도록 절제된 플로베르적 기법이 좌절, 수용, 화해, 재생이라는 화소를 빈틈없이 조응시킨다. 친구들이 함께 기도하는 모습에 뒤이어 '고칠 수 없는 병'을 수용하는 독백을 읽으면, 독자는 새 삶을 찾는 주체가 자신임을 공감할 수밖에 없다. 수필적 삶이 종교적 삶으로 이입하는 것이다.

 "마침 기회가 좋았다. 아무도 없는 빈집에서 하나님께 기도하리라 결심했다. 지나온 날을 감사하기도 하고 지금의 처지를 울며 하소연도 하였다. 그러다 보니 이런 생각이 드는 거였다. 유전적으로 약한 신장을 갖고 태어난 것을 원망하곤 했는데, 날 때부터 가지고 나온 것이면 하나님이 불량품을 내보낸 것이 아닌가 싶었다."

불량품이 생기면 하나님이 책임져야 한다는 원망이 하나님이 반드시 고쳐주실 것이라는 믿음에 맞닿아 있다. 인간의 변명을 신의 명분으로 반전시킨 위트에 무릎을 친다. 그래서 여타 작품에 앞서「불량품」을 먼저 읽으면 이정아의 삶과 꿈에 더욱 접근 할 수 있다.

— **박양근** 문학평론가, 부경대 교수

임정아
등단 : 1997년《한국수필》등단.
대표작 :『아버지의 귤나무』『불량품』『자카란다 꽃잎이 날리는 날』외 다수.
수상 : 조경희문학상, 국제펜해외작가상, 한국수필해외작가상 등 수상.
현재 : 중앙일보 미주판 칼럼(이 아침에) 집필 중, 미주조선일보 '이정아의 수필로 쓴 세상' 연재 중, USmetro News 이정아의 이달의 수필 연재 중.

수필

한혜경
[수필 분과 / 영어영문학과 / 1981년 졸업]

대표작
회상의 파문

작품평

프로필

essay

대표작

회상의 파문

한혜경

―

 추석 연휴 지나고 친구들과의 단톡방에 고즈넉한 사진 두 장이 올라왔다. 벽돌색 나지막한 시골 교회의 종탑과 코스모스가 환하게 피어있는 풍경이다. 작은 십자가가 올라앉은 지붕 아래 종이 매달려 있다. 종은 아무 장식 없이 단순한 모양이어서, 만든 이의 소박하면서도 올곧은 마음이 오롯이 전해진다. 잎이 거의 없는 가지들이 하늘 향해 쭉쭉 뻗어 올라간 키 큰 나무 한 그루가 그 옆에 서 있어서인가, 우듬지에 동그마니 새집이 올라앉아서인가, 세속과 무관한 듯 평화롭기 그지없다.
 사진에 곁들여 올라온 사연은 할아버지에 대한 회상이었다.
 종탑 중간 지점엔가 질박한 글씨체로 '1965. 3. 17. 준공'이라 새긴 현판이 붙어 있는데, 친구의 할아버지가 장로 장립 20주년을 기념하여 세운 것이라고 했다. 친구에게 할아버지는 좋은 영향을 많이 끼친 분이었으므로 할아버지 성묘 가는 길은 아무리 정체가 심해도 코스모스 하늘거리는 길 따라 소풍 가듯 즐겁다는 얘기였다.
 좋은 사람, 좋은 기억이란 게 참 따뜻하구나, 나도 모르게 흐뭇해져 사진을 다시 한번 들여다보았다. 그러다 퍼뜩 스치는 생각이 내가 토 달지 않고 그냥 좋다고 느끼는구나, 하는 자각이었다.
 젊은 시절 유신독재와 광주민주화항쟁을 겪은 세대라 그런지, 현실에 대한 비판의식이 몸에 배었다고 할까, 자동적으로 시시비비를 따지는 나를 수시로 발견하곤 한다. 좋다는 감정조차도 이게 순수한 감정일까? 어떤 점에 끌린 걸까? 왜 좋다고 느끼지? 분석하기 일쑤이다.

우리 세대 많은 사람이 비슷하리라 싶은데, 나에게 성장이란 어린 시절 옳다고 배웠던 것들이 모두 옳은 게 아님을 알아가는 과정이었다. 특히 우리 사회의 이런저런 사실을 새롭게 깨닫는 과정이었다.

처음 사회에 관심을 갖게 된 것은 아마도 고1 무렵이 아니었나 싶다. 광고가 사라진 신문을 받아들고 당혹스러웠던, 정부의 눈치를 보는 기업들이 광고를 싣지 않아 신문 아래가 허옇게 비어 있었던 것이다.

그러나 텅 비어있던 신문 하단은 곧 시민들이 자발적으로 낸 광고들로 메워져 크고 작은 조각들로 이어 붙인 조각보 같아졌다. 언론자유와 민주화를 수호하자는 취지의 다양한 표현들로 이루어진 광고들을 읽노라면, 어른의 단계로 훌쩍 올라간 느낌이 들었다. 눈시울이 뜨거워지는 한편으로 금지된 세계에 발을 내딛는 듯한 짜릿함과 함께.

대학 생활은 잦은 시위로 기대했던 낭만과는 거리가 멀었다. 멋 부리고 미팅에 나가는 일상 한 편에, 학교 안에 상주하는 형사가 있고 어떤 교수님 수업에는 감시자가 있다는 소문이 돌고, 누군가가 잡혀갔다는 소식이 들리는 암담함이 공존하는 나날이었다.

나는 미팅에 열심히 나가는 부류였지만, 누군가는 구호를 외치며 시위대 속에 섞여 있음을 알고 있기에 철없이 시시덕거리지는 못했다. 저들처럼 하지는 못하지만, 사회정의를 위해 개인의 안위를 버리는 그들에 대한 존중이 퍼져 있었고, 혼자만 안온하게 지내는 것에 대한 미안함 같은 것이 역시 존재했기 때문이다. 그러다 보니 오락영화든 게임이든 아무리 재미있어도 재미있다고 깔깔대기는 어려웠다. 뒤에서 누군가 내 뒷덜미를 슬그머니 잡아끄는 듯해 한 발 뒤로 물러나곤 했던 것이다.

정점은 4학년이던 80년 봄. 언론은 광주에서 폭동이 일어났으니 유언비어를 퍼뜨리지 말 것을 경고했지만, 언론을 믿지 않은 지 오래인 우리는 그 내용이 다 사실이라며 낮은 소리로 소근대곤 했다. 휴교령이 내려져 대학 정문은 굳게 닫혔고 군인들이 그 앞을 삼엄하게 지켰다. 놀러나 가자고 친구들과 강촌에 갔다가 햇살에 반짝거리며 무심하게 흘러가는 강을 먹먹하게 바라보던 것도 떠오른다.

그럼에도 나를 포함한 보통 사람들은 분노와 저항을 잘 다스려 보이지 않게 치워놓고는 밥 먹고 일하고 연애하며 잘 살아갔다. 속물성에 대한 자책은 가끔 솟아올랐다가 안정된 삶을 추구하는 욕구에 눌려 번번이 사그라졌다. 그러면서도 젊은 날의 습관은 완전히 사라지지 않아서 "인생을 즐겨라" 같은 말에 덥석 응하지 못하게 만드는 뭔가가 계속 남아 있었다. 재미있다고 좋은 건 아니지 않나, 사소한 것에서 기쁨을 느끼는 것은 소시민적이 아닌가 하는 자기검열도 여전히 작동하면서.

어느 날 거울 속 내 얼굴에서 세월의 흔적을 살피다가 문득 지나온 시간을 되돌아보게 되었다. 말이든 글이든 행동이든 예외 없이 분석하고 비판해온 게 꽤 오래되었다는 깨달음이 오면서, 이제 그만하고 싶다는 생각이 들었다. 그동안의 자기검열은 비겁한 자의 자기 보호였으니 그만 내려놓고, 숨은 의도를 찾기보다는 액면 그대로 받아들이고, 좋은 것은 그대로 인정하자는. 나이 들어감에 비례해 너그러움과 평안이 점점 커지면 좋겠다는 생각도.

그러자 마음이 평화로워졌는데, 마침 친구가 따뜻한 사연을 올린 것이다.
"좋은 기억의 힘, 참 좋네. 사소해 보일지라도 따뜻한 기억을 갖고 있으면 세상이 좀 더 살 만해지겠지." 하는 답글을 다는데 미소가 절로 지펴지고 있었다.

좋은 기억이 세상에 퍼뜨리는 좋은 영향. 참 좋다.

— 「회상의 파문」 전문

작품평

한혜경 작가의 수상작 『시간의 걸음』은 수필 문학이 가닿을 수 있는 다종의 의제들을 모두 품으면서 '나'와 '타자' 나아가 인간 내면의 강렬함과 아름다움의 의미에 대한 시선과 미학을 담은 '존재의 집'을 구축하고 있다.

― 중략 ―

세상의 모든 텍스트들이 "우물 안이 전부인 줄 알던 나를 우물 밖으로 밀어 올렸다"라고 고백하는 작가의 글에는 이른바 '비평적 에세이(critical essay)'라고 불러도 좋을 것이 많은데, 이는 특별히 강조되어야 한다.

심미적 안목과 비평 정신이 결합될 때 가능한 비평적 에세이는 작가의 지성적 판단과 미학적 설계가 어떤 정점에 와 있음을 느끼게 해 준다. 더불어 한혜경 작가의 문장이 가지는 예지와 상상력은 우리 수필의 심미적 결정(結晶)이 되기에 모자람이 없을 것이다.

― 윤오영수필문학상 수상작 심사평에서(임헌영, 유성호)

한혜경

등단 : 1998년 《계간수필》 수필, 2002년 《한국문학평론》 평론 당선 등단.
대표작 : 수필집 『아주 오랫동안』 『시간의 걸음』 『이상한 곳에서 행복을 만나다』(4인 공저). 평론집 『상상의 지도』 『시선의 각도』. 글쓰기 실제 및 이론서 『말 글 삶』 『생각과 글쓰기 ― 내 안의 가능성을 보다』 외 다수.
수상 : 윤오영수필문학상 등 수상.

▶ 시조

문복희
[시조 분과 / 대학원 국어국문학과 / 1986년 졸업]

대표작
백목련
나비의 발가락

작품평

프로필

sijo

대표작

백목련

문복희

그대는 40대 여인의 잔잔한 눈웃음
차마 말하지 못한 시린 바람 모아서
처절한 가슴속에서 차갑게 핀 지등(紙燈)이다

그대는 물에도 젖지 않는 얼음꽃
뜨락에 내리는 빗방울 마다하고
하이얀 그리움으로 출렁이는 찻잔이다

겨우내 몸서리친 그 바람을 못 잊어
차라리 4월 하늘 꽃이 핀 그 자리에
부활은 푸른 아픔으로 돋아나는 침묵이다

― 「백목련」 전문

나비의 발가락

실 같은 다리에도 발바닥이 있을까
나비의 발가락을 씻어주고 싶은 날
세족(洗足)은
사랑의 시작
거룩한 기도이다
― 「나비의 발가락」 전문

작품평

초우(初尤) 문복희 교수는 교수로서의 금도(襟度)와 시인으로서의 예도(禮道)로 그의 시를 지배한다. 문 교수는 명문 가천대학교에서 숱한 문학적 문도(門徒)를 길러내고 문단에 등단시킨 중진 국문학 교수인데다 한국 YWCA연합회 이사, 한국어문회 편집위원, 몽골 울란바토르대학교 겸임교수 등 남다른 경륜의 소유자다. 그리고 독실한 기독교 신자로 언제나 웃는 얼굴이다. 마음씨가 밝고 따뜻하다. 그래서 그의 시는 언제나 사랑으로 넘친다.

문복희의 「백목련」은 가위 현대시조의 지평을 여는 어느 가능성의 묵시다. 내면세계의 표출력(表出力)이 출토(出土)의 아픔만큼이나 절실한 실험정신(實驗精神)에 힘입었고, 글발의 결삭음이 비단결 같다. 고도의 메타포와 이미지 창출의 기량 또한 돋보인다.

「나비의 발가락」은 나비의 발가락이라? 발바닥이 있는지 궁금하다? 참으로 섬세하고 다정다감한 시정(詩情)이 아닌가. 문 시인이 아니고는 범접(犯接)하지 못할 신방(新房) 같은 내밀(內密)을 다루었다. 그 나비의 발가락을 씻어주고 싶단다. 이 시조의 절제미가 돋보인다.

시조는 절제미에서 시작해 절제미로 끝난다고 했다. 이런 기도문 같은 심사가 삼장(三章) 시조 속에 보석같이 빛난다. 문 시인이 얼마나 착하고 따뜻한 사람인지 짐작 가는 작품이다.

— **유성규** 시조 시인, 문학박사

문복희

등단 : 1999년 《시조생활》 시조 등단.
대표작 : 『싸리꽃』 『어머니의 고백』 『문복희문학전집』 외 다수.
수상 : 시천시조문학상, 박종화문학상, 이화문학상 등 수상.
현재 : 화백문학 발행인. 초우문학 대표. 세계전통시인협회 부이사장.

수필 ▶

박순자
[수필 분과 / 국어국문학과 / 1960년 졸업]

대표작
한 마리 학처럼

작품평

프로필

essay

대표작

한 마리 학처럼

박순자

―

　부산에서 여고재학 중일 때 우연히 이화여대 김활란 총장님이 제자와 함께 이화여대 교정 안의 이화동산에서 찍은 사진을 보게 되었다. 흰색 바탕에 이화여대 로고인 연초록색의 배꽃무늬가 들어간 한복을 곱게 입으신 총장님이 제자와 함께 담소하며 찍은 단아한 모습에서 나는 그대로 총장님을 짝사랑하기에 이르렀다.

　그날 이후로 대학 진학 선택에서 한 치의 망설임도 없이 이화여대에 진학하겠다고 점찍은 나를 두고 주위 친척들의 반대가 극심했다. 그때가 1950년대 중반이고 한국전쟁 직후로 사회 전체가 몹시 불안했었다. 특히 여고를 졸업만 해도 여자에게는 대단한 호사였었다. 이화여대는 학생들이 사치스럽고 교만한 대학으로 알려져 주위 친척들이 이곳 부산에서도 국·공립 사립대학이 다 있으니 그리로 권하며 내 마음을 바꿔 보라고 어르며 나를 종용했다. 당연히 어머니의 마음도 같으실 텐데 어머니는 한동안 조용히 나를 지켜보고 계시더니 내 마음이 이미 변함없음을 감지하시고는 드디어 그때부터 작심하신 듯 내 편이 되어주시고 주위의 많은 힐난을 일축해 주셨다.

　어머니는 17살에 아버지와 결혼해서 나를 가운데로 5남매를 두셨으나 일제치하에서 치료 한번 제대로 못 받고 무려 셋이나 8개월, 5살, 6살에 형제들을 잃었고 아버지 역시 파란만장한 일생을 사시다 중년에 돌아가시어 우리는 오빠와 둘만 남게 되었다.

틀림없이 어머니는 우리 남매를 오래도록 품안에 두고 싶어하셨을 텐데 철없고 옹졸한 내가 무조건 이화여대만 가겠다고 하니 나의 속내를 아시고는 결국 내 손을 들어주시면서 나에게 다짐을 받으셨다. "네가 그토록 그 대학만을 고집하니 이 어미는 달러빚을 내더라도 너를 졸업시킬 테니 너는 엉뚱한 일 저질러 중퇴하는 불상사가 없도록 하라"는 약속을 받으셨다.

합격통지서를 받자 화통하신 어머니는 모든 외롭고 힘든 괴로움을 숨기고 오로지 나를 위한 준비에만 몰입하며 챙겨주셨다. 그때는 기성복 자체가 전혀 없고 오직 모든 옷을 양장점에서 맞춰 입던 시절이었다. 어머니는 서울 생활에서 기죽지 말라, 면서 여러 디자인으로 몇 벌을 준비해 주셨고 그 외에 필요한 것들을 세심하게 준비해 주셨다. 나는 무거운 가방을 가볍게 들고 서울행 열차를 탔다. 칙칙폭폭 검은 연기를 계속 내뿜으며 밤새 달려 서울역에 도착했을 때는 멋지게 차려 입은 양장 옷에 검은 석탄가루가 여러 곳 묻어 있었으며 내 얼굴 여기저기에도 석탄가루가 묻어 있었다.

학교에 가보니 총장님은 한결 같이 예의 그 배꽃무늬의 한복으로 다니셔서 우리 재학생들도 한동안 비슷한 한복으로 과목마다 여러 강의실을 누빌 때라 비싸게 맞춘 양장 옷은 가끔 외출할 때나 이용할 뿐이었다.

해마다 5월 31일 학교 창립기념일에는 대강당에서 1부 집회가 끝난 후 2부 행사로 전교생이 이화동산에서 예의 그 한복 차림으로 매스게임을 했다. 학이 춤추듯 수많은 아이들이 동그랗게 작은 원을 만들며 움츠려 있다가 교가가 울려 퍼지면 맞추어 태양 한가운데서 만물이 깨어나는 형상을 움츠렸던 어깨를 펴고 훨~훨 사방으로 더 높게 더 넓게 날아오르는 그 순간의 모습은 가히 환상적이었다. 그럴 때는 이화동산을 가득채운 하객들 모두가 기립박수로 오랫동안 화답을 했다.

살다 보면 빠르게 휘몰아치듯 돌아가는 내 삶을 지금 이 순간 되돌아보며 생각해본다. 그 시절 나는 분명 젊고 아리따운 20대 초반의 멋스러운 한 마리의 학이었다.

― 「한 마리 학처럼」 전문

작품평

이 수필은 한 장의 사진이 한 여성의 인생 궤적을 바꾼 이야기로 시작합니다. 주인공은 부산의 여고 시절, 이화여대 김활란 총장이 제자와 함께 찍은 사진 속에서 고결하고 단아한 품격을 발견합니다. 그 순간, 그녀는 주저 없이 이화여대를 향한 진학의 꿈을 품게 됩니다. 이 장면은 단순한 우연이 아니라, 당시 젊은 여성들이 동경할 수 있는 롤모델의 희소성을 드러냅니다. 여성의 사회적 역할이 가정과 제한된 직업군에 머물던 시절, 고등교육을 통해 지적 사회적 자립을 이루는 여성상은 시대를 선도하는 상징이었습니다.

이야기의 무대는 한국전쟁 직후의 우리 한국 사회입니다. 경제적 빈곤과 사회 불안이 극심한 가운데, 여성의 대학 진학은 여전히 예외적이었고, 특히 사립 명문 여대는 '사치스럽고 교만하다'는 편견에 시달렸습니다. 이화여대에 가겠다는 주인공의 결심은 단순한 진학 선택이 아니라, 당시 사회의 성별 규범과 관습을 거스르는 행위였습니다.

그 선택을 가능하게 한 것은 어머니의 결단이었습니다. 세 자녀를 일찍 잃고 남편마저 중년에 떠나보낸 어머니는, 주인공의 확고한 의지를 확인한 뒤, '달러빛을 내서라도 졸업시키겠다'고 약속합니다. 이 장면은 한국 여성사에서 중요한 의미를 가집니다. 단순히 모성의 헌신을 넘어서, 여성의 자기실현을 적극 지지하는 새로운 여성상—전통과 근대가 교차하는 시기의 진취적인 어머니상—을 보여주기 때문입니다.

작품 곳곳에는 1950~60년대 여성 대학생들의 생활상을 보여주는 귀중한 기록이 담겨 있습니다. 기성복이 없어 양장을 맞추어 입던 시절, 증기기관차의 석탄가루에 옷과 얼굴이 묻어 도착한 서울역 풍경, 배꽃무늬 한복을 입은 총장과 학생들의 매스게임 장면 등. 특히 창립기념일 매스게임에서 '학처럼 날아오르는' 군무 장면은, 집단 속에서도 각자의 꿈과 자유를 향해 날갯짓하던 여성들의 상징적 모습으로 읽힙니다. 이는 단순한 행사 기록을 넘어, 전후 세대 여성들의 에너지와 잠재력을 형상화한 문화적 장면입니다.

제목 속 '학'은 작품 전체를 꿰뚫는 핵심 상징입니다. 학은 한국 문화에서 고결함과 장수를 상징하며, 동시에 하늘을 향해 비상하는 존재입니다. 주인공은 청춘 시절 자신을 '멋스러운 한 마리의 학'이라 회상하며, 이는 개인적 자긍심을 넘어 동시대 여성들의 집단적 도약을 은유합니다.

여성사적 의미를 더하여 종합적으로 평가하자면, 「한 마리 학처럼」은 개인의 성장담이자, 전후 한국 여성 교육사의 한 단면을 담은 귀중한 수필입니다. 그것은 '개인의 꿈'과 '세대의 역사'가 만나는 지점에서 빛납니다. 주인공의 선택과 어머니의 지지는, 전통과 관습의 벽을 넘어서려는 여성들의 초창기 비상을 상징하며, 이는 오늘날까지도 여전히 유효한 울림을 줍니다.

이 작품은 한 여성이 자신의 지난 청춘을 '한 마리 학'에 비유한 시적 이미지 속에, 그 시대 여성들의 고고한 비상과 조심스러운 날갯짓을 함께 담아낸, 여성사적·문학사적으로 의미 있는 기록이라 할 수 있습니다.

— **김영두** 소설가

박순자

등단 : 1999년 《세기문학》 수필 「흰 머리 검은 머리」 당선으로 등단.
대표작 : 「박하사탕」 「69년 만에 독립유공자로 오신 아버지」 「나의 칠순기념 여행」
　　　　공저 『만남』 외 다수.
현재 : 한국문인협회, 한국여성문학인회, 이대동창문인회, 한국현대문학작가연대
　　　회원.

수필 ▶

이명환
[수필 분과 / 영어영문학과 / 1964년 졸업]

대표작
고독의 반추

작품평

프로필

essay

대표작

고독의 반추

이명환

　오늘-2021.2.26.-이 남편의 8주기, 독거한 지도 어언 7년 세월이 흘렀다. 고통도 쓸쓸함도 느낄 새 없이 망망대해의 일엽편주로 떠있었구나. 거기 침묵의 물결이 번져가는 곳에 고적(孤寂)이 눈처럼 쌓이는 것도 모르고 아파만 했네. 허긴 사랑 끝에 남는 것이 아픔 말고 뭐가 있으리.

　이 나이에 우측 어깨 인공관절 삽입 수술을 했다. 통증이 심해서다. 하느님이 알맞게 지어주신 것을 다 닳아 없애고 인공으로 관절을 만들어 끼워 넣게 된 일이 내게는 충격이었다. 더구나 수술부위가 안정될 때까지 50일 동안 이 형틀 같은 딱딱한 보조기를 장착하고 있어야 한다니 이것도 보통 일이 아니네. 이래저래 외출이 금지된 요즈음 나는 오랫동안 잊고 있던 빛바랜 옛날 서적들을 책꽂이에서 뽑아 더러 읽는다.

　남편 송운(松韻)의 중학교 때 은사였다는 치옹(痴翁) 윤오영 선생이 1973년에 낸 종서(縱書)로 된 수필집 『孤獨의 反芻』는 '成贊慶 詩伯 惠存'이란 단아한 달필 수결이 있는 책으로 서가에 늘 꽂혀있었는데, 솔직히 책 제목이 너무 마음에 들지 않아서 펴보지를 않았었다.

　헌데 내가 '고독의 반추 상태'에 머물고 있는 탓인지 제목 때문에 꺼리던 그 책을 꺼내 푹 빠져 읽고 있다. 노랗게 바랜 종이가 바스러질세라 독서대에 반듯하게 올려놓고 정좌하고는, 전에 교향곡의 작은 악보를 따라가듯 좌우 살피면서 보고 있다. 한때 베토벤 〈전원〉에 심취한 나머지 다양한 목

관악기들의 음색을 구별해볼 양으로 세심하게 악보를 따라가면서 집중해 듣던 때가 있었다. 사실 순수한 외로움이나 고독은 차원 높은 감성이다. 오염된 세상이 이 세련된 어휘를 타락시켜 아주 누추하게 만든 면도 있을 것이다. 수도자들은 고독을 영적 체험으로 보고 '복된 고독'이라 말하기도 하지 않는가.

선생의 수필집을 읽다 보니 송운이 초록 색연필로 줄친 데가 꽤 나오는데 예를 들면,

─ 過去와 未來는 한 平面鏡 위에서 光線에 따라 번쩍이고 사라지는 하나의 點일지도 모른다. 時間이란 벌써 空間에 對立되는 意味는 아니다. 時計는 묻었어도 생각에 남아 있고, 時間은 가도 時計는 묻히어 있고…… 화로에 기름걸레질을 하며 김을 굽던 아내는 지금도 굽으리고 무 구덩이를 파고 있다. ─『孤獨의 反芻』20쪽「사발시계」

'철화로, 사발시계, 이것이 내가 갓 세간나서 내 손으로 처음 장만한 세간이다.' 이렇게 시작되는 짧은 수필인데,

─ 해가 지나니 방에 모셔뒀던 철화로는 부엌세간으로 강등하여 존재조차 잃어버렸고, 시계만이 문갑 위에서 긴긴 밤을 나와 같이 했다. 그렇게 충실하던 시계가 고장이 잦더니 이내 안 가고 말았다. 그의 수명은 끝난 것이다. 가지 않는 시계는 소용 없는 파쇠다. 어느 날 어린놈이 헌 시계를 주고 엿을 사먹는다고 내닫기에 보니 광 속에서 이 시계가 굴러나온 것이 아닌가. ─ 위책 18쪽

'수십 년 근속하던 충실한 시계인데 엿 세 가락에 쳐주기에는 너무 괄시요 푸대접'이라 돈을 대신 주고 뒤뜰로 가져가 땅을 파고 깊이 묻었다는 사연이다.

평소에 거부감이 일어 입에 올리기를 주저하던 '고독 속에 홀로 머물다. 고독의 반추' 이런 표현이 자연스럽게 느껴진다. 이제 물 흐르듯 내게 차례 온 지금의 환경이 인생 피날레를 준비하라고 하느님이 마련해주신 처소임

을 이 형틀을 받고서야 비로소 깨닫는다.

황홀송

아늑히 처량한 곳에 숨은 새들이
무르익은 슬픔으로 기쁨을 노래하네. — 존 키츠

오오, 그대여
황홀은 순간이라 말하지 마오.
긴 인생이
그대로 긴 황홀인 것을.

― 중략 ―

내 자나 깨나
찬미와 감사를 띄우는 황홀.
땅의 훈기와
하늘의 입김이
너훌너훌
만나는
황홀.

― 성찬경 장시 「황홀송」 첫 연과 마지막 연
― 「고독의 반추」 전문

작품평

이명환 작가는 그동안(2013년 이후) 부군(시인)의 작품에 대한 창작 배경이나 의미를 심도 있게 다루면서 떠나간 부군에 대한 그리움과 존경을 유려한 문장의 수필로 여러 편 써왔다. 그 수필들은 비평가조차도 미처 감지 못한 애정 어린 천착(穿鑿)으로 자연스레 시를 통한 인생론까지 들려주는 게 특징이었다. 헌데 이번 작품은 부군의 은사 치옹(痴翁) 선생의 수필을 통해 그 이야기가 전해주는 고독, 즉 거의 백 년 전의 '고독의 반추'를 소재로 윤오영 선생의 진솔한 쓸쓸함을 황홀의 경지로 승화시키는 데 성공한 작품이다.

— 임헌영 문학평론가

이명환

등단 : 2000년 《한국수필》로 등단.
대표작 : 작품집 『지상의 나그네』 『나그네의 축제』 『겨울 나그네』, 선집 『나그네 삼부작』 외 다수.
수상 : 이화문학상 등 수상.

▶ 수필

이우경
[수필 분과 / 국어국문학과 / 1971년 졸업]

대표작
할머니 엄만 어딨어?

작품평

프로필

essay

대표작

할머니 엄만 어딨어?

이우경

 딩동 딩동 딩동 — 버선발로 뛰듯 달려가 대문을 열면 우리 ○○이가 초롱초롱한 눈빛으로 활짝 웃으며 안겨들었다. 곧이어 여기저기 뛰놀며 부리는 온갖 재롱에 박수와 웃음이 절로 터졌다. 사소한 말과 몸짓에도 크게 반응하며 맞장구를 쳐주니 신이 난 녀석은 좀 더 과감하게 만들고 부수고 그려보고 펼쳐보는 갖가지 놀이에서 제법 신통한 모습도 띤다. 어려서 제 나름의 보고 듣고 모방하는 시도들이 작아 보이나 어엿한 세계가 형성되고 있음을 알 수 있다.
 새삼 돌이켜 보니 부모된 책임과 현실들이 겹나고 조급했었는지 좀 더 푸근하게 지켜보기보다 엄한 훈육들이 앞섰었다. 아이들의 눈높이가 결코 낮은 것만은 아닌데 빠른 습득력에 연연하며 일방적이고 강압적인 주입식이 편했던 것 같다. 서로 부딪치며 긁힌 상처가 키 크듯 자라도 급변한 사회에 서둘러 진입하기 위한 방도였는지 모른다. 늘 새로운 시대 새세대는 기존 발상과 달라야 한다는 지론들은 습관처럼 쫓긴 일상들에 갇혀 모순 속 미로 같은 세상을 헤매다 매번 떠오른 새날 새 아침처럼 자연스레 쇄신되길 바랐던 것 같다. 어느덧 세월에 밀려 둥글뭉수레해진 사이 아이들은 용케도 더 새롭고 더 빠르고 더 편리해 보이는 문명 세계로 돌진하느라 숨 돌릴 새도 없어 보인다.
 마침 식탁에 앉았을 때 ○○이가 느닷없이 "알라쿠카"를 파도 타듯 외치며 까르르 천진난만하게 웃으니 모두 덩달아 웃었다. 녀석은 곧 내 손을 잡고 거실로 나오더니 그 귀엽고 작은 발을 내 발등에 올려놓고 반짝이는 눈으로 치어다보며 걸음발 타기를 재촉했다. 예전처럼 굳이 점심부터 먹도록 강요하지 않은 것은 아직 생활 규칙에 익숙지 않고 약정된 시간 개념이 부족해서 오히려 길들어질 습관을 지레 우려하던 조바심을 좀 덜고 싶었다. 우선 주말 나들이로 흥이 난 녀석의 신나는 노래와 춤을 먼저 맛보기로 했다.

   우리 서로 눈을 봐요.
   활짝 웃으면서 알라쿠카
   사랑하는 말들 가득 담아 알라쿠카
   모두 함께 보듬어요. 따뜻한 손길로
   알라 쿠카 쿠카 쿠카 알라 쿠카.

   우리 같이 손을 잡고
   신나게 노래해요. 알라쿠카
   주고받는 장단에 내 마음 실어 알라쿠카
   널리널리 펼치며 춤을 춰요. 흥겹고 자유롭게
   알라 쿠카 쿠카 쿠카 알라 쿠카.

   너와 나 우리 모두
   오늘도 내일도 언제나 함께 알라쿠카
   힘차게 나아가요. 드넓은 세상으로 알라쿠카
   뛰어오른 걸음마다 솟아오른 꿈 찾아
   알라 쿠카 쿠카 쿠카 알라 쿠카

맛있는 밥 먹기 앞서 ○○이 마음에 귀 기울여본 즐거움이었다.

매번 헤어지는 섭섭함과 기다리는 설렘이 교차한 주말 나들이는 빠르게 쉼 없이 흐른 시간처럼 변함없이 이어졌다. 볼 때마다 쑥쑥 자란 손녀는 점점 궁금한 것도 더 많아졌다.

하루는 "할머니!"하고 또렷한 눈망울로 힘주어 부르더니 제법 진지하게 "할머니 엄만 어딨어?" 하고 물었다. 전혀 예측하지 못한 탓에 어떻게 말할지 망설이다 잠시 침묵이 흘렀었다. 이 해맑은 녀석에겐 동화책에 쓰인 내용이 나올 듯했으나 한동안 내리사랑에 밀린 엄마가 떠오른 순간 격한 감정들이 과하게 휘돌아 주체할 수 없었다. 그동안 새 식구들 맞이하느라 겨를이 없었다 해도 차마 잃은 줄도 몰랐던 엄마를 되찾은 듯 반갑고 고맙고 죄송한 마음이 뜨겁게 흘러넘쳤다.

손녀는 아마도 부산에 계신 외할머니 엄마를 뵌 후 할머니 엄마가 생각난 모양이다. 빈 마음에 엄마의 온기를 지펴준 녀석의 순수하고 따뜻한 관심이 너무 놀랍고 대견해서 정말 사랑스럽고 고마웠다.

그날부터 녀석의 궁금증처럼 나도 울 엄만 진정 "어딨는지" 알고 싶어졌다. 대가족 시대 그 많은 식구들의 온갖 치다꺼리를 벗어나 편하고 자유로우신지, 엄마의 노쇠와 질병에도 여전히 자식들의 건강과 안전만을 기원하며 희생적 고난을 감수하고 계신지, 때로는 선명해 보인 꿈속에서 때로는 보일 듯 말 듯 희미한 꿈속에서 애태우다 말기 일쑤였어도 행여 보고 싶었다. 그리고 한번 안아보고 싶었다.

어릴 적 젊고 예쁜 울 엄마 모습부터 노쇠해서 한스럽던 생각까지 맴돌다 인습에 시달린 엄마를 지킨 외할머니 인내력부터 격변기 변화로 흔들린 가족들을 품안은 엄마의 강인함까지 돌아보니 참 길고도 짧다. 어느덧 풍요로운 시대 뒷면에 서린 혼돈과 불확실성에 예민해진 아이들을 지켜보며 격동기 반백 년의 진동을 더욱 체감할 수 있었다.

50여 년 전 멋모를 당시엔 꿈에도 상상하지 못한 놀라운 상황들이 지금 전개되는 걸 보면 앞으로는 더 빠르게 더 상상하기 어려울 정도로 더 크게 달라질 것 같다. 아무쪼록 아이들 세대는 훨씬 더 좋은 시대로 번성해 나아가길 바랄 뿐이다.

그새 훌쩍 커버린 아이들이 바빠져서 이제는 우리의 주말 나들이로 바뀌었다. 강산이 변해도 여전히 설레며 기다리는 마음은 대책이 없는 듯하다.

― 「할머니 엄만 어딨어?」 전문

작품평

○○이가 집안의 사랑과 관심을 독차지하다 다섯 살에 남동생이 생겼다. 자연히 과보호를 벗고 엄마 품을 내준 누나다움이 기특했으나 조금 안쓰럽기도 했다. 그러나 아빠 따라 주말을 우리와 함께 지낼 땐 우리의 푸근한 사랑과 관심도 차지했다.

일찍부터 책을 가까이한 손녀는 언어 감각이 남달랐고 노래, 춤, 그림으로 표현하는 놀이도 놀이터에서 뛰놀기도 좋아해서 돌아갈 땐 늘 아쉬워했다. 우리도 성장하는 모습 보며 매우 즐거웠고 집안엔 생기와 활력이 넘쳐 주말 나들이를 손꼽아 기다렸다.

작품은 당시 상황과 기쁨이 오래도록 생생하게 지속된 체험에서 나왔다. 다만 과소 조절이 쉽지 않아서 곱씹고 되새기는 동안 펼치고 줄이기를 여러 번 반복했었다. 결국 그 평범하고 개별적인 일상들이 소소해 보여도 우리의 갈증과 허기를 채우고 생기를 회복할 샘물 같은 원천이며 토양 같은 바탕이며 나아갈 동력임을 알 수 있었다.

― 자평

이우경

등단 : 2000년 저서 2권『둥지 트는 새 무얼 찾는가』『바람의 향기』동시 출간.
대표작 : 저서『둥지 트는새 무얼 찾는가』『바람의 향기』『한국의 일기문학』『한국 산문의 형식과 실제』『삼국사기 열전 새로 읽기』, 편역『새로운 삼국사기』 ①신라·통일신라편『새로운 삼국사기』②고구려·백제편 외 다수.

아동
문학 ▶

정숙향
[아동문학 분과 / 사회학과 / 1986년 졸업]

대표작
분홍고래가 사는 마을

작품평

프로필

Children's literature

대표작

분홍고래가 사는 마을

정숙향

오늘도 나는 아빠를 기다립니다. 집들이 내려다보이는 낡은 정자에 앉아서요. 여기서는 하늘과 바다, 배들이 들어오는 항구까지 다 보이거든요. 난 이 자리가 참 좋아요. 집도 답답하고, 골목도 막막한데 여기는 뻥 뚫려 있거든요.

우리 마을은 언덕 위에 있어요. 골목은 비좁고 아무렇게나 만들어진 층계들 때문에 맘 놓고 뛰어놀 수도 없어요. 노는 게 다 뭐예요. 쪼그리고 앉아 공깃돌 놀이할 친구조차도 없는걸요. 집집마다 할머니들이나 항구로 일 나가는 아저씨 몇, 또 가끔은 아주 멀리 고기 잡으러 나가는 우리 아빠 같은 사람 몇이 살지요. 이렇게라도 그냥 살면 좋겠는데, 얼마 안 가 우리 마을이 없어진대요. 너무 오래돼서 보기가 흉하다나요.

난 너무 심심해서 담벼락에다 낙서했어요. 큰 고래 한 마리를 그렸죠. 이걸 타고 아빠가 빨리 돌아왔으면 좋겠어요.

— 중략 —

새털구름이 하얗게 온통 하늘을 뒤덮은 날, 드디어 우리 마을에서 벽화 그리기 대회가 열렸어요. 어디선가 많은 사람들이 모였어요. 대학생 언니와 오빠, 아저씨, 드문드문 할아버지 같은 분도 계셨어요. 마을 어귀에는 대형버스와 자가용들로 길이 막힐 지경이었죠. 우리 동네에 이렇게 많은 사람들이 북적댄 건 아마 이 마을이 생긴 후로 처음 있는 일일 거예요.

제각각 허름한 담벼락을 도화지 삼아 밑그림을 그리기 시작했어요. 어디선가 어린 왕자도 나타나고, 사막을 횡단하는 여우도 생겨났어요.

나는 무얼 그릴까 궁리하다 우리집 창문을 그림 속에 넣기로 했어요. 옆집 창문과 연결하고 그 아래에다 바퀴를 그려 넣었더니 열차가 되었어요.

— 후략 —

— 동화 「분홍고래가 사는 마을」 일부

작품평

한 아이가 바다로 나간 아버지를 기다리며 담벼락에 그림을 그린다. 낡고 오래된 마을이 곧 허물어진다고는 하지만 동심마저 무너질 리는 없을 것이다. 아이의 간절한 마음이 어른을 감동시켜 마침내 벽화 그리기 대회가 열리고, 예술로 재창조된 마을은 생존은 물론 많은 이들에게 아름다움과 감동을 선사한다.

이 이야기는 실제의 벽화마을을 모티브로 상상력을 가미하여 창작되었지만, 순수한 동심과 인간애가 돋보이는 작품이다. 꽃무늬 드레스를 입은 사자, 인형극 놀이를 하는 할아버지, 폐허 속에서 별과 달을 장난감 삼아 노는 고양이들이 있는 마을을 누가 감히 무시할 수 있을까.

보잘것없어 보여도 진정성이 있는 것에는 숨겨진 힘이 있을 것이다.

— 자평

정숙향

등단 : 2000년 《순수문학》 수필, 2006년 《월간문학》 동화 등단.
대표작 : 동화집 『몰래 자라는 아이들』 『너와 나 우린 친구』 외 다수.
수상 : 화랑문예전 최우수상, 쉴리문학상 대상 등 수상.
현재 : 문학미디어 편집국장.

소설

김우남
[소설 분과 / 정치외교학과 / 1981년 졸업]

대표작
릴리의 첫 일기

작품평

프로필

novel

대표작

릴리의 첫 일기

김우남

―

며칠 전에 정신과 의사가 텔레비전에 나와서 말했어. 화가 나거나 슬픈 일을 꾹꾹 마음속에 눌러서 놔두면 안 된대. 몸속에서 썩어버린다는 거야. 그러니까 속상한 일이 생기거나 울고 싶어지면 바로바로 글로 써서 털어버리래. 뭐, 생각나는 대로 아무거나 쓰면 된대. 화가 나면 소리를 지르듯, 기분이 좋으면 노래를 부르듯 그저 끄적거리면 된대. 그래서 결심했어.

'좋아, 까짓거 나도 한번 써보지 뭐.'

어라, 근데 이게 효과가 있긴 있나 봐. 내가 몰랐던 나를 알게 해주는 것 같거든. 내가 외로운 여자라는 거, 몸뚱이는 좀 더러워졌지만 영혼은 아직 깨끗하다고 믿고 싶은 여자라는 거. 일기를 쓰다가 그런 걸 깨닫게 된 거야. 그래서 요즘 내가 진짜 작가가 된 것 같다니깐.

가끔 우리 가게를 찾아오는 남자가 있는데 자기가 소설가라나 시인이라나, 책을 몇 권 냈다나. 아무튼 그렇게 떠벌리는데 그 양반 뭐 별거 없더라고. 처음 그 남자가 내 방에 들어오던 날을 생각하니까 벌써 웃음이 나오네. 글쎄, 그 짓은 절대 안 할 사람처럼, 여자를 돈 주고 사는 일은 절대 없는 사내처럼 시침을 뚝 떼고 앉아 있는 거야. 결국엔 낑낑거리고 허우적거릴 거면서 말이야. 싸자마자 헐레벌떡 줄행랑을 치는 것도 다른 사내들하고 똑같더라구. ㅋㅋㅋ

― 장편소설 『릴리 그녀의 집은 어디인가』 중 「릴리의 첫 일기」 일부

작품평

　당신이 제게 이번 장편소설의 해설을 e메일로 부탁하면서 조심스레 내뱉은 말은 햇수로 10년 전 소설집 『굿바이, 굿바이』에 실린 단편 「그 여자, 리리」를 바탕으로 한 장편소설을 썼다는 것이었습니다. 순간, '리리'라는 소설 속 인물이 제 망각의 두꺼운 각질을 헤집고 기억을 관장하는 뇌수를 파고들었어요. 『굿바이, 굿바이』 해설을 준비하면서 「그 여자, 리리」에 흠뻑 빠져들었으니까요…… 그 강렬한 인상으로 다가왔던 인물 리리를, 당신은 장편 서사로써 다시 새로운 생명을 불어넣었습니다.

　그래서 저는 가장 먼저 어리석은 질문을 던져봅니다. 당신에게 '리리'는 대관절 어떤 인물이기에 장편의 외양을 입고 다시 우리 눈앞에 되살리는지요. 아마도 10년 전 「그 여자, 리리」에서 미처 다하지 못한 리리의 삶을 시쳇말로 속시원히 쏟아붓고 싶어서인지요. 물론 여기에는 리리뿐만 아니라 리리 주변 사람들의 삶도 함께 이번 기회에 포괄하고 싶은 작가의 욕망이 작동되었을 테지요. 그래서 이번 장편에서는 리리의 삶을 한층 넓고 깊게 파헤치면서 리리의 삶과 현실에 깊숙이 연동된 우리 시대 안팎의 문제들에 대한 작가로서 당신의 문제의식을, 소설의 글쓰기로서 실천하고 싶은 '작가정신'을 간과해서 안 된다고 저는 생각합니다.

― 고명철 문학평론가

김우남
　등단 : 2001년 《실천문학》 소설 신인상으로 등단.
　대표작 : 소설집 『엘리베이터 타는 여자』 『뻐꾸기 날리다』 『아이 캔 두 이모』 외 다수.
　수상 : 직지소설문학상, 노아중편문학상, 이화문학푸른상 등 수상.
　현재 : 한국작가회의 및 한국소설가협회 회원. 이대동창문인회 이사. 《하동타임즈》 칼럼리스트.

**아동
문학**

이상희
[아동문학 분과 / 국어국문학과 / 1962년 졸업]

대표작
만년 어린이 윤극영 선생님

작품평

프로필

Children's literature

대표작

만년 어린이 윤극영 선생님

이상희

윤극영 선생님은 만년 어린이셨습니다. 80평생을 한결같이 어린이 같이 살다 가신 어른, 그런데 막상 펜을 잡고 보니 선생님의 많은 이야기가 떠오르지 않습니다.

1923년 소파 방정환 선생과 함께 이 땅의 어린이들의 앞날을 염려하여 색동회를 설립하셨고, 최초의 어린이 노래이며, 민족의 노래인 '반달'을 작사 작곡하시어 나라 잃은 슬픔과 고통에 잠긴 일제 밑의 어두웠던 시절, 어린이들에게 희망과 용기와 꿈을 심어 주신 선생님!

선생님은 이때부터 일평생을 어린이만을 생각하시며 밝고 아름답고 고운 노래 '따오기', '설날', '어린이날' 등 수없이 많은 노래를 작곡하셨습니다. 이렇듯 어린이 노래 보급에만 전념하시며 어린이처럼 살아오신 선생님은, 또한 나라꽃 무궁화 심기 운동에도 앞장을 섰던 것입니다. 내가 선생님을 처음 뵙게 된 것은, 어린이들에게 동화를 들려주기 캠페인에 참여한 지 삼 년이 되던 1981년 7월 23일, 소파 방정환 선생 추모 50주기 때라고 기억됩니다. 그때 선생님은 회색 양복에 목이 긴 모직 티셔츠를 입고 계셨습니다.

― 중략 ―

반달 60돌 기념으로 가톨릭 출판사 월간 《소년》지 주최, 색동회 후원으로 1984년 5월 '반달전'을 가졌을 때, '어린이들을 지휘하시던 선생님은, 어찌나 흥분하고 감격을 하셨던지!

우리는 나이 드신 선생님의 건강을 염려할 정도였습니다. 이렇듯 지극하신 선생님의 어린이 사랑은 우리의 가슴을 뜨겁게 했습니다.

젊은이의 감각과 사고를 뛰어넘는 선생님의 진보적인 생각은, 제자리에 머물러 있는 저희들에게 신선한 자극이 되기도 했습니다.

'반달'은 민족의 설움에서 시작된 것이지만, 오늘날 '반달'의 메아리는 북에 있는 백두산은 물론이고, 세계의 어린이들에게도 울려 퍼져, 그 시작의 의미를 찾아야 한다고 하신 선생님의 말씀이 가슴에 메아리칩니다.

작년 12월, 병석에서 눈물을 글썽이시던 선생님은, 3회에 걸친 지난날의 '반달전'을 회고하시면서

"사회의 여러분들에게 나는 많은 빚을 졌어. 허지만 나타내긴 싫어!"

'반달의 집'을 마련해 그곳에서 어린이 문화를 연구하는 분들로 하여금 어린이 문화를 연구하는 근원지를 만들어 놓고 가려 했는데 뜻한 대로 일이 안 된다고 하시며 씁쓸해 하시던 선생님의 표정은, 몹시도 쓸쓸하고 슬퍼 보였습니다.

지난여름 '반달회', '반달의 모임', '동심' 3편의 족자를 써 주시면서 "반달은 부족한 달이지만, 부족하기 때문에 무한한 가능성과 여지가 있는 달."이라고 말씀해 주셨습니다.

4·19 묘지에 무궁화를 심던 마음은 민족을 심던 마음이었듯, 또 반달의 이미지가 민족의 이미지와 통하듯, 어린이 운동을 펼치되 '뿌리'를 찾는 일을 많이 했으면 하고 바라셨습니다. 갈수록 메말라 가는 어린이들에게 동심을 찾아주고, 유약해져 가는 어른들에게 동심의 활력과 패기를 되찾아 주는 노력을 하도록 부탁하셨습니다.

지난 11월 선생님이 다시 입원하셨다는 소식을 듣고 서울대학병원으로 갔을 때 (강유영, 조영애, 이정수와 함께) 선생님은 우리들의 손을 꼭 잡으시고 "보고 싶었어." 하시며 "너희들만 믿고 간다. 나는 비록 정치인은 아니지만 반달의 뜻이 민족의 뜻에 있었던 만큼, '반달회'를 시작하고자 하는 여러

분이 내게서 시작의 뜻을 찾는다면 부디 열심히 어린이를 사랑하고 아끼는 마음을 멈추지 말아 달라."고 간곡히 부탁하셨습니다.

그리고 '일본인 반달회 회원 이마무라 게이꼬 여사의 안부를 염려하시며, 말로 다할 수 없는 고마움을 선생님의 애정과 함께 드린다는 말씀을 하시고는 우리들의 손을 힘껏 잡으시며 "잘 부탁해." 하셨습니다. 그때 우리는 선생님의 두 눈 언저리에 이슬 같은 것이 서리는 것을 보고 직감적으로 이 어른은 이미 가시는 것이라고 느끼고는 도망치듯 선생님의 병실을 빠져나왔습니다.

언젠가는 떠나셔야 할 인생인데, 선생님은 80평생의 그 생애를 욕되게 함이 없이, 이 나라, 이 민족의 어린이를 위해 심혼을 바치셨습니다.

선생님의 신앙은 오직 어린이였습니다.

그 신앙을 위하여 80평생을 변함없이 살고 가셨습니다. 참되게 살다 가신 선생님께 마음속 깊이 갈채를 보냅니다. 지금쯤 하늘나라에서 하느님의 사랑을 받고 계실 것입니다.

선생님은 어디서나 어린이처럼 천진한 웃음을 웃고 계실 것입니다. 임의대로 살아오셨듯이 하늘나라에서도 자유로이 하늘 바다를 노저어 가십시오. 이승에서 못다한 안식과 즐거움의 세월이 영원하시기를 빌면서 항상 어린이같이 웃고 계신 선생님의 모습을 그리며 다시 뵈옵고 가르침을 받길 아득함에 애통이 있을 뿐 오직 명복을 빌어 기도 올립니다.

― 《소년》지 1989년 1월호 기고문

작품평

이상희 님의 여러 편의 동시 가운데서「할머니랑 나랑」「거울」「정원의 소나무」 3편을 신인상 당선작으로 뽑았다. 「할머니랑 나랑」은 동시의 발상이 매우 재미있다. 연세가 70세인 할머니와 7세인 어린아이가 나이 숫자에서 0을 빼고 같은 나이로 생각한다는 점이 살아있는 동심의 세계이다. 늙으면 어린아이가 된다는 사실도 이 동시 속에 배어 있음을 느낄 수 있다. 「거울」은 겉모습을 흉내 낼 수 있으나 속마음까지 나타낼 수 없다는 마지막 연에서 관념성을 극복하고 있는데 다행이다. 이상희 님은 위의 동시에서 콧구멍을 후비는 부끄러운 버릇도 여과 없이 나타내는 진솔한 표현이 돋보인다. 「정원의 소나무」는 흔한 소나무들 중에서 선택받은 정원수로서의 품위와 의인화된 모습이 동시 속에 아름답게 그려져 있다. 어린이를 사랑하는 마음과 글 속에 배어 있는 밝은 동심을 바탕으로 좋은 동시 창작에 정진하길 기대한다.

― 아동문학세상 문학상 동시 심사평 (심사위원 : 김완기 · 임원재(글) · 엄기원)

이상희
등단 : 2001년 《아동문학세상》 문학상 동시 당선으로 등단.
현재 : 한국아동청소년협회, 이대동창문인회 회원.

아동문학 ▶

이수애
[아동문학 분과 / 국어국문학과 / 1989년 졸업]

대표작
나무의자의 마지막 손님

작품평

프로필

Children's literature

대표작

나무의자의 마지막 손님

이수애

— 전략 —

정신을 차렸을 때에는 한 겹 어둠이 이불처럼 내려앉아 있었습니다. 늙은 나무의자는 덤불에 박힌 자신의 모습을 찬찬히 훑어봅니다. 창고에서 보았던 앉은뱅이책상처럼 두 다리가 보이지 않습니다. 또다시 깜빡 정신을 잃습니다. 그리고 얼마나 지났는지 모릅니다. 눈을 떠보니 까만 밤하늘에 별들이 총총합니다.

"별님, 제 소원이 이루어질 수 있을까요? 마지막으로 꼭 한 번 제 무릎에 아이를 앉혀 보고 싶습니다. 그런데 이렇게 다리가 못 쓰게 되어 버렸군요."

별들은 아무 말이 없습니다.

"네, 저도 알아요. 이제 의자가 아니라는 것을요. 하지만 불쏘시개라도 되어서 아이들 곁에서 죽고 싶어요. 그것도 욕심일까요, 별님?"

밤안개 때문인지 늙은 나무의자의 눈앞이 뿌옇게 흐려집니다.

"이 밤중에 누가 울고 있나요?"

늙은 나무의자는 덤불 위를 바라봅니다. 그러나 아무도 보이지 않습니다.

잘못 들었나, 하긴 이 밤에 누가 있다고, 늙은 나무의자는 갑자기 쓸쓸해집니다.

"난 바람이에요. 조용한 밤 숲이 좋아서 놀러온 것이랍니다."

"나, 난 나무의자요. 그런데 지금은 아무것도 아니라오."

바람은 늙은 나무의자를 부드럽게 감싸 바로 앉히려고 애를 씁니다.

"다리가 부러져서 앉아 있을 수가 없다오."

바람의 품에서 삐거덕거리며 늙은 나무의자는 마지막 소원을 말했습니다.

"내게는 할아버지를 들 수 있을 만큼의 힘이 아직 없어요. 우리 바람은 겨울이 되어야 힘이 세진답니다. 그렇지만……"

바람이 늙은 나무의자를 기우뚱거리며 들어 올립니다.

늙은 나무의자의 마음은 어느새 산 아래 교실에 가 있습니다. 그 곰살맞은 손길이라니, 꼭 재채기가 나올 것 같았다니까. 목마도 많이 태웠지, 그 바람에 어깨가 부러져 교실 뒷구석으로 물러나야 했지만. 나무의자는 반들반들해진 무릎을 보며 행복한 꿈속을 오르내립니다.

그때였습니다.

― 휘이익, 휘이 ―

"앗, 갈퀴바람이다!"

바람의 외마디 외침이 들리는가 싶더니, 의자의 몸이 빙그르르 맴을 돕니다.

― 후략 ―

― 「나무의자의 마지막 손님」 일부

작품평

「나무의자의 마지막 손님」은 산골 학교에서 폐기처분된 낡은 나무의자이야기로 주제 의식이 작품 속에 잘 용해되었고, 동화다운 맛을 살린 문장력과 완성도 면에서 두 작품보다 돋보였으나, 주제를 부각하기 위해 마련된 결말 처리의 미숙함이 마음에 걸렸다. 이런 결점에도 불구하고, 결국 우리는 어렵게 「나무 의자의 마지막 손님」을 당선작으로 밀기로 했다. 그것은 이 작품이 동화 창작의 기본을 잘 갖추고 있어 오로지 앞으로의 그 가능성에 대한 기대감 때문이었다.

— 정호승 시인, 김용희 아동문학평론가

이수애
등단 : 2001년 《조선일보》 신춘문예 동화 당선으로 등단.
대표작 : 『2001 신춘문예 당선동화』(공저) 등 다수.
현재 : 한국아동문학인협회 회원. 동화세상 회장. 도서출판 생각의열매 대표.

수필

정훈모
[수필 분과 / 국어국문학과 / 1974년 졸업]

대표작
100개의 삶과 죽음

작품평

프로필

essay

대표작

100개의 삶과 죽음

정훈모

낯설다. 여기는 어디일까? 아무리 둘러보아도 출구가 보이지 않는다. 한참을 헤매다 겨우 정신을 차려보니 어둠뿐이다. 절망감과 고통이 나를 짓누른다.

제임스 터렐의 〈달의 뒤편〉이란 작품을 보러 미나미테라에 들어서자 불안감과 헷갈리는 혼란 속에서 잠시 죽음을 본다. 지옥도 이렇게 깜깜하고 절망적이지는 않을 것 같다. 내가 과연 존재하고 있나 하는 의구심마저 든다. 15분간의 지독한 어둠이 주는 압박감은 대단하다. 한참을 어둠 속에서 당황하다 방향을 잡아 겨우 의자에 앉는다. 그러다 내 속에 내재된 빛을 본다. 간신히 앞으로 나아가니 회색빛과 검정이 혼합된 스크린 같은 면이 있다. 빛이 헤엄쳐 나오는 공간은 벽 안으로 쑥 들어간 공간으로 손을 넣어보아도 잡히지 않는다. 겨우 출구를 찾아 나오자 안도감과 동시에 '아' 하는 탄성이 나온다. 나오시마의 4월의 따스한 봄볕과 살랑거리는 바람과 재재거리는 새소리가 현실의 아름다움을 느끼게 한다.

섬은 평화로워 보인다. 꽃길을 따라 걸어가니 드디어 지추미술관이 보인다. 여기서 제임스 터렐의 또 다른 작품 〈오픈 스카이〉를 본다. 여기서는 하늘의 실제 모습을 보여 준다. 고개를 한껏 젖히고 바라본다. 구름이 흘러가는 것을 보며 잠시 나를 구름 위로 올려놓는다. 그곳이 천국이지 싶다. 사람의 눈이 적응하며 변하는 것과 착시현상을 경험할 수 있는 신기하고 재미있는 공간이다 .시간과 기후에 따라 하늘색은 완연히 달라진다.

드디어 베네사하우스 뮤지엄에 들어간다. 과천의 현대미술관처럼 원형으로 뚫린 공간으로 곳곳에 작품들이 전시되어 있다.

부르스 나우만의 작품 〈100개의 삶과 죽음〉이란 작품을 본다. 전광판에 네온사인으로 100개의 문자가 나타난다. well&live, old&die, love&die, run&die 등 삶과 죽음에 대한 글자가 빠르게 점멸하며 나타나는데 이것을 따라 읽다보니 그동안 살아온 나의 인생이 보인다. 과연 나의 인생을 설명하는 문자는 무엇일까. 한마디로 write&die라고 하고 싶지만 전 일생을 그렇게 살지 못했다.

인생을 100개의 단어로 단정할 수 있다면 좋겠지만 우리네 인생살이는 각자의 인생만큼 수만 가지다. 무엇을 보기 위해 나는 이곳에 왔을까. 눈으로 보이는 것만이 다가 아니라는 사실은 알고 있었지만, 시간 공간 그리고 탄생 이전의 저 세상을 보고 온 느낌이다. 많은 것을 느끼게 하는 곳이다. 막다른 골목에 쳐 했을 때, 희망이 보이지 않아 울고 있을 때, 한 줄기 빛은 우리를 일어서게 한다.

"비행기가 결항이라 마츠야로로 이동하여 오후 5시 30분 비행기를 타겠습니다."

— 중략 —

공항으로 이동하며 비오는 거리를 보았다. 인생이란 알 수가 없다. 모든 경우의 수 앞에서도 절망은 없다. 우리 인생에서도 앞으로 일어날 일들을 문자로 알려주면 좋으련만 하고 생각해본다. 그래도 언제나 복병은 숨어 있겠지.

관광(觀光)은 빛을 보러 가는 것이다. 내 안에 빛이 없어 추위를 느낄 때 나는 떠난다. 그러나 여행(旅行)은 어둠까지도 보인다.

—「100개의 삶과 죽음」 일부

작품평

미지의 나라로 데려다 주는 여행은 일상에서의 탈출과 비상을 꿈꾸는 로맨티스트의 로망이자 삶 자체이다.

'일상에 파묻혀 숨을 쉴 수 없을 때' 책을 읽으며 마음수양을 하고 여행으로 숨 쉬는 출구를 삼는다. 고된 하루하루를 보내야 하는 작가에게 여행은 기분이 상쾌해지는 즐거운 시간을 허락하며(「보랏빛 수국이 활짝 핀 정원」), 시름을 날리고(「옛친구, 그 후」) 감동으로 충만하게 하며, 숨 막힐 것 같은 짐들의 무게에서 벗어나게 한다.(「나는 백일몽을 꾸었다」)

작가가 꿈꾸었던 자유로운 삶, 예술가로서의 삶은 색채로 표현한다면 푸른빛이다. 푸른빛은 안정감과 평온함 그리고 가슴 뛰는 열망을 느끼게 하며 「푸른 빛깔은 늘」 젊음과 희망 비상 자유 등을 상징한다.

작가의 현실은 꿈꾸던 것과 달리 제자리에서 움직이지 못하고 서 있는 나무와도 같지만(「마음의 모양」), 작가는 여전히 꿈을 간직하고 있다. 마음속의 '불덩어리'를 안고 '아슬아슬하게 견디며' 살아온 것이다.(「세할머니, 이름처럼 살다」)

내면에서 들끓고 있는 용암은 '위험'한 측면도 있지만 미정형의 형태로 무한한 가능성을 안고 있다고도 볼 수 있다. 곧 푸른 꿈과 스스로의 선택과 문학에 대해 이야기하며 진지했던 20대의 마음으로 계속 나아갈 수 있는 것이다.(「그 깊고 아득한 블루」) 그렇다면 '푸른 빛깔은 늘' 다음에 올 문장은 '위안과 희망을 준다' '숨을 쉬게 한다' '꿈꾸게 한다' 그리고 '내 곁에 있다'가 아닐까.

호흡기로서의 글쓰기는 이제 푸른 꿈을 향해 출발한다. 밤이 지나가면 새벽이 올 것이다 '아름다운 새벽별'을 기다리는 작가에게 진심으로 응원과 격려를 보낸다.

— **한혜경** 문학평론가 명지전문대 명예교수

정훈모
등단 : 2001년 《자유문학》 신인상으로 등단.
대표작 : 『시장에서 영희를 만나다』 『푸른 빛깔은 늘』 『시간의 잎으로 피어나다』 외 다수.
현재 : 국제펜한국본부, 남태령문인회, 수수회 회원. 수필문우회 사무국장.

소설

서용좌
[소설 분과 / 독어독문학과 / 1967년 졸업]

대표작
먼지
새순

작품평

프로필

novel

대표작

먼지

서용좌

　아, 지 선샘, 책 보려고요?
　아아뇨, 저 책 별로 안 읽어요. 그냥 제목이 궁금, 잘 안 보이니까.
　먼지라니 놀랐죠? 거기 쓰여 있잖아요, 없지 않은 존재들, 그것이 먼지 같은 인생들 말인가 봐요. 먼지 취급당하는, 그렇지만 분명히 존재하는 사람들, 사회적 약자들 말이죠. 약자들에게도 목소리가 있다고, 더 작은 목소리들을 대신해서, 먼지 같은 목소리라도 말하련다고. (……) 저자가 대중들한테 민주주의 강의를 하다가 '부자가 왜 나쁜가요?' 물었더니, 어떤 할머니가 스스럼없이 그랬다네요. '나쁜 짓을 안 하몬 사람이 어떻게 그렇게 큰돈을 모은대.' (……) 그런 큰돈이 나온 곳에서라면 다른 누군가는 필시 울고 있다는 말. 평생 살아보고 깨우친 이치가 그렇다는 거죠. (……) 쓸모없다고 해고된 강사가 '먼지로서 먼지에게', '마음이 견디지 못해, 가슴에서 돌멩이 하나를 빼내듯이' 썼다네요.

　— 장편 『날마다 시작』 - 7화 「먼지」 일부

새순

말 때문에 느닷없이 가벼운 다툼도 있었다. '팔이 안으로 굽는다'는 말 때문이었다. (……) 어느새 내가 끼어들고 있었다. 저기요, 팔이 안으로 굽는 거라니, 좀 어폐가 있소. 힘 가진 사람덜이 팔이 굽는 대로 즈그 편 부자덜만 감싸불면 된다요? 힘없는 가난뱅이덜은 으짜라고! 긍께 우덜은 부정식품이라도 묵어야제이. 여그 편의점에 부정식품 싼 놈으로 조까 없으까?

삼층, 왜 그래, 그만혀! 가난하도 안한 사람이 왜 흥분혀! 세탁소가 달랬다. 둘 다 놀라는 눈으로 나를 바라보았다. 알바 아줌마도 힐끗거렸다. 머쓱해진 나는 냉큼 일어났다. (……) 보도의 돌멩이가 발끝에 걸렸다. 엄지발가락이 아팠다. 구르는 돌멩이 같은 인생, 밑바닥 인생이 최근의 화두였다. 극빈에다 못 배운 사람은 자유가 뭔지도 모르고 그런 게 필요한지 그조차 모른다고, 티브이에서 최고권력자가 뱉은 그런 비슷한 말 때문에 한 며칠 술렁였다. 어쩐지 불편했다. 고졸 간호조무사로 사회 첫발을 내딛던 시절, 못 배운 채 극빈했던 나는 자유를 알았을까. 24시간 돌봄 놀이방에 백 일도 안 된 아기를 맡기고 출근하던 가난한 엄마는 자유를 알았나. 중간에 야간이라도 대학을 다녔고 경차라도 내 차를 끌고 다니는 지금은 자유를 알까. 자유가 뭘까. 아리송했다. (……) 쓸쓸한 마음으로 집에 올라오니 빈 방이 유난히 텅 비어 있었다.

― 장편 『날마다 시작』 - 9화 「새순」 일부

작품평

코로나에 지질려 지내는 중에 '코로나소설'에 질려 지냈습니다. 선생님 소설은 어허, 이건 다른데 하면서 눈을 크게 뜨고 밑줄 치면서 읽었습니다. 제가 질렸다는 건 이유가 있습니다. 소설가들이 남과 똑같아진다면 그건 치명적이지요. 저는 똑같은 상황에서 다른 시각으로, 다른 언어로, 다른 발상으로 사태를 파지하는 게 소설가라고 생각하는 편입니다.

(……) 일상 속에서 인간 존재의 의미를 추구하는 방법이 다른 작가들의 '코로나소설'과는 유를 달리한다는 점에서 이 작품은 명품에 속합니다. 사태의 표피만 훑고 지나가지 못하는 도도한 작가의식이 아니면 건져내기 어려운 작품…… (……) 참담한 현실, 왜곡되는 언어 그런 사색의 항목을 엮어넣어 소설로 빚어낸 솜씨가 매력적입니다.

— **우한용** 소설가, 서울대 명예교수

(……) 서용좌 작가의 『날마다 시작』 (……) 그의 매혹적인 소설에서 작가는 증오, 폭력, 이념 전쟁에 비추어 주요 역사적 사건들을 언급하며 우리 사회의 병폐를 고통스럽게 진단합니다. 프랑스의 저명한 소설가 실비 제르맹은 2024년 서울 박경리 문학상 수상 소감에서 사건에 대한 지식만 제공하는 역사 연구와 달리 "소설의 예술은 거기에 몸통, 얼굴, 특색을 부여함으로써 생동감 있게 하고, 공감을 불러일으키며 성찰을 유도해낸다."고 말했습니다. 서 작가의 소설 『날마다 시작』은 실비 제르맹이 위에서 언급한 바를 완벽하게 달성한 뛰어난 흥미진진한 작품입니다. (……)

『날마다 시작』은 과거의 초자연적 상처와 심리적 원한을 극복하면서 보다 나은 사회를 건설할 수 있는 방법을 잘 보여줍니다. 그 하나의 방법은 "다른 세대, 다른 사회 계층, 정치 파벌 간에 서로의 말을 경청하는 것"입니다. 또 다른 하나는 "나는 옳고 다른 모든 사람들이 틀렸다는 편견, 적대감, 부당한 확신을 극복하는 것"입니다.

우리 사회에서 해결되지 않은 많은 역사적 논란들과 낙담스러운 상황에도 불구하고, 서 작가의 소설의 주인공은 절망하지 말고, 계속해서 활력을 불어넣고 날마다 새로이 시작해야 한다고 제안합니다. (……)

— 김성곤 서울대 명예교수, 다트머스대학 초빙교수

서용좌

등단 : 2002년 《소설시대》(한국작가교수회)로 등단.
대표작 : 장편소설 『흐릿한 해』 『숨』 『날마다 시작』 외 다수.
수상 : 한국PEN문학상, 박용철문학상, 조연현문학상 등 수상.
현재 : 한국소설가협회 편집위원. 전남대학교 독일언어문학과 명예교수.

> 수필

신수희
[수필 분과 / 정치외교학과 / 1963년 졸업]

대표작
아버지와 졸업시계

작품평

프로필

essay

대표작

아버지와 졸업시계

신수희

　봄이 완연이 다가왔는데도 바람이 불고 약간의 비를 뿌리면서 추운 이런 날을 언젠가부터 그리워하기 시작했다. 틈새에 끼인 꽃 이파리들은 살며시 얼굴을 내밀다가도 고개를 숙인 이런 봄날이면 난 그날의 일을 생각하면서 아버지가 보고 싶어 진다. 내가 대학교를 졸업하던 그날도 비가 내리면서 추웠으며 많은 고급 자가용들이 학교 마당에 인산인해를 이루면서 부모들과 친지들이 딸의 졸업을 축하하기 위해 학교를 가득 메우던 바람 부는 그런 날이었다. 졸업생들은 신부님같이 까만 가운을 입고 사각모자를 쓰고 대강당 앞자리에 자리를 잡고 조용히 앉았고 넓고 큰 졸업식장을 가득 메운 부모님들이 딸의 행복을 보장받은 것처럼 졸업식을 지켜보았다.

　우리들은 전쟁에 이긴 개선장군처럼 당당하고 희망과 꿈이 넘치던 밝은 얼굴을 한 졸업생이었다. 나의 아버지 역시 다른 부모들과 같은 마음으로 딸의 대학 졸업식을 지켜보기 위해 밤새도록 기차를 타고 마산에서 이곳으로 올라오셨다. 그 당시에는 우리나라에 고속도로가 없었기 때문에 고속버스가 있을 리가 없는 60년대였다.

— 중략 —

　졸업식을 마치고 나온 나는 좋아하는 친구들과 사랑하는 남자에게 한아름의 꽃다발과 선물을 받고 행복해하고 있었는데 좀 전의 즐겁던 내 모습은 온데간데없이 사라지게 되었다. 사각모자에 찬물을 끼얹은 듯이 찰나에

구겨져 버리고 뭉개져 버린 일이 한순간에 일어난 것이다.

　아버지는 내가 좋아하던 그 남자를 처음 보던 순간 선과 후가 무엇인지 설명도 하지 않고 막무가내로 화를 내기 시작했다. 성을 참다못해 졸업선물로 사가지고 온 딸의 손목시계를 학교 마당에 사정없이 내동댕이쳐 버리고는 간다는 말 한마디도 없이 열두 시간이나 기차를 타고 가야 하는 마산으로 황당하게 내려가 버리셨다.

　나는 아버지가 나를 미워하면서 말 한마디 없이 가버렸다는 슬픔은 온데간데 없이 사라지고 오직 그 남자 앞에서 창피를 준 아버지가 너무나 야속하였으며 또한 땅바닥에서 유리알까지 깨져버린 브로바 시계가 정말 아깝기 그지없어서 밤새도록 울기도 했다. 그리고 내 마음에 상처를 만들어 준 깨진 시계의 아픔은 아버지가 돌아가시기 직전까지 나의 팔목에 손목시계를 한 번도 차지 못하고 살았던 나의 어리석은 추억이 되어버리기도 했다.

　거의 사십이 가까워질 때까지도 딸의 고뿔만 보아도 다 큰 딸을 등에 엎고 뛰다시피 병원을 찾는 아버지였기도 했다. 여름과 겨울방학이 끝나고 서울 기차를 타고 갈 때마다 나를 떠나보내기가 싫어서 역의 전봇대 뒤에서 눈물을 훔치던 강하면서도 마음이 약한 아버지였으며 내가 원하면 무엇이든지 다 해주고 싶어하던 나만의 아버지였다.

　세월이 흘러 나에게도 결혼이 이루어지고 내 딸이 커서 사춘기가 되어 남자친구가 생기게 되었을 때, 비로소 나는 비싼 시계를 왜 던져버렸는지도 알았고 아버지는 나를 대신하여 비바람을 다 가로막고 살았다는 것도 알게 되었다.

　내 나이가 50대가 지났을 때 항상 그대로 일 것 같았던 아버지는 혈압 때문에 갑작스럽게 쓰러졌다. 내 졸업식 때 학교 마당에서 시계를 던지던 당당한 아버지의 모습과는 너무나 정반대였다. 영화배우같이 멋진 모습도 포마드 기름 바른 깔끔한 머리카락도 다 어디 갔는지 없어지고 초점 없는 눈동자만 슬퍼하는 내 얼굴을 힘없이 쳐다보았다. 얼마 남지 않았다는 것을 가슴에 숨긴 채 아버지는 내 손목을 꼭 잡고는 정확하지 않은 어둔한 발음으로 세 번이나 나에게 말했다. 아버지를 용서하라고.

몇십 년 전 졸업식 때 일어났던 그 일이 무엇이 그렇게도 중요하기에 아버지는 대답할 수 없는 이 순간까지 나보다도 더 오래 슬픈 나의 모습을 간직하고 있었는지 되묻고 싶었다. 전심전력을 다하여 말한 마지막 아버지의 용서는 나에게 한 아버지의 용서가 아니었고 나를 대신한 용서였다고 생각된다. 그것은 40년이 넘도록 오해했던 아버지와 나의 통행금지를 해지한 순간이었기도 했다. 진정한 딸과 아버지가 된다는 것은 정말 수많은 시간과 세월이 필요한 것 같다.

오늘도 꽃망울 위로 눈발이 내리고 쌀쌀한 바람이 분다. 이런 날은 갑자기 아버지가 보고 싶어 졸업 때로 되돌아가 그날의 딸이 되고 싶어진다.

— 「아버지와 졸업시계」 일부

작품평

신수희의 「아버지와 졸업시계」는 아버지에 대한 절절한 사부곡이다. 때는 어언 40여 년 전. 대학 졸업식 날이었다. 아버지는 애지중지 기른 딸의 졸업식에 참석하기 위해 졸업시계까지 사 들고 상경하신다. 졸업식 당일. 딸은 자신이 사랑하던 한 남자를 아버지에게 소개한다. 아버지는 불같이 화를 내시며 가져온 시계를 패대기치고 마산으로 돌아가셨다.

그날 이후 이 일은 부녀간의 아픈 상처로 남는다. 그런 아버지가 임종하시기 전에 딸을 용서한다. 부녀간의 사랑은 애달프고도 질다. 사랑하기 때문에 아버지도 딸도 서로를 잠시 원망했다. 그러나 그런 슬픈 사연이 오늘도 창밖에 내리는 눈발 속에 그리움으로 자리 잡는다. 짧은 글 속에 따스한 인간미가 묻어 있는 글이다.

흔히 수필은 정해진 틀이 없다고 한다. 그렇다고 아무렇게나 쓴다고 수필문학이 되는 건 아니다. 그렇게 쓴 글은 작문은 될지언정 진정한 의미의 문학이 되지 못한다.

글쓰기가 한 편의 문학으로 승화하려면 기록을 뛰어넘는 미학을 갖추어야 한다. 그게 그리 쉬운 일인가? 그래서 수필은 일견 누구나 쓸 수 있는 쉬운 글처럼 보이지만 누구나 쓸 수 없는 까다로운 문학 장르이다. 신변잡담을 뛰어넘어 한 편의 창작이 돼야 한다. 잡다한 사설들을 잘 다스려 절제된 언어로 짧은 글 속에서 한 편의 인간드라마를 만들어 내야 한다. 그게 수필문학이다. 신수희는 그런 능력을 갖춘 작자로 느껴진다. 보다 선명하고 감각적인 작품을 많이 선보여 주길 바란다. 등단을 축하드린다.

— **강석호, 이자야** 수필문학 등단 추천심사위원

신수희를 아는 지인들은 그녀는 아직도 소녀라고 말한다. 소녀의 마음처럼 다양한 감성들이 작품 속에서 묻어나오고 있기 때문. 이러한 원동력에는 스스로 삶에 대한 무한한 애정이 있었기에 가능했다. 글에 대한 열정이 남다른 그녀에게 나이는 정말 숫자에 불과하다. 마산여고와 이화여대 정치외교학과를 졸업한 그녀는 졸업 후 신문사 문화부 기자로 활동하였고 여기에 어린시절부터 가지고 있었던 예술 분야에 대한 재능이 함께 시너지가 되면서 그녀를 문학의 길로 자연스럽게 인도하게 되었다고 회고했다. 신 작가는 사랑이라는 모티브 아래 따뜻한 시선으로 작품들을 담아내왔다. 작품을 보는 시야가 편협되지 않고 보다 넓고 주관적이지 않으며 객관적이다. 이렇듯 글은 삶의 전부라는 신수희는 작품활동을 하는 동안에는 잡념이 사라지며 온전한 나를 발견할 수 있는 시간이어서 늘 즐겁다고 말했다.

그래서일까. 신수희 작가의 얼굴에는 여유와 행복 그리고 항상 미소가 묻어나 있다.

— 월간《한국인》

신수희
등단 : 2002년《수필문학》에 「아버지와 졸업시계」로 등단.
대표작 : 수필집 『풀각시』『풀각시 그 후』『내가 지나온 길』외 다수.
현재 : 수필문학가협회, 이화동창문인회 이사. 한맥문학 부회장.

수필

육미승
[수필 분과 / 초등교육학과 / 1969년 졸업]

대표작
늘그막에 온 사랑이 아름답다

작품평

프로필

essay

대표작

늘그막에 온 사랑이 아름답다

육미승

손녀하고 살기 시작한 날들이 이제 조금 있으면 벌써 10년이 되어 간다. 처음 어느 겨울날에 난데없이 엄마 잃은 손녀와 급작스레 또 아주 어설프게 만나게 되었다. 내 아이들 키우는 일에도 감히 잘 키웠다!란 말을 할 수 없는 주제에 손녀를 맡아 키워야 한다는 일에 내심 커다란 책임감과 함께 마음에 커다란 짐으로 안겨왔다. 며느리가 자기의 생각과 이론으로 키워왔던 아이에게 세대차가 만만치 않은 할머니가 배턴 터치를 해야 하다니 손녀에게 어떻게 뭘 해주며 그 아이와 내가 서로 겪어내야 하는 일들에 어떤 대처를 해 나가야 하는지 생각해 본 적도 없어 심히 근심스러운 일이었다. 손녀가 느닷없이 택한 '할머니와 같이 살 거라는 말에 설마 나를 택할 줄은 꿈에도 생각하지 않았기 때문에 무척 당혹스러웠다. 당연지사 외할머니랑 이모하고 살겠다고 할 거라고 믿었기 때문이다. 홀로 계시는 친정어머니와 지내고 있었던 터라.

— 중략 —

부엌에서 일하면 저절로 행복에 감싸여지는 기분이 되기 시작했다. 요기조기에서 손녀가 방긋방긋 웃어주는 기분이 들었다. 예쁜 것들을 자꾸 가져다가 놓는 손녀 손이 보인다. 이 스티커를 매일 보면서 힘내라던 목소리가 들려왔다. 이 장미꽃처럼 예쁘게 웃으라던 손녀의 웃는 얼굴이 떠오른다. 이 스티커를 읽으면서 힘내라던 자기가 사랑하는 장난감이니까 할머니도 좋아할 거라는 생각을 자연스럽게 하는 아이.

할머니, 나처럼 어렸을 때 남자아이들하고 노는 게 싫었어? 좋았어?' 앞 뒤 분별없이 생뚱맞게 묻는 아이가 내 곁에서 함께 일하고 있는 느낌인 부 엌이 아이의 꿈이 펼쳐지는 공간으로 조성되어 가고 있었다니! 꿈에도 몰 랐던 좋은 기운이 가득한 부엌으로 꾸며준 아이!. 어제도 오늘도 '할머니 사랑해요—' 라고 소리쳐 주는 속에서 살게 된 것이었다. 이 날들에 감사하 는 마음으로 오늘의 행복을 쌓아가면서 지내다 보니 어느새 아이는 아가씨 가 되어 가고 있다. 중학생이 된 거다. 교복을 입고 사복을 입고에 따라 느 낌이 완전 다른 아이로 컸다. 이만큼 크니 지금처럼 밝게 커서 고등학교도 잘 다니고 멋진 대학생이 되어 자기 앞가림은 잘 해내는 아가씨로 크기만 을 바란다. 크게 아프지 않고 잘 커 줘서 고맙다. 언제나 할머니 손을 꼭 잡 고 놓지 않던 아이는 어른으로 커가고 있다. 이제 할머니가 밥 안 차려 줘 도 된다. 가끔 달걀말이도 아주 맛있게 멋지게 만들어 준다. 라면도 척척 밥상도 예쁘게 차려 준다. 누구 말마따나 시집을 보내도 될 거 같은, 먹구 름이 하늘을 덮어도 안 무서워하는 아이가 되었다. 우산을 안 가지고 갔다 가 비를 만나도 안 운단다. 친구들과 선생님이 아주 좋다고 얘기해준다. 그 래도 난 할머니가 제일 좋다며 엄지척해 주는 예의도 갖추고 있다. 내가 첫 만남에 걱정했던 일들을 서로 잘 이겨내고 지냈나 보다. 앞으로 얼마만큼 을 같이 살아갈 수 있는지는 모르는 일이지만 가슴 아픈 기억들을 버리고 앞으로 멋진 일들을 만들어가는 미래가 펼쳐지길 바라고 있다. 내가 지금 사라져도 자기 할 바를 알아서 할 수 있는 정도로는 큰 거 같아 마음에 걱 정은 없다.

나의 노년을 즐겁게 지낼 수 있게 활력을 주고 다른 친구들 보다 활기차 게 살게 해 준 아이다. 둥근달을 보고 울지 않고 멋지게 살 거라고 약속했 던 일들이 가물거린다. 우리 남은 날들도 잘 지내자 저녁 산보 길에서 아무

말 없이 손을 꼭 쥔다. 말 안 해도 서로 다 아는 거다. 우리 사랑은 최고라는 걸.

— 「늘그막에 온 사랑이 아름답다」 일부

작품평

「늘그막에 온 사랑이 아름답다」는 인생의 후반부에서 맞이한 뜻밖의 사랑과 그 사랑이 주는 깊은 울림을 따뜻한 시선과 섬세한 감정으로 풀어낸 감동적인 작품입니다. 작가는 손녀와의 동거라는 새로운 삶의 국면을 '어설픈 시작'이라 표현하면서도, 점차 사랑으로 변모해가는 일상의 변화를 진솔하게 그려내며 독자에게 잔잔한 울림을 전합니다.

작품의 가장 큰 미덕은 '삶의 사소한 순간들'에서 피어나는 사랑의 진정성을 포착해내는 힘입니다. 손녀가 부엌에 놓은 작은 스티커 하나, 장난감 하나가 주는 감동은 단순한 물리적 물건을 넘어 '돌봄과 감사의 마음'이 응축된 상징으로 읽힙니다. 그 안에는 말보다 더 깊은 정서적 교감이 있으며, 이는 할머니와 손녀 사이의 사랑이 단지 혈연을 넘어선 '서로를 채워주는 존재'라는 사실을 말없이 증명합니다.

또한 수필은 손녀의 순수한 감성뿐 아니라, 할머니의 내면에서 일어나는 복잡한 감정의 흐름을 가감 없이 보여줍니다. 처음에는 부담과 걱정으로 시작된 동거 생활이 시간이 지날수록 기쁨과 보람, 감사로 바뀌어가는 과정은 단순한 가족 간의 이야기 그 이상입니다. 작가의 노년은 더 이상 '소멸'의 시간이 아니라, 또 다른 '성장의 시간'이자 '사랑의 완성'이라는 주제를 감동적으로 드러냅니다.

언어는 담백하면서도 온기가 가득합니다. 일기처럼 자연스럽고 진솔한 문장들은 인위적 장식 없이 삶 그 자체를 고스란히 담아냅니다. 이 수필을 읽는 독자는 누구나 '내 삶에도 그런 사랑이 있었지' 혹은 '그런 사랑을 꿈꾸고 싶다'는 마음을 품게 됩니다.

결론적으로 「늘그막에 온 사랑이 아름답다」는 삶의 어느 시기이든, 진심 어린 사랑은 사람을 새롭게 만들고, 세상을 환하게 비춘다는 사실을 보여주는 아름다운 수필입니다. 할머니와 손녀의 이야기를 통해 우리는 '늦게 찾아온 사랑이 오히려 더 단단하고 아름다울 수 있다'는 인생의 진실을 다시금 확인하게 됩니다.

— 김영두 소설가

육미승
등단 : 2002년 《문학마을》 수필 「꽃신 한 짝」 「오 하나미」 당선으로 등단.
대표작 : 수필집 『말하자면』 외 다수.
현재 : 시니어블로그협회 기자. 한국문인협회, 이대동창문인회 회원.

수필

이예경
[수필 분과 / 교육학과 / 1970년 졸업]

대표작

반란
보디가드 인생
나를 고발한다

작품평

프로필

essay

대표작

반란

이예경

허리 수술 후 열흘 만에 퇴원해 보니, 남편이 앞치마를 둘렀고, 중풍 후유증으로 거동이 불편하신 어머니 방은 비어 있었고, 아이 셋은 착한 도우미가 되어 기다리고 있었다. 나는 졸지에 무수리에서 왕후마마로 등극되어 있었다. 반란의 고통은 컸지만, 나의 세상은 확실하게 바뀌었다. 드디어 평화가 찾아온 것인가. 나는 이제 가끔씩 반란이라는 핸드백을 끼고 외출하고 싶다.

— 「반란」 일부

보디가드 인생

착각에는 긍정적인 힘이 매우 중요한 성장과 발전의 원동력이 되기도 한다. 자신이 이미 삶이라는 경기의 승리자라는 착각이 필수다. 밝은 생각에는 밝은 결과가 따른다는 것이다. 장애인으로 45세 스페인 파라 배드민턴 대회 남자 단식 공동 3위 동메달, 남자 복식 은메달, 혼합 복식에서 금메달을 따낸 선수가 있다. 운동 시작 후 15년 동안 잦은 부상으로 수술도 여러 차례 겪었으나, 그가 얻은 승리의 메달은 착각을 다짐으로 승화시켜 피나는 노력 덕분이 아니었을까. 나 역시 즐거운 결과를 상상해보면서 착각을 다짐으로 주먹을 불끈 쥐며 의식을 다잡는다.

척추 수술 후 자유롭게 살며 나는 건강을 회복했다. 회복기에 보디가드를 잘해준 그의 덕이다. 두 해가 걸렸지만, 세월도 약이었다. 주위에서는 아직도 수술 후유증 안부를 묻지만, 일상생활은 물론 등산도 잘 다니고 있다. 나는 또다시 보디가드로 복직했다.

— 「보디가드 인생」 일부

나를 고발한다

"피고는 보디가드와 그림자 인생을 졸업하고, 데칼코마니 인생을 살도록 해라."

심판관이 선고를 끝내고 탕탕탕 두드리는 소리에 피고면서 원고인 나는 흥분해서 벌떡 일어났다.

"아! 여태껏 살던 거와 정반대로 살면 되겠네." 이런 소리가 아스라이 지나간다.

그런데 순간 들려오는 귀에 익은 목소리.

"여보, 자기 어디 있어. 나 좀 도와줘."

순간 꿈에서 깼다. 남편이 여보를 부르고 있다.

깨몽한 뒤라 순간 망설였다. '보디가드' 인생 팻말을 들고 나갈까, '도움은 셀프입니다' 라면서 자유 독립 팻말을 들고 나갈까. 침을 꼴깍 삼킨다.

— 「나를 고발한다」 일부

작품평

이 작품집에는 많은 자전적 수필과 만난다. 귀납적 서술이 많은 연유이기도 하다. '이렇게 살지 않아도'를 읊조리지만 결국 이제까지 걸어온 길을 내려놓지 않는다. 오히려 긍정적인 착각이 인생을 더 보람되게 이끌어 간다. 척추 수술 후 남편으로부터 큰 도움을 받아 일상으로 돌아온 것을 두고 작가는 '보디가드로 복직했다'고 했다. 그 표현에서 작가의 삶을 짐작해볼 수 있다.

파격이 예술세계에서 빼놓을 수 없듯이 삶에서 일탈은 인생의 의미를 확실하게 보여준다. 자신이 자리를 지키지 않으면 집안이 제대로 굴러가지 못할 것 같아 노심초사했다. 척추 수술 후 퇴원하였을 때 그 염려는 기우였다. 반란을 꿈꾸지만 그것은 어디까지나 꿈, 결국 인생은 내가 원해서 같은 쳇바퀴를 굴리는 것이리라. 깨몽이란 단어가 우리말 사전에 하나 더해지겠다.

이예경 작가가 추구하는 삶과 문학은 끊임없는 담금질의 과정에 있다. 맑은 명성으로 일탈을 꿈꾸는 일도 풋울음을 위한 것이요, 보디가드 인생도 그림자 인생도 어제와 오늘도 그 맥이 닿아 있다. 호의가 호의를 부르는 순기능을 꿈꾼다.

이 작가를 대할 때면 곱게 익어가고 있음을 느끼곤 한다. 그 비결이 나날이 풋울음을 깨워 가는 담금질에 있었음을 깨닫는다. 작가는 문학과 삶이 일치하는 당찬 인생을 살고 있다.

— **장호병** 수필가, 문학평론가

이예경
등단 : 2002년 《자유문학》으로 등단.
대표작 : 『거꾸로 기울여보다』 『내 인생의 계단참』 등 다수.
수상 : 율목문학상, 경기문학상 등 수상.
현재 : 과천문인협회 명예회장. 자서전 코치. 자유기고가.

▶ 수필

김선화
[수필 분과 / 영어영문학과 / 1967년 졸업]

대표작
모과(木瓜)나무

작품평
프로필

essay

대표작

모과(木瓜)나무

김선화

―

　우리집 마당에는 우람한 모과나무 한 그루가 수문장처럼 서 있다. 독특한 향기를 바람에 날리며 열매가 노랗게 익어갈 무렵이면, 담 밖을 어슬렁거리는 행인의 낌새가 느껴진다. 목을 뒤로 한껏 꺾은 채, 시각의 촉수를 높이며 손이 닿지 않는 곳을 탐하는 눈길. 높은 곳을 향한 사람의 시선과 묵묵히 굽어보는 모과의 시선에서 갈망과 측은지심의 대비를 느낀다.
　과일전 망신은 모과가 시킨다며 사람들은 입방아를 찧고 있지만, 겉만 보고 폄하하는 비방 따위에 아랑곳하지 않고 모과는 당당하기만 하다. 사람을 연거푸 세 번 놀라게 하는 재주가 있음 나와 보라는 듯 거침없는 표정이다. 우선 너무 못생긴 외양에 놀라고, 맛을 보고 너무 맛없어 놀라고, 향기가 기막히게 뛰어나 다시 놀라게 하는 바로 이 정체. 누군들 팔방미인이 되고 싶지 않겠는가만 모과는 현명한 선택을 한듯싶다. 아무도 모방할 수 없는 비장의 무기! 무르익은 향기의 절정 앞에선 제아무리 위력 있는 시각, 미각의 기능조차도 주눅 들어버리게 하고 마는 마력, 도대체 그 발원은 무엇이기에……
　모과는 한자 모과(木瓜)에서 나온 이름인즉, 참외를 닮아 나무 참외라는 뜻. 낮은 땅을 피해 높은 나뭇가지에 자리한 채, 성자인 양 지상을 굽어보고 있다. 해마다 5월이면 눈웃음치듯 피기 시작하는 담홍색 자디잔 꽃잎들은 배꽃처럼 아련한데, 고운 그 꽃잎이 진 바로 그 자리에 그토록 투박하고 험상궂은 과일이 열리리라고 누군들 짐작을 했겠는가. 옹기장이 손에서 잘못 빚어진 질그릇처럼 우스꽝스런 맵시, 지상의 모든 것이 신의 창조물이라면 옹기장이의 손은 신의 손인 셈. 진흙으로 빚어진 사람의 얼 속에 신의 뜻이 숨어 있듯 자기 안에 숨어있는 어떤 의도를 알아차리기라도 한 것일까? 결코 '나일 수 없는 것'은 내려놓고 '나 다운 고유성'을 찾아가는 여정이 진지하다.

  사과나 감 같은 것들은 저희끼리 모이면 서로 닮은 동족임이 완연한데, 모과는 이방인끼리 모인 다국적 백성처럼 각양각색이다. 시각보다 후각 쪽이 모과를 찾아내는 지름길인 듯싶다. 유연한 곡선으로 흐르는 듯하다가 급커브로 탈선해 일그러진 형상. 도대체 균형감각은 어디로 팽개치고 들쑥날쑥, 하나같이 뿔난 표정들이다. 무엇에 그리도 화가 솟고 노여운 걸까? 할 말이 많은듯해 귀 기울여 보지만 침묵으로 일관할 뿐 반응이 없다. 어리고 순한 열매조차도 불쑥불쑥 볼멘 징조를 보이니 도무지 영문을 알 수가 없다, 저희들이 세상을 얼마나 살았다고.

  그뿐인가. 여느 과수들과는 달리, 유독 꽃자루도 없이 가지에 바싹 달라붙어 있는 점이 별나다. 한 치의 틈새도 허락지 않은 채 잔뜩 웅그린 자세는 우직해 보이면서 고집불통 같다. 자일없이 절벽을 타고 있는 사람의 형상 같기도 하고, 허공에 매달린 곡마단 소년을 연상케도 하니 긴장감이 전해온다. 느닷없이 내리치는 풍우라도 만나 일시에 낙과로 전락해 버린다면? 하는 생각에 이르면 섬뜩해진다. 한 치 앞을 알 수 없는 우리네 삶처럼 말이다.

  도대체 모과는 무엇을 기다리기에 시종일관 불안정한 자세를 고수하며 저토록 진을 빼고 있는 것일까? 긴장의 시간이 흐를수록 진이 빠져나가는 과정에서 묘한 것은 모과의 피부에 더욱 윤이 나고 빛이 돈다는 사실이다. 한 얼굴에 드러난 피부색도 다채로워 설익은 내 젊은 날의 풋대추 빛인가 하면, 먼 인도 사막에 하염없이 펼쳐져 나를 몽환에 빠지게 한 유채꽃 빛깔이기도 하고, 무엇보다 어머니가 손수 물들인 모시 한복의 연치자빛이기도 하다. 그리움이란 그리움을 모두 불러 모으는 빛. 숯처럼 새까맣게 탄 부위가 드러난 것일수록 끈끈한 정유성분이 샛노란 외피에 축적되는데, 바로 이것이 뛰어난 향기의 발원이자 약효성분이라니! 놀랍고 신비할 따름이다. 기관지와 목 질환에 특효라고 일러준다. 세상사 말 많으니 목부터 상하기 쉬운 법, 말을 아끼고 귀를 부지런히 부리라는 무언의 훈계일까.

그러고 보니, 그토록 뿔난 모습의 숱한 화기(火氣)는 도대체 어디로 어떻게 삭히어 버린 것일까? 외출 후 귀가하여 현관으로 들어서던 어느 날, 기이한 직감에 흠칫 뒤돌아보니, 모과나무가 제 몸의 껍질을 벗고 있었다. 스스로 제 허물을 벗고 있는 행위. 고해성사를 하고 있지 않은가! 묵은 때를 벗겨내는 정화의 순간, 나는 운 좋은 목격자인 셈. 칙칙한 빛깔의 수피 한 조각이 소리 없이 땅 위에 내려앉는 순간, 한 마리 얼룩 나비가 시야에 들어왔다. 눈을 비비고 다시 보니 나비는 간데없고 다소곳이 앉아 있는 것은 수피 한 조각. 찰나에 스친 나의 환각이었을까? 홀가분한 마음이 나비처럼 날 것 같다는.

조각이 떨어져 나간 자리엔 여린 연둣빛의 해맑은 속살이 드러나 있었다. 거듭 태어남의 은총이 아니고 무엇이랴. 미처 허물을 벗지 못한 다른 부위로 눈을 돌리니 얼룩진 추상화가 갈등의 모호한 형상이다. 아직 용기가 나지 않아 망설이기라도 하듯. 두렵고 부담스러워 회피하고 싶은 유혹에 망설인 건 나 역시 마찬가지 아니었던가. 스스로 때를 알아차려 고백성사를 하는 모과나무 앞에서 절로 고개가 숙여진다. 자신의 허물은 자기 스스로 벗겨내야 한다는 것을 내게 일깨워 주려 했던 것일까?

자신이 빚은 외형뿐 아니라 그 안에 생생한 영혼까지 빚어 넣은 옹기장이의 깊은 뜻을 다시금 헤아려보게 된다. 어김없는 계절의 순환 속에서 오늘도 모과나무를 지켜보는 것은 다름 아닌 나를 지켜보는 일이다.

─「모과(木瓜)나무」 전문

작품평

수필의 덕목은 관조와 성찰에 있다. 자기반성의 통로로 연결되며 참 나를 발견하기 위한 구도의 여정이라 하겠다. '나 다운 고유성'을 찾아가는 모과나무의 진지한 여정을 통찰하면서 그것은 곧 자신의 화광반조로 이어진다. 진을 빼며 기다리는 인고의 시간, 아름다운 빛깔과 향기의 완성, 그들의 내밀한 현상을 포착, 모과나무가 스스로 제 몸의 껍질을 벗기고 있는 행위를 목격한 저자는 문득 '고해성사'를 떠 올린다. 땅 위에 떨어진 칙칙한 수피 한 조각을 얼룩 나비로 착각한 순간은 고해 후 '나비처럼 자유롭고 싶었던 작가 무의식의 발현'이 아니겠는가. 탁하게 얼룩진 내면의 추상화를 성찰하면서 자신의 허물은 스스로 벗겨내야 함을 모과나무로부터 배운다. 깨달음은 대상 뒤에 숨어있는 본질을 파악하는 일. 모과의 상징을 차용해 함축된 주제의식을 풀어내고 있다. 읽으면서 마음이 정화(淨化)됨을 느낀다. 수필 쓰기는 '심상(心象)의 도야(陶冶) 과정임이 분명하다. 하여 자기성숙을 향한 '영혼의 계단밟기'라고 말하고 싶다.

― 맹난자 수필가

김선화
등단 : 2003년《에세이문학》수필「갠지스 강에 적신 영혼」으로 등단.
대표작 :『2011 젊은수필』에 선정
수상 :《한국산문》10월호 제 3회 문학평론 공모에 제임스 조이스의「젊은 예술가의 초상」에 나타난 새의 상징과 epiphany로 당선.
현재 : 한국수필문학진흥회 이사. 에세이문학, 수필공간, 이대동창문인회 회원.

시 ▶

배정향
[시 분과 / 약학과 / 1961년 졸업]

대표작

외딴 산
잃어버린 식사

작품평

프로필

poem

대표작

외딴 산

배정향

그 남자 한 손에 짐을 들고
한 손엔 해머를 들고
산 속으로 들어갔네
포클레인도 다이너마이트도 없이
굴속을 파고 있네
산은 돌산 드높고 두꺼운데
그 남자 혼자서 돌산을 파고 있네
돌산 위로는 만년설
눈 멀 듯 눈부신 외로움
날지 못하는 새들은 되돌아갔네
그 남자 돌 깨는 소리만
그 산의 키를 조금씩 높이네
더 멀리 더 작게
하늘 가까이 가네
—「외딴 산」 전문

잃어버린 식사

여자가 무중력으로 걸어 나왔다
달나라 분화구 같은
식당 안
여자는 목을 세우고 팔과 다리를
90도로 꺾어
자신의 몸통을 아이들의 식탁으로 만들었다

촘촘한 철망사의 시간을 뚫고
어린 팔들이 우르르 몰려들었다
평면도로 펼쳐 놓은 여자의 몸통 밑에
잠시 동안 가녀린 다리들이 드리워졌다
볼펜 같은 젓가락이
허공에 떠 있는 입들을 받쳐 든다
옆 의자에 펼쳐진 시험지가 아이들의 눈을 잡아당긴다
그들의 입과 눈은 서로 다른 몸에 살고 있다
점점 굳어지는 밥
아이들의 식사가 멀리 새벽달 그림자에 어린다
— 「잃어버린 식사」 전문

작품평

「외딴 산」 견인주의와 숭고미를 추구하는 그는 사회의 모든 규범에 철저했고 불우하고 도움을 청하는 이웃에게는 아낌없이 주저없이 미더스의 손이 되었을 것을 상상할 수 있다. 일생 동안 그를 지배했던 날개의 실존은 무엇이었을까, 그 존재를 찾아 헤매는 모습을 그려보았다.

「잃어버린 식사」에 관해서는 다음 세대의 우리 아이들에 대한 양육자로서의 고뇌와 아이들의 힘겨운 생활에 연민을 느낀다.

― 자평

배정향
등단 : 2003년 《문학예술》 시, 2024년 《지구문학》 수필 등단.
현재 : 이대동창문인회, 대구시인협회 회원.

시

이자숙
[시 분과 / 식품영양학과 / 1972년 졸업]

대표작
9월을 보내며
품 안에서

작품평

프로필

poem

대표작

9월을 보내며

이지숙

―

가을의 문턱에서
너를 떠나보낼
준비하고 있다
감당 못할 일들에서
자유롭게 되기를
때론 좌절조차도
값진 경험이게 하소서
바라보는 것만으로도
행복할 줄 알고
소유하지 못한다 해도
미워하지 않게 하소서
9월의 마지막 날
떠나갈 너에게
아무 말 없이
손잡아 줄 수 있을지
걱정스러워진다.

— 「9월을 보내며」 전문

품 안에서

원 밖으로 끌리는 마음
제자리로 이끌어
태연한 척 일상을 누린다
사순절을 보내며
겹겹이 싸매 둔 보석
한거풀씩 벗겨보니
그분의 완전한 사랑이었네
무채색의 모습으로
십자가 향해 걸어간다
겪으신 고난으로 인하여
봄날도 숨죽인다
내려주신 은총 흡족함 깨달아
아침 이슬 같은 순결함으로
유년의 창가로 다가가
기다림의 손을 내민다.
―「품 안에서」 전문

작품평

「9월을 보내며」
어느덧 봄날이 가고 뜨겁던 여름도 지나 가을에 접어든다.

가을은 수확의 계절일 뿐만 아니라 우리네 사람들도 자신의 내면으로 깊이 들어가 그 지혜가 익어가는 때이어야 한다.

그런 의미에서 시 「9월을 보내며」의 전문은 의미가 크다. 가을날 9월, 거두어 많은 것을 소유하고자 하는 것이 아니라 바라보는 것만으로도 행복한 미워하지 않는 비워낸 마음이다. 그 비워낸 마음자리에 아이러니하게도 더 충실한 열매들로 가득 채워질 것이라는 예감이 든다면 지나친 감상일까? 아니다. 반드시 더욱 풍성한 결실이 가득한 마음 바구니가 될 것이다. 시인은 늘 저 높은 곳을 향하여 있으면서 결코 낮은 곳을 소홀히 하지 않고 있다. 무한한 긍정의 힘으로 때로는 비상으로 또는 연민으로, 그 마음 자락이 넓은 것에 놀라지 않을 수 없다. 자연을, 이웃을 민족을 한없이 포용하는 여인의 널다란 뜨락이다. 시어는 시인이 선택하는 마음의 소리이다. 순간의 언어와 언어를 잔잔히 엮어낸 시인의 귀한 마음이 담겨있다.

— **손순옥** 문학박사, 중앙대 명예교수

「품 안에서」

이자숙 시인의 삶의 중심에는 그리스도의 성찰로부터 성립되고 있다. 일상의 매 순간마다 한결같이 그분의 은총으로 기록된다고 생각한다.

사순절을 보내며 원(세상 밖) 밖으로 끌어내는 마음을 제자리로 이끌어 완전한 믿음 안에 앉히는 주님의 사랑이다. 안으로 안으로 머물게 하는 기도이다.

시 「품 안에서」는 사순절을 맞이하여 그분의 품 안에서 거룩한 은총을 깨닫는 기쁨을 보여준다.

문학은 한 그루의 나무를 심고 튼실하게 성장시키는 과정과 다름이 없다. 온갖 폭풍과 혹한의 고통이 몰아친다 하더라도 혼신의 노력으로 최선을 다할 때 단단한 이상을 펼칠 수 있는 것이다. 이자숙 시인의 시 속에는 경이로운 음률로 노래하는 고요한 숲의 새소리를 내장하고 있다. 깊은 신앙의 울림으로 특정된 하나님의 성실한 자녀라는 점이다.

  삶의 중심이 그분의 말씀으로 시작되고 그분의 말씀으로 가늠되는 기쁨을 읽을 수 있다.

― **지연희** 시인

이자숙

등단 : 2003년 《한국문인》 수필, 2006년 《문예사조》 시 등단.
대표작 : 『늦은 비』 『달빛 품은 그대』 『그래도 감사』 외 다수.
현재 : 이대동창문인회 감사. 한국시인협회, 한국기독교문인협회 회원. 문파문학회 이사.

수필

허숭실
[수필 분과 / 불어불문학과 / 1964년 졸업]

대표작
동인재東仁齋를 떠나며

작품평

프로필

essay

대표작

동인재東仁齋를 떠나며

허숭실

동인재는 우리의 소우주였다.

삼 남매가 오래오래 함께 살자고 일산 신도시에 3층 집을 짓고, '동인재東仁齋'라 이름을 지어 붙였다. 사시사철 꽃이 피고, 과실이 열리는 뜰에서 강아지가 뛰놀고, 새들이 날아와 돌확에서 목을 축이고는, 퍼드덕거리며 목욕도 한다. 벌과 나비는 꽃송이를 뱅뱅 돌며 꽃가루를 선물하고 꿀을 따간다.

아이들은 깔깔거리며 서로 양보하고 배려하는 걸 배워가고, 어른들은 경쟁이라는 밧줄에서 풀려나 한가로움을 누릴 수 있었다. 풍요롭지는 않아도 넉넉하다고 느끼며 바람처럼 자유로웠다. 항상 수평으로만 바라보며 살다가 몸을 굽혀 땅을 들여다보고, 고개를 들어 하늘을 우러러보는 시간이 많아졌다. 거기에선 인간이 주인공이 아니었다. 흙과 씨앗, 나무, 벌레, 개와 고양이, 비와 바람과 햇볕이 서로 돌보며 생명을 키우고 있었다.

그렇게 십칠 년을 즐겁게 살다가 두 동생네가 직장 관계로 부득이 먼 지방으로 떠나갔다. 사람이 떠난 집보다 텅 빈 마음이 더 황량했다. 젖은 바람, 찬바람이 마당에도 가슴에도 몰아치곤 했다. 집을 관리하고 정원을 가꾸는 일이 혼자 손에는 힘에 부쳐, 이제는 집을 정리해야겠다는 마음을 굳힐 수밖에 없었다.

— 중략 —

건축가인 남편의 작품으로, '동인재'가 완공되자 저마다 꿈을 안고 입주했다. 21세기의 새 시대가 열리는 순간을 그 집에서 맞이했다. 동인재를 지을 때, 주택의 자산 가치는 생각지도 않았다. 친정 삼 남매가 한 지붕 아래서 같은 마당을 밟으며 서로를 보살필 수 있다는 기쁨만을 생각했다. 치열한 생존 경쟁에서 벗어나 안식을 누릴 수 있는 터전으로 만족했다. 집은 가족이 모여서 오순도순 살기 위해 가꾸는 둥지였다. 우리에겐 행복의 장원莊園이었다.

집은 공유하고 나누는 소통의 광장이었다. 사소한 꿈도 키워주는 텃밭이었다. 그 텃밭에서 현악기를 제작하고 책도 지어낼 수 있었다. 삶의 안식처가 때론 걱정거리를 공유해야 하는 용광로가 되기도 했다. 혼돈 속에서 자신의 정체성을 찾을 수 있는 지성의 전당이었다. 사람은 어떻게, 어질게 살아갈 수 있는가를 터득하는 수련장이었다. 인간도 자연의 한 조각임을 깨달을 때, 무위의 평화를 누릴 수 있는 뜰이었다. 서로를 존중하며, 사랑하며 살다가 언젠가 어딘가로 떠나기 위해, 잠시 머무는 플랫폼이었다.

윌리암 포크너는 『내가 죽어 누워 있을 때』라는 책에서 "죽음이란 가족이나 세 들었던 사람이 집이나 마을을 떠나는 일이나 다름없다"했다. 정들어 살던 집에서 떠나는 것이 죽음이라던 그의 글처럼, 죽음을 준비하는 마음으로 이사를 결정했다. 설마설마하다가 떠나는 게 죽음인데, 미리미리 준비한다고 무엇을 얼마나 정리할 수 있을까? 마음을 다잡고 육에서 벗어나 영의 세계로 가는 마음으로 이삿짐을 꾸리기 시작했다. 삶의 편린들을 하나씩 치우고 버리며 흔적을 지웠다. 기회가 주어질 때마다 손때 묻은 애장품을 아낌없이 나누어 주었다. 무엇보다 책을 정리하는 일이 가장 고통스러웠다. 아버지의 체취가 배어 있는 책들, 지적 호기심에 목마름을 해갈시켜주던 책들, 밑줄을 그어가며 읽던 책들, 단 한 줄의 글을 확인하려고 구입한 책이다. 책을 추리고 분류하면서 자식을 입양시키듯 가슴이 잘려나가는 것처럼 아프고 허망했다. 오늘 내 품에서 떠나도 언제고 찾아볼 수 있으리라 마음을 달래보지만, 공허함은 무엇으로도 채워지지 않았다.

이제 더 이상 보관할 수 없는 것들, 무엇이든 그것들을 한꺼번에 버려야 한다는 것은 참으로 가혹한 일이다. 내 손으로 버리지 않으면 누군가에게 하기 싫은 숙제를 남겨주게 된다. 미련을 버리지 못해 끼고 있다가, 우리가 떠나고 난 뒤에 쓰레기로 나뒹구는 모습을 상상해 보고는 눈을 꼭 감았다. 모으기보다 버리기는 몇 천배나 더 힘들다는 것을 절감했다.

내 손길과 숨결을 느끼며 자라던 나무와 화초들, 동인재의 버팀목인 양 우람한 소나무와도 헤어져야 한다. 떠나야 하는 발길, 허허벌판으로 쫓겨 나가는 기분이다.

이제 묵은 삶을 과감히 정리하고 둘이 마주 보고 살기에 알맞은 요람 같은 둥지로 가려 한다. 그곳은 엄마 품에서 잠들고, 아버지 무릎에 누워 옛날이야기를 듣던 그 요람처럼 아늑한 집이 되기를 간절히 소망한다. 요람에서 태어나 요람에서 눈을 감을 수 있다면 그보다 더 큰 복이 있을까, 스스로 위로하면서.

감사하는 마음과 평화롭다고 느끼는 마음만 가져가면 그곳이 지상의 낙원이 아닐까?

—「동인재東仁齋를 떠나며」전문

작품평

허숭실 선생님, 그토록 공과 정을 들이고 사시던 행복의 장원(莊園), 동인재를 떠나 산 설고 낯선 객지에서 평안히 지내고 계시겠지요. 하기야 지금 지내시는 그곳은 하늘 아래에서 가장 편안한 곳, '天安'이라고도 한답니다.

그러니까 허 선생님의 초대를 받고 '이음새문학회' 회원들이 동인재를 방문한 지도 어언 18년이 지났군요. 그때가 2007년, 봄기운이 일산 호수공원 주변에 가득했던 5월 중순이었으니까요.

 선생님께서는 택호, '동인재(東仁齋)'는 남편분 함자와 두 남동생 이름에 공통으로 들어있는 '동(東)'과 '인(仁)'을 고르고, 집 '재(齋)'를 붙였다고 하셨습니다. 이는 '동쪽에 사는 어진 사람들의 집'이란 의미로, "세상을 어질게 살라."고 하신 선친의 유훈을 실천하기 위한, 삼 남매의 약속이라고 덧붙이셨습니다. 그때 저는 그에 좀 더 너른 관점으로 '동인재'를 짐작했던 기억이 떠오르네요. '동(東)'은 동쪽이라는 새김에 '봄(春)·밝음(明)·새로움(新)'의 뜻을 더하고, '인(仁)'의 '진실로 남을 널리 사랑하고 어질게 행동한다(慈愛).'는 뜻을 더해 보았지요. 또한, 선생님 안내로 "아버지의 체취가 배어 있는 책들, 지적 호기심에 목마름을 해갈시켜 주던 책들, 밑줄을 그어 가며 읽던 책들, 단 한 줄의 글을 확인하려고 구입한 책들"이 그득한 서재(書齋)까지를 둘러보고 나니, 한결 '동인재(東仁齋)'가 의미심장하게 머릿속에 새겨졌습니다.

 그리고 15년이 지난 2022년 7월 어느 날, 선생님의 두 번째 수필집『나의 13월』맨 끝에 수록되어 있는「동인재(東仁齋)를 떠나며」를 접하면서 선생님께서 얼마나 동인재에 자긍심과 애착을 갖고 계셨는지를 새삼스레 느꼈답니다. 그 작품에는 선생님 가족의 행복뿐만 아니라, 1960년대 이후 우리나라의 열악했던 경제 사정과 주거 생활 변모 과정까지도 고스란히 담겨 있음에, 그 시대를 함께했던 많은 독자들 마음을 사뭇 저리게 했겠지요. 물론 작품 가운데에는 선생님의 너그러운 품성과 예술성이 듬뿍하여 가슴 울림의 진폭을 더해 주었습니다. 선생님은 천생 멋진 수필 작가이십니다.

 물질의 허세나 사치스러움보다 정신의 풍요와 여유로움을 누리시며, 항상 가족과 이웃에 온정을 베푸시는 허 선생님, 선생님 손길과 숨결을 느끼며 자라던 동인재의 나무와 화초들은 지금도 선생님의 따사로운 마음속에서 무럭무럭 자라고 있겠네요. 아무쪼록 새로이 마련하신 오붓한 삶터에서 오래오래 건강하고 행복하게 지내시며, 정감과 예술성 가득한 명수필 창작에도 정진하시길 기원합니다.

— **전병삼** 수필가, 시인

허숭실

등단 : 2003년 《문학마을》 수필 등단.
대표작 : 『꽃은 흔들리며 사랑한다』 『나의 13월』 『신의 시간표』 외 다수.
수상 : 범하문학상. 한국크리스천문학상, 이화문학상 등 수상.

수필

권민정
[수필 분과 / 사회사업학과 / 1975년 졸업]

대표작
돌의 기억

작품평

프로필

essay

대표작

돌의 기억

권민정

―

　우리가 작업할 장소는 평소 사람들이 잘 찾지 않는 구석진 바닷가였다. 사람들이 촘촘하게 돌 위에 앉았다. 나도 검은 돌 위에 앉아 먼저 돌들 사이에 고여 있는 타르 덩이를 떠내고, 갈고리를 가지고 헤쳐 거기에 고여 있는 기름을 걷어 냈다. 큰 돌은 그 자리에서, 작은 돌들은 들어서 하나하나 닦아 나갔다. 마치 아기 목욕시키듯, 끈적끈적한 기름에 덮인 돌들을 구석구석 닦아주었다. "아, 이제 돌들도 숨을 쉬겠구나!" 그런 기분이 들었다. 그러나 닦고 돌아서면 또 밑에서 기름이 올라왔고, 깨끗이 닦았다고 해도 돌 속 깊숙이 스며 들어간 것들이 어느새 몸 밖으로 빠져나와 검게 되었다. 온종일 돌만 닦았다. 밀물이 되어 그곳을 떠날 때까지 그 작업을 했지만, 검은색이 조금 옅어졌을 뿐 크게 달라진 것은 없는 듯했다. 그러나 다음 날도 사람들이 올 것이라 믿고 바다를 떠났다.
　집에 돌아오며 나는 그곳 돌들을 생각했다. 긴 세월 동안 돌들은 그 자리에 있었을 것이다. 그런데 언제 그렇게 사람들의 관심과 보살핌을 받아본 적이 있었을까. 내 옆에는 한 여중생이 앉아있었다. 예쁜 여중생은 돌이 무거워 들지 못해 아예 자기 무릎 위에 올려놓고 닦았다. 사람들이 마치 돌을 사랑하는 사람처럼 애무하듯이 헝겊으로 닦고 또 닦았다. 거기 있던 돌멩이 모두, 아마도 여러 사람의 손에 들렸을 것이다. 엄청난 비극적인 일이 일어났지만 천 년 세월 동안 결코 경험해보지 못한 호강을 했을 것 같다.

돌들은 사람들이 다 돌아간 후 이렇게 말했을 것이다.

"우리 돌들보다 더 많은 사람이 모였어. 파도처럼 끊임없이 몰려들었지."

먼 훗날까지, 몸이 부서지고 깎여 모래알이 될 때까지, 돌들은 이 일을 결코 잊지 않고 소곤거릴 것 같았다.

아주 간절한 마음들이 모여 세계가 놀란 역사가 되었다. IMF사태 때 장롱 깊숙이 간직하고 있던 아기 돌 반지까지 꺼내 들고 줄서기 했던 것처럼 그때도 그랬다. 한 사람 한 사람의 마음이 모여 거대한 물결을 이루었다. 123만 명 중의 한 사람이 되어 역사를 이룬 것이다.

―「돌의 기억」 일부

작품평

권민정은 「돌의 기억」에서 돌의 말을 듣는다. 우리는 2007년 12월에 발생한 태안반도 기름 유출 사고를 기억한다. 외국의 초대형 유조선과 우리의 크레인선이 충돌했다. 이 사고로 원유가 바다로 흘러들었다. 해양 생명체는 물론 무생물에까지, 생태계와 지역경제에 악영향을 미친 대형사고였다. 만일 작가가 집에 앉아서 말뿐인 탁상공론으로 위기를 걱정했다면 이 작품은 빛을 잃었을지 모른다. 그러나 작가는 실제 현장에 뛰어들어 위기 극복에 일조했다. 그곳 주민은 물론 전국 각지에서 자원봉사자들이 태안 바다에 모여들었다. 작가도 그곳 해안에서 "우주복처럼 생긴 옷을 받아 옷 위에" 입고, 여러 장비를 갖춘 후, 기름을 걷어내는 작업에 동참했다. 촘촘히 앉은 사람들 틈에 섞여 "마치 아기 목욕시키듯" 타르 덩이에 덮인 돌들을 구석구석 닦아주는 작가의 모습이 현장에 함께 있는 듯, 생동감 있게 전해진다. 123만여 명이 봉사자로 참여해 위기를 극복하여 유네스코 세계기록유산에 등재된 태안의 기적, 작가는 돌의 소곤거림을 듣는다.

"우리 돌들보다 더 많은 사람들이 모였어. 파도처럼 끊임없이 몰려들었지."

실제 상황과 돌을 인격화한 문학적 상상력이 접목되는 부분이다. 그 많은 사람이 곧 희망이다. 당시 여러 사정으로 현장에 참여하지 못한 독자로서 아쉬움이 남지만, 멀리서나마 응원의 마음을 보낸 것으로 위로를 삼는다. 한 사람의 힘은 위대하다. 인간과 사회, 인간과 자연은 서로 어우러져 살아가야 하는 생명 공동체임을 재인식하게 한다. 소재나 관념으로만 끝나지 않는 체험 또한 이 글의 덕목으로 공감대 확장에 기여한다.

― 민명자 문학평론가

권민정의 수필은 개인적인 체험이나 사소한 일상에서 벗어나 공공적인 주제를 다루며 인문학적인 성찰이 탁월하다. 일상과 사유를 균형적으로 이으며 담론을 이끌어내는 힘이 강하다.

― 박덕규 문학평론가

권민정
등단 : 2004년 《계간수필》로 등단.
대표작 : 『은하수를 보러와요』 『시간 더하기』 『돌의 기억』 외 다수.
수상 : 수필미학문학상, 현대수필문학상 등 수상.
현재 : 수필문우회 운영위원.

수필

장명숙
[수필 분과 / 불어불문학과 / 1962년 졸업]

대표작
True Love

작품평

프로필

essay

대표작

True Love

장명숙

―

　미국에 사시던 셋째 오빠가 돌아가셨다는 소식을 이메일로 접했다. 돌아가시기 2주 전 오빠와 통화했을 때만 해도 목소리가 괜찮았는데, 그사이 무슨 일이 있었던 모양이다. 오빠는 6·25 전쟁 후 어수선한 사회 분위기에 적응하지 못하고 유학을 결심해 미국으로 떠났다.

　경기고를 졸업하고 연희대 재학 중이던 오빠는 9·28 서울수복 전후로 시가전이 벌어지던 시기에 피신해 있었다. 추석 차례를 지내기 위해 잠시 집에 돌아왔다가 날아든 탄알이 목을 스쳐 지나가며 귀 뒤에 유탄이 박혔고, 이를 제거하기 위해 이웃의 이비인후과 의사를 모셔와 집에서 수술을 받았다. 그 총알과 충격으로 빠진 이를 바지 주머니에 늘 간직하고 다녔다.

　6·25 발발 이후 3개월간 우리는 식량을 모두 빼앗기고 대가족이 끼니를 이어가기 위해 온갖 수단을 동원해야 했다. 삶이 얼마나 절박하고 치열했던가. 하지만 고난은 거기서 끝나지 않았다. 1·4 후퇴 때는 중공군 개입으로 남하해야 했고, 그것은 말 그대로 지옥 같은 과정이었다.

　오빠는 정부의 요청으로 통역 업무를 맡아 우리와 동행하지 못했고, 우리는 친척의 도움을 받아 부산까지 내려갔다. 거기서 오빠와 재회했고, 오빠는 공부처에서 일하며 우리는 남산국민학교에 다녔다. 그때 교실은 유리창도 깨지고 엉망이 된 전차였고, 그 안에서 나무의자만 놓고 수업을 받았다.

세 번의 봄과 가을이 지나고 1953년 5월, 휴전협정이 체결되자 오빠는 미국으로 유학을 떠났다. 여의도공항에서 비행기를 타고 부산으로 간 뒤, 배를 타고 2주간 항해해 샌프란시스코에 도착하고 기차로 뉴욕으로 향했다. 가족은 여의도에서 오빠를 배웅했다.

오빠는 뉴욕의 콜롬비아대학에서 공부한 후 국제정치학 교수로 비교적 안정된 삶을 살았다. 대학 시절 만난 영문학 전공 여인과 결혼을 약속했으나, 우리 집안 형편이 상대 집 기대를 충족하지 못해 성사되지 않았다. 그녀는 서울로 돌아와 교수로 재직하며 다른 사람과 결혼했고, 오빠는 홀로 남았다. 한동안 교수직에 만족하며 지내다 50대 중반, 17세 연하의 여성과 만나 결혼했다. 그녀는 얼굴이 백옥 같고 조신한 여인이었으며, 두 사람은 테니스장에서 알게 되었다.

결혼 후 아들이 하나 태어났는데, 서너 살이 되도록 말을 못해 병원을 찾았다. 출산 시 뇌 손상이 원인이었다. 너무 늦게 알게 되어 치료도 어려웠다. 이로 인해 갈등이 깊어졌고, 20년간의 결혼 생활은 결국 이혼으로 끝났다.

세월이 흐르고 오빠는 양로원에 들어갔다. 그러던 중, 50여 년 전 콜롬비아대학 시절 만났던 그 여인이 우연히 대학 동문을 통해 오빠의 소식을 듣고 양로원을 찾았다. 여러 번의 만남 끝에, 아무 조건 없이 오빠의 여생을 책임지고 싶다며 보호자인 둘째 오빠에게 간곡히 부탁했다. 이루지 못했던 사랑을 인생의 황혼에서 다시 태워보고 싶었던 것일까.

그녀는 뉴저지에 있던 오빠를 자기 딸이 사는 시애틀로 데려갔다. 오빠는 심장질환 수술로 몸이 쇠약해 휠체어에 의존해야 했고, 병원을 수시로 오가야 했지만, 그녀는 오직 사랑의 힘으로 그 수고를 감내했다.

나는 양로원에 전화를 걸었지만 연락이 닿지 않아 궁금해했는데, 시애틀에 있다는 이메일을 받았다. 나는 그녀에게 "당신은 천사이십니다."라고 진심을 담아 전했다.

사랑은 영원히 죽지 않는다는 꿈, 다시 함께하겠다는 꿈, 그 실현은 우연이 아닌 운명이었다. 병든 옛 남자를 끝까지 책임진 그녀의 마음은 순수하고 진실된 사랑의 모습이었다.

오빠와 마지막 통화에서, 그는 병원에서 막 돌아와 낮잠을 자던 중이었다. 목소리는 편안했고, 그 속에서 오빠의 행복을 느낄 수 있었다. 생의 마지막 두 달은 오빠에게는 이미 천국이었을 것이다.

사랑하는 여인의 무릎에 누워 생을 마감하는 일은 축복이다. 두 사람은 50여 년 전 헤어졌던 기억까지 모두 꺼내어 서로를 위로하고 있는 듯했다. 사랑은 보이지 않지만 느껴지고, 아름답고 가치 있으며, 모든 것을 주는 것이다. 그녀는 사랑하는 사람을 진심으로 천국으로 이끈 사람이리라.

3주 후, 이메일로 오빠의 사망 소식을 들었다. 오빠는 유언으로 화장 후 유해를 태평양에 뿌려달라고 했단다. "바닷물이 한국까지 갈 수 있지 않을까……"라고. 고국을 떠난 지 56년, 한 번도 돌아오지 않았지만 마음만은 늘 그곳에 있었다. 6·25의 악몽, 얼굴 한쪽에 박힌 총알의 흔적…… 전쟁의 후유증을 안고 반세기 이상을 산 오빠는 이제 떠났다.

오빠에게 참 사랑을 보여준 그 여인을 나는 평생 잊지 못할 것이다.

— 「True Love」 전문

작품평

수필 「True Love」는 한 인간의 삶을 따라 흐르는 '참사랑'의 진면목을 조용하면서도 깊은 울림으로 보여주는 탁월한 회고록이자, 사랑에 대한 진실한 찬가(讚歌)다. 작가는 셋째 오빠의 인생 여정을 통해, 전쟁과 망명, 가족과 이별, 질병과 노년, 그리고 마침내 다시 맞이한 사랑까지 — 한 사람의 굴곡진 삶을 따라가며, 진정한 사랑이란 무엇인가를 독자에게 묻는다.

이 수필의 가장 큰 미덕은 그 서사적 구조에 있다. 단순한 감상이나 단편적인 기억에 머무르지 않고, 오빠의 인생 전반을 조망하며 시대의 비극과 가족의 역사, 그리고 한 인간의 내면을 정갈한 문장으로 그려낸다. 전쟁이라는 파란의 시대를 배경으로 미국으로 유학을 떠난 청년, 젊은 날 이루지 못한 사랑, 장애를 가진 자녀로 인한 갈등과 이혼, 양로원에서의 외로움—이 모든 것이 조용한 어조로 서술되지만, 그 안에는 생을 관통하는 통찰과 사랑에 대한 믿음이 단단히 자리하고 있다.

무엇보다 이 수필을 특별하게 만드는 것은, 한 여인의 헌신이다. 오빠의 마지막을 책임진 이는 50년 전 이루지 못했던 첫사랑의 주인공이었다. 그녀는 세월을 넘어 오빠의 여생을 헌신적으로 돌보았고, 그 사랑은 어떠한 조건이나 이해관계 없이 오직 마음 하나로 이루어진 것이었다. 그것은 사랑이 단지 젊은 날의 열정이 아닌, 시간을 견디고 인생의 끝자락까지 함께하는 '책임'이며 '존재의 의미'임을 보여준다.

작가의 시선은 따뜻하고 절제되어 있다. 오빠의 죽음을 앞에 두고도 감정에 휘둘리기보다, 담담한 문체로 그 삶을 되새기며 마지막까지 존엄을 지켜낸 사랑의 힘을 부각한다. "사랑하는 여인의 무릎에 누워 생을 마감하는 일은 축복이다"라는 문장은 수필 전체를 관통하는 핵심적 메시지이자, 독자에게 깊은 감동을 안겨주는 진실의 언어이다.

이 수필은 단지 한 가족 구성원의 사적인 이야기를 넘어, 누구나 겪을 수 있는 인생의 굴절 속에서 참사랑이 어떻게 피어나고 어떻게 끝까지 사람을 지탱하는지를 보여주는 보편적 이야기다. 그리고 그것은 결국 우리 모두가

'어떻게 살아야 하는가', '무엇을 남길 것인가'라는 본질적인 질문과 맞닿아 있다.

「True Love」란, 참사랑이란 결국, 끝까지 함께해주는 마음이라는 것을 잊지 않게 해주는 아름다운 문학적 기록이다.

— 김영두 소설가

장명숙
등단 : 2004년 《문학마을》 수필 등단.
현재 : 한국문인협회 회원. 이대동창문인회 이사.

제5부
2006~2024

김은자(수필)	박숙희(시)
서혜정(수필)	성민선(소설)
유소영(아동)	이승신(시)
홍경자(시)	임덕기(시)
신도자(수필)	이연숙(수필)
최양자(수필)	김미란(시)
이혜경(시)	권은영(시)
유수진(시)	송마나(수필)
송영숙(아동)	한해경(시)
김영애(수필)	김영희(희곡)
신옥희(시)	

수필

김은자
[수필 분과 / 국어국문학과 / 1960년 졸업]

대표작
그리움의 숲, 솔섬

작품평

프로필

essay

대표작

그리움의 숲, 솔섬

김은자

———

 소나무가 많아서였을까, 아니면 바다 위를 쓸고 가는 바람소리가 유난히 커서 '솔섬'이라고 불리기 시작한 것일까.
 어떻든 나는 너무나 오랫동안 그 섬에 대한 기억들을 가슴 한쪽에 밀쳐 두고 꺼내볼 생각조차 하지 못했었다. 씨 프린스 호(號)의 좌초로 기름에 범벅이 된 자갈밭을 망연히 바라보며 서 있던 섬사람들의 모습이 TV에 방영된 1995년 여름은 내 개인적인 일들로 유난히 힘들던 때라 뭘 어떻게 해볼 경황도 없었으나 그렇다고 그곳의 일을 남의 일로 여겨 외면할 수도 없어 애만 태웠다. 오랜 침묵을 깨고 '솔섬'이 내 기억의 수면 위로 솟아올라 모습을 드러냈을 때, 제일 먼저 동면(冬眠)과 다르지 않았던 내 잠을 깨운 것은 그 섬의 실질적 주인이기도 했던 도가집 호랑이 할머니였다. 그분은 내 증조모 되시는 분으로, 나에게 평생 떨쳐낼 수 없는 꿈을 갖게 했던 첫 어른이시다.

 사면이 바다인 그곳은 태풍이라도 불 땐 여지없이 바다에 갇혀버려 누구 하나 들고날 수가 없을 정도였다. 바다를 배경으로 앉거나 서 있는 기이한 형상의 바위들과 숲길을 지나 동쪽 끝자락에 이르면 훤칠한 키의 등대가 먼 바다를 응시하고 있었고, 시선의 끝 북쪽 산 너머론 역포가 보였었다.
 서쪽에 자리를 잡고 있었던 우리집은 섬에서 유일하게 양철로 지붕을 인

ㄱ자의 안채와 ㄴ자 모양의 아래채가 맞물려 있었고, 그 사이엔 널찍한 안마당이 자리를 차지하고 있었다. 아래채에는 술도가가 있어 늘 사람들 소리가 배어 나왔지만, 안마당은 언제나 아늑함이 그대로 유지되었었다.

마당의 한 켠엔 2층 양옥이 버티고 있었는데, 일층에는 어머니의 거처가 마련되어 있어 늘 무슨 소리가 밖으로 새어나왔었다. 젊으셨지만 어머니는 바느질 솜씨가 뛰어났던 터라 재봉틀 소리가 들리지 않을 때가 별로 없었다. 그 상황 속에서도 유성기를 통해 들려오는 쑥대머리나 그 외의 창(唱) 소리 때문에 일을 하던 사람들은 귀를 기울이며 숨소리까지 죽이곤 했었다.

그러나 이런 꿈같던 나날은 여순반란사건으로 산산이 조각나 버렸다. 반란군이 들어와 마을 유지들을 불러다 모아놓고 인민재판이라는 것을 하곤 했었는데, 그때 이 무리들에게 끌려와 죄인 취급을 받고 서 있던 사람들 중엔 우리 할아버지도 끼어 있었다. 너무 오래전 일이고 내 나이가 어렸을 때라 그들이 뭐라고 했는지는 알아들을 수도, 또 기억에 남은 말도 없지만 그들의 손에 끌려온 사람들을 한 사람씩 교단 위에 세워놓고 앞에 선 한 사람이 큰 소리로 뭐라고 외쳐대면 마을 사람들은 박수를 쳐대며 '옳소'를 연발하곤 했었다. 이렇게 한동안 야단법석을 떤 이후엔 사람들이 지켜보는 가운데 어떤 분은 참혹하게 죽임을 당하기도 했고 아니면 어디론가 끌려가기도 했는데, 그날 우리 할아버지는 천만다행으로 무사히 집으로 돌아오셨었다. 후에 들으니 할아버지가 그 경황에서 구출될 수 있었던 것은 우리집에서 머슴을 산 사람으로 반란군의 일원이었던 사람의 진술 때문이라고 했다. 사필귀정이라는 말이 헛말은 아닌 듯했다. 할아버지는 평소에도 비록 남의 집 일이나 거드는 사람들이라고 해도 업신여기는 법이 없었다.

호랑이 할머니는 한 치 앞을 내다볼 수 없을 정도의 긴박한 와중에서도 좀처럼 어른으로서의 풍모를 잃지 않는 큰 그릇이셨다. 대창으로 찔려죽은 순경 가족들의 시신을 머슴들을 앞세워 거두어 어장 막(幕) 뒤 공터에 묻게 하고, 뒷마무리까지 소홀히 하지 않으시는 여장부셨다. 그때 철부지들의 놀이터이던 모래밭이 그 참혹한 동족상쟁의 현장이었던 것을 생각하면, 다시 그 섬을 찾아가도 그곳에 발을 들여놓을 용기가 나지 않을 것 같다.

이후 솔섬을 찾아온 사람들은 '백두산부대'의 김종원 대장을 비롯한 토벌군이었다. 이들이 진압을 목적으로 섬에 상륙하자 할아버지는 부대원들을 설득해 주민들의 희생을 줄이시려고 무진 애를 쓰셔 그 덕에 적의 치하에서 부역을 하고도 목숨을 부지한 사람이 한둘이 아니라 솔섬의 상처는 아물어져 갔다.

이런 시련에 따른 고초는 사람들뿐만이 아니었다. 다만 좀 크다는 이유 때문이었겠지만, 우리집도 적잖은 수난을 감내해야만 했었다. 집의 주인이 비록 잠시 동안씩이나마 반란군에 이어 백두산부대 사령관실로 안채를 내주어서였다.

그 덕에 든든한 힘을 얻게 된 할머니는 마을 사람들의 절대적 보호자가 되어 자식 챙기는 어머니처럼 주민들을 감싸셨다. 피난살이에 지친 사람들에게 할머니는 창고에 쌓아두었던 쌀과 술지개미로 배를 채워 줘 전쟁통에도 배곯지 않게 하셨을 뿐만 아니라 큰 머슴이 어느 집의 해산(解産) 소식을 알리면 소문나지 않게 쌀과 미역을 보내시기도 해 산모 뒷바라지를 하게 하였었다.

그러나 할머니는 예의 경우처럼 다정다감한 분만은 아니셨다. 외강내유라는 말처럼 할머니는 공부방 훈장과 다르지 않은 분이셨다. 늘 정갈하고 분명한 행동을 강조하시고, 당신 자손뿐만 아니라 마을 아이까지 가리지 않고 잘못한 바에 대해선 지체 없이 나무라셔 울던 아이들도 호랑이 할머니가 오신다면 울음을 그칠 정도였다. 위엄을 잃은 장수는 부대를 지휘할 수 없다는 철칙을 깨닫고 계셔서일 것이다.

거의 달마다 있는 기제사 때, 제례가 끝나고 나면 밤하늘의 별을 보게 하시고, 장독대 옆에 주렁주렁 열린 돌배를 따먹게 허락하셨던 할머니……, 특히 잊혀지지 않는 것은 제상을 물린 후 밥과 온갖 나물을 비벼 따로따로 그릇에 나누어주시던 비빔밥이다. 그분은 저승에서도 여전히 여장부로 그리고 속 깊은 여인으로 주변을 휘잡아 바른길로 이끌고 계실 것이다.

한때 동족상쟁의 비극으로 인해 핏자국이 선연했던 살육의 현장에도 이 가을, 코스모스가 흐드러지게 피어 하늘거리고 있을 것이다. 어느 일도 기억의 늪에서 사라져버리는 것이 아니라 다른 일들에 가려져 모습이 보이지 않을 뿐인데 언제나 태초의 기억을 잊지 않고 있는, 나의 어린 날들이 쑥부쟁이처럼 떼를 지어 자라고 있는 솔섬, 그리움의 솔섬이……

— 「그리움의 숲, 솔섬」 전문

작품평

누구나 자신을 태어나게 하고 또 기른 그 시대의 영원한 주민일 수밖에 없어서다. 그때를 뿌리로 해 자란 시간들 위에 흔적이라는 문패를 달아놓게 된 것이다. 그 인연들이 시들어버리지 않게 하려…… 우연이 아니라 필연이 데려와 내 둥지를 틀도록 했을 테니. 내 삶이 시작된 때는 한국인이라는 이유 하나로도 숨죽이고 있어야 했던 불행의 파편들이 곳곳을 채우고 있을 때였고 그 짓눌려 살던 처지에서 벗어나서도 동족상쟁의 전란을 겪는 등 천신만고 끝에 산업화와 민주화를 이뤄 선진국의 문턱 근처에 이른 오늘이 자랑스러워 원고지의 칸들 안에 글자를 들여놓기 시작했고 지난 70년 누군가 복안이 있어 그 같은 시련을 겪게 했던 것이라면 그 누군가의 혜안에 이 부실함으로 가득 채워진 것이지만 감사하는 마음으로 곱게 포장을 해서 바치려고 한다.

고난이 없인 그 어떤 것도 이룰 수 없음을 알려준 누군가에게……

— 지평

김은자
등단 : 2006년 《문학마을》 신인상으로 등단.
대표작 : 수필집 『흔적』. 공저 수필집 『투구의 눈빛』 외 다수.
수상 : 《문학마을》 올해의 최우수 수필상 수상.
현재 : 한국문인협회, 한국여성문학인회, 이대동창문인회 회원.

시 ▶

박숙희
[시 분과 / 교육학과 / 1970년 졸업]

대표작

내가 좋아하는 저 소리
샤론의 꽃으로 피어

작품평

프로필

poem

대표작

내가 좋아하는 저 소리

박숙희

―

숲 속에서 불어오는
바람 소리
바람이 불 때마다 흔들리는
풀잎 소리
비 온 후에 연못에서 울어대는
개구리 울음 소리
이른 새벽 산책길에 만나는
온갖 새 소리
어디선가 흘러나오는 들릴 듯 말 듯한
음악 소리
뒤뚱거리며 달려와 내 품에 안겨
"함미! 함미!"
아기가 온 힘을 다하여 부르는
아기의 소리

내가 좋아하는 저 소리
― 「내가 좋아하는 저 소리」 전문

샤론의 꽃으로 피어

연약하고 허물 많은 내 안에
샤론의 꽃으로 오신 당신

상처로 아플 때 위로 주시고
절망에 빠져 울 때 소망 주시며
병으로 고통받고 신음할 때
따듯한 손 내미사 고침 주시는
당신은 향기 가득한
샤론의 꽃입니다

샤론의 꽃은 사랑입니다
샤론의 꽃은 위로입니다
샤론의 꽃은 평화입니다
샤론의 꽃은 크신 능력입니다

온 세상 사람들 마음속에
아름답고 거룩한 당신 오셔서
샤론의 꽃으로 언제나 피어나기를
조용히 두 손 모아 기도합니다
— 「샤론의 꽃으로 피어」 전문

작품평

「내가 좋아하는 저 소리」

하나의 진리를 터득하기 위하여 수많은 시간을 고행해야 한다 한 줄의 시를 짓기 위하여 한 자리 수 또는 두 자리 수의 시를 버려야 한다 .한 편의 시를 마침표 찍기 위하여 지우개를 들고 지워버린 수많은 낱말들의 상처가 있다. 노년에 접어든 시인은 보통 사람들처럼 손주를 보고 천의무봉의 언어와 몸짓을 눈 속에 넣으며 엔도르핀을 만들어 낸다. 그런 까닭에 그 많은 소리 중에서 "함미"는 세상에서 제일 영양가 있는 소리로 자리매김하는 것이다. 박숙희 시인은 대자연을 사랑하며 그의 본성인 자애와 정직함이 거침없이 진솔하게 토로되고 있다. 리얼리즘과 서정성이 융합되지 않으면 이런 표현은 어려울 것이다. 본능적인 모성애로 감각적인 순수 이미지를 그리며 원초적 뿌리 의식으로 승화시키며 서정과 낭만이 바탕이 된 시이다.

— **안재찬** 시인, 문학평론가

「샤론의 꽃으로 피어」

T.S. 엘리엇은 현대시 속에 형이상적 단절이 있는데 이것은 자연과 인간, 이를테면 초자연간의 단절이라고 말했다. 현대시에 있어서 기독교적인 세계관이 소멸됐다는 의미로 해석된다. 샤론의 꽃은 성서 속에 나오는 꽃 이름이다. 보통 수선화로 불리운다. 박숙희 시인은 겸허한 낮은 자세로 관찰자의 위치에서 이미지를 조합하고 무소부재의 절대자의 초능력을 찬양한다. 이 시는 샤론의 꽃이라는 선사물을 통해서 관념을 추출해 내는 귀납적 시의 기법에 해당된다. 사물(꽃)로부터 관념을 추출해 내는 기법으로 구체성이 확연해진다. 절절한 간구와 소망으로 마음속 영원한 주인과 함께하기를 사물을 차용하여 잘 표현된 신앙시이다.

— **조선형** 문학평론가, 문학박사

박숙희

등단 : 2007년《한맥문학》시, 2015년《한국문학》문학평론 등단.
대표작 : 시집『오래된 수첩』『선물』『은혜의 강가에서』『심연에 닻을 내리며』『한영 번역 시선 50』외 다수.
수상 : 모윤숙문학상, 양천문학상, 신사임당문학상 대상, 담쟁이문학상, 한하운문학상 등 수상.
현재 : 한국문인협회, 국제pen한국본부, 한국여성문학인회, 이대동창문인회, 산림문학회 이사. 미당시맥회 운영위원. 한하운문학회 편집주간.

> 수필

서혜정

[수필 분과 / 국어국문학과 / 1960년 졸업]

대표작
여백

작품평

프로필

essay

대표작

여백

서혜정

나는 나만의 공간을 원한다.

우리가 어렸을 때의 어머니들은 가족을 위해 헌신하는 것을 당연하게 생각했다. 나도 여느 어머니들처럼 그랬다. 가장의 책임이 가볍지는 않았지만 집 안팎에서 남성들은 우대받고, 여성들은 자신을 위한 시간을 가지거나 자기 목소리를 내기 힘들었다.

그때를 생각한다. 어둠이 깔리면 그제야 나는 작은 책상 하나가 있는 아늑한 방으로 갔다. 가만히 눈을 감는다. 온 가족이 건강하게 하루를 무사히 마친 것에 감사하며 그날의 무게를 내려놓는다. 신문이라도 읽거나 시 한 편을 읊다보면 내 자신이 소중한 존재임을 느낀다. 마음이 느긋해지고 생각은 나래를 편다. 시간은 기울고 생명력이 되살아났다.

'점으로부터', '선으로부터'라는 제목의 그림을 감상했다. '그리지 않는 그림을 그리는 철학자'라는 평을 듣는 이우환 화백의 캔버스는 그린 것보다 빈 공간이 더 넓게 차지했다.

동양화에서 여백은 중요하다. 묘사된 대상을 잘 드러나게 하고, 공간을 무한히 확장시킨다. 그림을 보며 자유롭게 상상하게 되고, 오랜 여운(餘韻)을 남긴다.

작가의 여백이 궁금했다.

2015년 〈여백의 예술이란 무엇인가?〉라는 주제로 이우환 작가 초청 강연이 있었다. 세계적으로 주목받는 작가라 추운 날씨에도 대강당은 사람들로 가득 찼다.

'여백은 공간 사이의 울림이다.'

그려진 부분과 비워진 공간이 부딪혀 울림이 생기고, 큰 현상이 일어날 때 이것을 '여백 현상'이라고 설명했다. '그려진 것만을 그림으로 여기는 일반적인 생각을 벗어나서 새로운 방식을 시도한다. 그려진 것과 빈 공간과의 관계, 그림을 보며 자연스럽게 대화하고, 조화를 이루는 무한한 장(場)을 열어 놓는 것이 작가가 추구하는 방향이다.'

〈관계항-베르사유의 아치〉란 작가의 설치 작품을 영상으로 보았다. 베르사유 정원에 스테인리스 철판이 무지개 모양으로 휘어져 있는 강철 무지개, 그 양쪽 끝에 커다란 돌이 하나씩 자리 잡고, 강철 아치 아래에, 같은 길이의 강철판이 카펫처럼 깔려있다.

작품 속을 지나가는 사람들은 아치뿐 아니라 그 너머의 하늘과 주변 풍경까지 함께 바라보게 된다. 하늘과 땅, 사람이 하나로 어우러진다. 설치미술에서 일어날 수 있는 절묘한 현상에 감탄이 절로 나왔다.

오늘날 화두는 단연 '소통'과 '공감'이다. 어쩌면 영원한 화두일지 모른다. 힘들고 어려울 때 우리는 속마음을 나누는 시간을 갈구한다. 따뜻한 한 마디 말이 위로와 힘을 주고 신뢰를 깊게 해준다.

현대인들은 머릿속에 온갖 생각으로 가득 차 있고 항상 무엇에 쫓기듯 나름대로 바쁘고 긴장 속에 살아간다.

막상 대면해서 대화할 때도 상대방의 말을 귀담아 듣기보다는 대개는 자기주장을 펼치려다 보니 공감은커녕 거리감을 느끼며 서로를 향한 마음은 멀어지게 된다.

디지털 시대에도 여백이 필요하다. 대화를 하려면 먼저 마음을 열고 상대방을 이해하려고 노력해야 한다. 소통 없이 이어지는 말은 공허하다.

지금은 인터넷과 스마트폰의 보편화로 생활은 편리해지고 사람들과의 소통방식이 다양하나, 현명하게 활용하기가 쉽지 않다. 더욱이 우리 노년층은 급변하는 시대에 어떻게 적응할 것인가를 고민하지 않을 수 없다.

내 나름의 기준을 세워야겠다. 생활에 꼭 필요한 지식은 천천히라도 배워두는 게나를 위한 작고 확실한 준비다.

나이가 들면 경제적, 시간적으로 여유가 생긴다 해도 몸과 마음은 점점 움츠러들고, 세상이 어떻게 변해가든 그저 가만히 지내는 것이 편하다고 느끼기 쉽다. 물론 큰 병을 앓고 있는 경우라면 어쩔 수 없지만, 아무 때나 눕고 싶을 때 눕고, 의욕이 없이 아무것도 하지 않는 것을 '자유'라고 말하는 데에는 선뜻 동의하기 어렵다.

마음에 여유를 가지고 생각을 바꾸면 어떤 방향이든 가능성은 열려있다. 배움은 자기 자신을 변화시킬 수 있는 계기가 된다.

누구나 미래에 대한 막연한 두려움을 가지고 있다. 시시때때로 두려움을 안고 산다. 긍정적인 생각으로 한 걸음 한 걸음 내디디며 담담하게 건너가기로 한다.

지금 이 순간이 내게 주어진 행복이고 특별한 선물이다.

우리는 자기만의 일정표가 필요하다. 느슨하지도, 빡빡하지도 않은 스케줄.

적당한 긴장감을 유지하며 하루를 살아가다 보면, 어느새 그 일상이 자연스러워지고, 세월의 흐름조차 무심히 지나갈 것이다.

할 일이 있고, 하고 싶은 것이 있다면, 지금 할 수 있을 때 기꺼이 열심히 해보는 것. 하고 싶지 않거나, 감당하기 어려운 일이라면 과감히 내려놓을 수 있는 용기. 생각처럼 쉬운 일은 아니지만, 자존감을 지키며 자신의 한계를 받아들인다.

　스스로 건강을 챙기며, 정신적인 활동도 꾸준히 한다면 즐거움과 행복감은 안으로나 밖으로나 자기 생각에 달려있다.
　여백은 삶이 숨 쉴 수 있는 틈이고, 세상으로 향하는 문이다. 안으로는 자신을 다듬고, 문을 나서면 맑은 하늘, 바람 소리, 신선한 공기, 상큼한 풀 냄새가 나를 반긴다. 문밖에는 사람들의 삶과 인생길이 있다.
　나는 계절이 변하듯 느릿느릿 비우고, 채우며, 감사하는 마음으로 자연의 흐름을 순리대로 따르고 싶다.

작품평

　여백은 삶이 숨 쉴 수 있는 틈이자 세상으로 향하는 문이라 생각합니다.
　지나간 시간은 지나간 대로, 일상을 새롭게 바라보고, 지금 이 순간을 살아가는 생각을 담으려 했습니다.
　글의 행간인 여백에서 독자와 함께 생각하며, 마음을 열고 모두가 하나로 연결되어 있음을 느끼는 계기가 되기를 바랍니다. 여백은 자신의 삶을 되돌아보게 하고, 상대방의 말에 귀 기울이며, 긍정적인 생각으로 나아가게 합니다.
　인생을 산다는 것은 선택의 연속입니다.
　자기로 살아가기 위해 적당한 긴장감을 유지한다면 즐거움과 행복감은 안으로나 밖으로나 자기 생각에 달려있다고 믿습니다.
　버리고, 채우며, 여백의 순간을 기다립니다. 기다림은 그리움의 시간입니다.

늘 감사하며, 자족하는 삶을 살기를 희망합니다.

— 지평

서혜정
등단 : 2007년《에세이문학》수필「하얀 벽」으로 등단.
대표작 : 수필집『바람과 눈과 문』「우연과 필연」,『아름다운 만남』「하얀 무채색」,
『바람의 푸른 발자국』「시간에 기대어」외 다수.
현재 : 이대동창문인회 회원. 현대미술관회 영구회원. 국립중앙박물관회 특별회원.

소설

성민선
[소설 분과 / 행정학과 / 1990년 졸업]

대표작
집

작품평

프로필

novel

대표작

집

성민선

　내가 처음 도서관에 간 것은 남편이 해외건설 수주를 위해 출장을 떠났을 때였다. 마침 아이들도 방학을 맞아 어학연수를 떠났으므로 나는 모처럼 나만의 시간을 가질 수 있었다. 집에 혼자 있기가 무료해 무작정 집을 나온 날, 단지 앞 버스정류장에 도서관이라고 로고가 찍힌 하얀 버스가 보였다. 늦은 밤 어둠 속에서 불을 밝히고 서 있던 모습이 떠올라 나는 덥석 차에 올랐다. 구경 삼아 간 그곳엔 오전 열 시가 조금 넘은 시간이었는데도 꽤 많은 사람들이 모여 있었다.
　점심시간이 되자 사람들이 우르르 식당으로 몰려들었다. 흰 가운에 검은 장화를 신은 조선족 여자들이 잰 손놀림으로 식판에 음식을 담았고 사람들은 길게 줄을 서서 차례를 기다렸다. 나는 줄을 서려다가 그곳을 나와 거리를 돌아다녔다. 갈현동사무소를 지나 수자원공사 쪽으로 걸어가는데 노란색 건물이 휑하니 서 있는 게 보였다. 지난 경제환란 때 건설사의 부도로 공사가 중단된 병원 건물이었다. 시에선 그곳을 살리기 위해 장례식장을 겸한 노인병원을 추진하려 했지만 주민들의 반대에 부딪쳐 벌써 십 년 넘게 폐허상태로 방치되어 있었다. 얼핏 보기에도 십여 층이 훨씬 넘어 보이는 건물이 잊혀진 유적처럼 우뚝 서 있었다. 윙 바람 소리가 들려왔다. 바람에 떨어지는 나뭇잎들을 따라 나는 무심코 그곳을 향해 걸어갔다. 건물은 입구가 봉쇄된 채 주위에 펜스가 쳐 있었다. 어두컴컴한 내부, 유리창

없이 뻥 뚫린 창문들을 나는 한참 동안 바라보았다.

　지훈아……

　저녁의 어스름 속에서 동생을 부르던 내 목소리가 바람결에 실려왔다. 토류벽이 붕괴되어 출입을 금한다는 경고문이 있었지만, 나는 그 뒤로 나 있는 오솔길을 따라 야산으로 이어지는 길을 올라갔다. 그 안 어딘가에 동생이 있을 것 같았다. 사람이 다닌 흔적처럼 좁게 난 길을 따라 나는 건물 뒤편으로 다가갔다. 어디선가 컹컹 개 짖는 소리가 들려왔다. 나는 놀라 뒷걸음질치며 뒤돌아 뛰기 시작했다. 텅 빈 건물을 울리며 짖고 있는 그 소리가 점점 크게 내 심장을 조이며 들려왔다.

　─「집」일부

작품평

　이른바 디지털 기능의 세계화 시대에 우리는 살고 있다. 그러나 과학 기능이 아무리 확대되더라도 인간과 자연의 본질은 결코 위축되거나 황폐해질 수 없다.

　소설은 인간의 일상생활을 소재로 삼는 특성을 지니므로 문명 현상의 변천에 관계가 깊다. 그러나 역시 인간 본성의 내적 깊이와 가치를 결코 훼손할 수 없으며 외부 사회의 영향이 물질화할수록 인간으로서의 정신적 가치를 더 잘 지켜 나아가게 된다.

　성민선의 단편「집」은 고급 승용차로 표상된 세계화 경제시대에 대비해 올리브나무로 표상된 고향 마을의 집을 제시한다. 집의 상실, 무직, 노숙으로 떠도는 육친에 대한 연민과 슬픔이 있다. 외로워도 자신의 불행을 들키면 또 피해서 떠나는 인간적인 결벽들. 이 폐허와 같은 삶의 상황에 그래도 떠올리는 고향집의 환각, 이 일어서는 주제의식을 취해서 당선작으로 정했다.

— **구중서** 문학평론가, **노순자** 소설가

성민선
등단 : 2008년 《한국소설》에 「마지막 식사」 발표, 2011년 《평화신문》 신춘문예 「집」, 《문학사상》 신인상에 「블루마운틴」이 당선으로 등단.
대표작 : 「알터에고」 「집」 「블루마운틴」 외 다수.
수상 : 「알터에고」로 5.18문학상 수상.

아동문학 ▶

유소영
[아동문학 분과 / 도서관학과 / 1965년 졸업]

대표작
무더운 여름밤에 못 잊어

작품평

프로필

Children's literature

대표작

무더운 여름밤에

유소영

―

달님이 목욕 중이에요.
하늘은 검고 사방은 어두워
아무도 안 보는 줄 아나 봐요.

둥그런 알몸이 강물에서 출렁출렁
물장난하면서
재미있게 놀기만 하네요.

우리 엄마는 맨날
장난치지 말고
문질러 씻어야 한다고 했는데.
― 「무더운 여름밤에」 전문

못 잊어

까치 한 마리
감나무 꼭대기에 앉아
제물 연시 쪼려고 조준
꼭 쪼면, 밀려갔다 제자리로
꼭 쪼면, 밀려갔다 제자리로

머리를 갸웃갸웃
암만해도 제 밥이 아닌 것 같기도
휙 날아가 한 바퀴 빙 돌고
또 한 바퀴 빙 돌고 다시 와
꼭 쪼면, 밀려갔다 제자리로
— 「못 잊어」 전문

작품평

「무더운 여름밤에」
　이 시는 동심의 시선으로 자연을 관찰하고 그것을 환상적으로 재구성하는 솜씨가 빛나는 작품입니다. 달을 '목욕 중인 달님'으로 의인화한 표현은 독자에게 친근함과 유머를 선사하며, 검은 하늘과 어두운 밤이라는 배경은 오히려 상상력을 자극하는 무대가 됩니다. '둥그런 알몸', '출렁출렁', '물장난' 같은 구체적 이미지들은 달이 마치 어린아이처럼 장난치는 장면을 연상케 해, 생동감 있는 그림을 그리게 만듭니다.

마지막 연에서 등장하는 어머니의 말은 현실과 상상의 경계를 부드럽게 연결해주며, 독자에게 웃음을 자아내는 동시에 동심의 천진함을 강조합니다.일상의 작은 경험이 어떻게 상상의 세계로 확장되는지를 잘 보여주는 작품이며, 언어의 순수성과 감성적 리듬이 조화롭게 어우러져 있습니다.

「못 잊어」

이 작품은 '기억의 반복'이라는 주제를 독창적이고 절묘한 방식으로 다루고 있습니다. 까치 한 마리가 감나무 위에서 연시를 쪼려고 시도하지만, '꼭 쪼면, 밀려갔다 제자리로'라는 반복 구절은 물리적 동작의 실패를 넘어, 애써 잡으려 했던 '무언가'를 계속 놓치는 인생의 단면을 암시하는 듯합니다. '머리를 갸웃갸웃', '휙 날아가 한 바퀴 빙 돌고'와 같은 동작 묘사는 까치의 망설임과 집요함을 동시에 보여주며, 반복과 순환이라는 구조 속에서 한 장면이 독자에게 깊게 각인되도록 만듭니다.

까치의 행동은 단순한 새의 본능이라기보다는, 끝내 다가서지 못한 무엇인가에 대한 회귀적 상념, 혹은 후회와 미련을 형상화한 것으로도 읽힐 수 있습니다. 시적 리듬과 구문의 반복을 통해 감정의 집착과 여운을 섬세하게 포착해낸 작품입니다.

「무더운 여름밤에」「못 잊어」 두 작품 모두 어린이문학의 감성 안에 깊은 상징성과 시적 완성도를 담고 있어, 감탄을 자아내는 수작입니다. 첫 시는 상상력과 유희의 세계를, 두 번째 시는 집착과 기억의 역동을 담고 있어, 감성의 폭이 넓고 깊은 동시의 본보기를 보여줍니다.

— **김영두** 소설가

유소영
등단 : 2008년 《아동문학연구회》 동시, 2012년 《문예사조》 시 등단.
대표작 : 『오늘의 쉼표』 『따듯한 밥』 『목련꽃은 다시 피네』 외 다수.
현재 : 학여울문학회, 늘시동인 회원. 건국대학교 명예교수.

시 ▶

이승신
[시 분과 / 영어영문학과 / 1972년 졸업]

대표작
그 날이 오면
하루가 가면

작품평

프로필

poem

대표작

그 날이 오면

이승신

―

그 날이 오면
내 눈이 뜨이고
귀가 열리어
가슴 뛰는 그 날이 오면

세상의 이치를 깨닫게 되리
고통과 시련의 의미를 알게 되리

그 날이 오면
바람 부는 방향이 보이고
삶의 숨결 보이는 그 날이 오면

슬픔과 절망을 진실로 기뻐하리
삶을 축복하고 죽음도 축복하리

그 날이 오면
별 뿌리고
이슬 달고

무지개 긋는 손길 보이는 그 날이 오면

침묵의 의미를 알게 되리
고독의 진정한 의미를 알게 되리

그 날이 오면

그 날이 오며는
―「그 날이 오면」 전문

하루가 가면

어머니 없는 때가
실제 올 지는 몰랐다

어머니의 말 이제 들리지 않아도
가만히 가슴 기울이면
이제는 들려온다

하루가 갈수록
어머니와 멀어지고

하루가 갈수록 어머니에 가까워지다

— 「하루가 가면」 전문

작품평

『거꾸로 도는 시계』『왜 교토인가 1 2 3 4』

우리는 교토를 가보아야만 한다. 사라져 간 옛 고향이 느껴지고 천 년 전 그 도시와 문화를 만든 백제와 한반도에서 건너간 우리 선조의 영과 혼이 느껴질 것이며 그리하여 새삼 한일관계를 깊이 생각하게 될 것이다.

나라의 면적이나 인구수 경제력 군사력으로 대국이 되는 것은 아니다. 우리의 마음과 생각의 크기를 키우면 그게 나라의 리더십이 되고 나라의 크기가 되는 것이라고 생각한다. 그렇게 우리는 동아시아 이웃 나라와 상생해야만 한다.

SNS를 타고 지구는 이제 더 좁아졌고 어디에 있건 인류는 모두가 '하나의 가족'이라는 자각이 필요하다.

— 자평

이승신

등단 : 2008년『치유와 깨우침의 여정에서』출간.
대표작 : 시집『치유와 깨우침의 여정에서』『삶에 어찌 꽃피는 봄날 만이 있으랴』『그대의 마음 있어 꽃은 피고』『오키나와에 물들다』『손호연 시가집』『손호연 시화집』. 수필집『왜 교토인가?1, 2, 3, 4』. 번역서『태어나지 않은 아기에게 보내는 편지』『헤밍웨이 편지집』등 다수.
수상 : 학원문학상, 이화문학상, 일본 외무성 문화상 등 수상.
현재 : 손호연 단가연구소 이사장. 손호연 기념사업회, 한미협회, 이대동창문인회 이사.

시 ▶

홍경자
[시 분과 / 약학과 / 1964년 졸업]

대표작

빈 그릇 하나
소국은 행복해
즐기며 걷는 길

작품평

프로필

poem

대표작

빈 그릇 하나

홍경자

―

이 세상에 태어나며
받아 든
보이지 않는 빈 그릇 하나

이마에 땀 흘려 물 주고 잡초 뽑으며
자신만의 색깔과 향香과 모양으로
정성껏 멋스럽게 가꾸어가는 인생살이

깡충거리는 토끼
엉금거리는 거북이 부러워 않고
자신의 속도를 즐기며 채워간다
— 「빈 그릇 하나」 전문

소국은 행복해

가을에도 나비는
꽃을 찾는다
오늘을 장식하려고

벌은 가을에도
꿀을 모은다
내일을 준비하려고

소국(小菊)은 행복하다
서리 맞고 찬바람에 흔들려도
찾아주는 벌과 나비가 있어서
―「소국은 행복해」 전문

즐기며 걷는 길

누구나 걸어가야 하는
어렵고 힘든 인생 여행길

피할 수 없으니 즐기며 걸으라고
이렇게 저렇게 꾸며놓았네

나는
어떤 길을 만들어놓으려나

누구나
걸어보고 싶은 길이면 좋겠네
―「즐기며 걷는 길」 전문

작품평

『소국은 행복해』

　홍경자의 시들은 눈물 한 방울 비치지 않는 시들을 읽고 눈물을 바가지로 흘리는 마음이 되도록 서정시학과 두 얼굴의 자아를 들어낸다. 시집 『소국은 행복해』에서 홍경자 시의 발자취를 따라가 보았다.
　첫 번째 길에서는 시인의 맑은 심성을 담은 소망과 삶에 대한 긍정의 눈길을 만났다. 생의 의미와 가치를 소중히 생각하고, 자신의 실리와 생존만큼 타인의 실리와 생존도 존중하는 마음도 만났다. 두 번째 길에서는 '어제와 다른 오늘의 나'라는 존재론적 가치를 추구하는 동시에 溫故而知新, 日日新 又日新하고자 하는 시인의 겸허한 자세를 보았으며, 세 번째 길에서는 순응과 희생의 삶을 중시하는 시인의 종교적 상상력, 사람 사랑하는 마음의 근간을 확인하였다. 시인의 내면적 성찰이 신앙으로, 상승 이미지로 발전하는 특성도 읽었다. 사랑이라는 우주와, 우주를 주재하는 절대자의 축복과 은혜를 진솔하게 노래하는 것도 보며 대상을 관찰하는 시인의 눈길이 언제나 자애로웠던 이유의 하나가 어디에 있었는지 알게 되었다. 네 번째 길에서는 시인의 시세계에 의미를 더하는 어린 자아를 발견하게 되었다. 큰 수확이다.

— **감태준** 시인

    홍경자의 시는 거칠고 황량한 도시 메카니즘의 요소와는 달리 아담하고 순백한 전원정서의 흐름이 반짝거리면서 흐르는 냇물과 같은 인상을 준다. 구상화의 세밀함과 정서의 강물이 시원하고 따스함을 간직하고 계곡과 들판을 흐르는 다정한 감수성이 인상적이다. 시인은 자기 색깔을 가지고 목적의식이 뚜렷한 삶을 즐기며 살아온 듯한 오랜 연륜의 깊이에서 나오는 사근함이 부드러운 손길로 만든 경치, 생각의 사다리를 오르내리는 그런 시를 쓰는 온화한 봄날의 시인이다.

— **채수영** 시인

『즐기며 걷는 길』

    "누구나 걸어가야 하는 /어렵고 힘든 인생 여행길"이라는 구절처럼 시적 자아는 삶의 고단한 여정을 담담히 걸어가고 있다. 또 "누구나/걸어보고 싶은 길이면 좋겠네/"라는 바람을 통해 독자와의 깊은 공감을 이끌어내고, 일상의 언어로 직조한 시어는 진솔하면서도 절제된 아름다움이 높이 평가된다

— **정연수** 시인

홍경자
등단 : 2009년 《순수문학》으로 등단.
대표작 : 시집 『소국은 행복해』 『빈 그릇 하나』 『꿈을 찾아 걸어가는 길』 『내 삶에는 울림이 있는가』 『내 영혼의 안식처 찾아가는 길』 『약속의 삶』 외 다수.
수상 : 순수문학 대상, 한국PEN문학상, 조연현문학상, 영랑문학상 대상 등 수상.
현재 : 한국순수문학인협회 부회장. 이대동창문인회 감사. 국제PEN한국본부, 한국여성문학인회 이사. 한국문인협회, 한국가톨릭문인협회 회원.

시

임덕기
[시 분과 / 국어국문학과 / 1972년 졸업]

대표작
사막의 시간
풀의 영유권

작품평

프로필

poem

대표작

사막의 시간

임덕기

———

가슴에 불덩이 담고
이따금 숨을 몰아쉬며 고통을 참는다
모래바람에 푸석한 머리카락 날리며
힘든 시간을 견딘다

지난한 시간들
고스란히 사구砂丘에 기록되어 있다
물결무늬는 고통이 지나간 발자취

칠흑 같은 어둠 속을 뚫고
설익은 꿈들이
하나, 둘 포물선을 그리며
모래골짜기에 떨어진다

바람 따라 굴러다니는 텀블링플랜트
유목민처럼 떠돌다
비가 내리면 낯빛에 생기가 돈다
빗물로 목을 축이고 바닥을 딛고 일어선다

잠시 기거할 집의 뼈대를 세운다

갈증을 참다못해 씹어 삼킨
낙타가시나무 가시로
입안이 피로 흥건한 낙타를 돌보며
사막은 서서히 늙어간다
— 「사막의 시간」 전문

풀의 영유권

길가 보도블록 틈새로 풀들이 왁자하다
쇠비름, 질경이, 민들레, 강아지풀……
발뒤꿈치에 잔뜩 힘주고 서 있다

본래 이곳은 들판이었다
풀들이 주인이었을 때는
싸우는 소리가 들리지 않았다

길이 생긴다는 말에
영유권 한번 내세우지 못하고
하루아침에 뿌리째 뽑힌 잡초들
그 자리에 각진 보도블록이 촘촘히 심어졌다
풀들의 땅이 사라졌다

봄비가 스쳐가고
어미가 흘린 씨앗들이 억척스레 이름을 내밀었다
한 줌 틈새가 노랗게 피었다

지나는 발길에 밟혀도
자손을 퍼트리는 것만이 살길이라고
봄볕을 이고 식구를 늘려간다
—「풀의 영유권」전문

작품평

「사막의 시간」

  시인은 희망의 메시지를 던지는 것에 시적 사유를 멈추지는 않는다. 그의 시적 사유는 주로 시간을 파고든다. 추락한 삶, 그리하여 지상에 발 묶인 겨울의 삶이 견뎌내는 시간이 어떠한 것인지 그는 사유하고 형상화하고자 한다. 이 삭막한 삶의 시간을 상징화하는 대상이 사막이다. 사막은 주체들이 활동하는 장소에 그치는 것이 아니라 그 자체가 힘든 시간을 견디는 주체다.

  사막의 몸에는 "지난한 시간들"의 흔적들이 새겨지고, 그 흔적들은 "고통이 지나간 발자취"를 보여준다. 그렇게 고통의 시간을 간직하고 있는 사막은 지금도 여전히 고통을 살아내고 있는데, 사막 자체가 육화된 고통의 시간처럼 보이기도 한다. 이「사막의 시간」은 사막에서 삶을 살아가고 있는 주체들의 고통들을 바라보고 돌본다.

시인이 고통을 견디면 봄이 결국 오리라고 말할 때, 그것은 단순한 상식만을 말한 것은 아니다. 그 상식에 이르기까지 깊은 시적 사유를 거친 것임을 사막의 시간은 보여준다. 시간 자체가 고통을 견디면서 형성되며, 주체들이 고통의 시간에서 치유되는 것은 역설적으로 이 시간 자체에 의해서임을 시인은 이 시에서 사유해내고 있는 것이다.

— 이성혁 문학평론가

「풀의 영유권」

현대사회는 끊임없이 생명을 말살하는 방향으로 발전해 왔다. 산업화 도시화로 요약되는 근대 이후 사회는 많은 자연을 파괴하고 그 사체 위에 건설되었다고 해도 과언이 아니다. 이 시에 등장하는 모든 풀들은 이렇게 사라져가고 "뿌리째 뽑힌" 하찮은 생명들의 환유이다. 그들이 사라진 자리에 차가운 보도블록과 아스팔트가 대신한다. 하지만 그 정도에 사라질 생명은 진정한 생명이 아니다. 그 문명의 빈틈을 노려 생명은 다시 목을 내밀고 꽃을 피운다. 시인은 그것을 "한 줌 틈새가 노랗게 피었다"고 아름답게 표현하고 있다. 잡초의 의미는 그것의 생명력에 있다. 강력한 번식력으로 무엇으로도 말살하지 못하는 스스로의 생명을 지켜간다. 이 땅에서 사는 민초들의 삶도 이와 다르지 않다. 식구들을 늘려가는 것이 모든 억압과 차별에 대한 가장 근원적인 저항이다. 이런 해석을 놓고 보았을 때 이 작품은 자연과 인간의 삶을 생각하게 해주는 의미 있는 작품이다.

— 황정산 평론집 『소수자의 시 읽기』 임덕기편에서

임덕기
등단 : 2010년 《수필시대》 등단. 2012년 《에세이문학》 완료추천. 2014년 계간 시 전문지 《애지》로 등단.

대표작 : 시집 『꼰드랍다』『봄으로 가는 지도』『A Map to The Spring』(영역본 codhill.press 뉴욕에서 2024년 발간). 수필집 『조각보를 꿈꾸다』『기우뚱한 나무』『서로 다른 물빛』『스며들다』『Homing instinct』(영역본 미국에서 2025년 발간, Amazone.com에서 판매). 수필선집『꽃이 피는 조건』외 다수.

수상 : 서울시 중구문예공모전 우수상, '세종문학나눔도서' 선정, 원종린수필문학상 등 수상.

현재 : 국제펜한국본부 여성작가위원. 이대동창문인회, 한국시인협회, 한국여성문학인회 회원.

수필

신도자
[수필 분과 / 국어국문학과 / 1960년 졸업]

대표작
아름다운 시련들

작품평

프로필

essay

대표작

아름다운 시련들

신도자

사람마다 자기 생애를 뒤돌아보면 가장 어려웠던 '시련의 고비'를 발견하게 된다. 하지만 그것이 현재 진행형이 아니라 과거 완료형이 되고 나면 시련만큼 아름다운 추억거리도 없지 않을까 싶다.

내 경우는 1996년 초부터 98년 말까지가 시련기였다. 25년 간 패션디자이너로서 운영하여 오던 사업체가 문민정부 이후 어려움을 겪게 되자 나는 과감하게 사업을 접고 미국으로 떠났다. 3년 목표로, 나의 기술을 이용하여 돈을 벌기 위해서였다. 미처 처리하지 못한 금전적인 일들로 인해 나는 절실하게 돈이 필요했다.

뉴욕에 도착해서 내 무거운 짐을 내려놓고 온전히 의지할 수 있는 곳을 찾았다. 어느 교회로 나가야 할지 몰라 신문 광고를 보았다. 수많은 교회 광고 중에 맨해튼 32번가에 있는 장로교회의 황동익 목사란 광고가 눈에 띄었다. 평소에 내가 가장 좋아하고 존경해 오던 우리 새문안교회의 김동익 목사님과 성만 다를 뿐 이름이 같아서 그 교회를 선택했다.

다행이 언어소통에 불편이 없던 나는 마침 좋은 일자리도 얻게 되어 열심히 일을 했다. 아침 7시부터 저녁 7시까지 12시간, 때로는 밤일이 생겨 저녁 8시부터 새벽 3시까지 19시간의 일도 마다하지 않고 내 힘에 부칠 만큼 고되게 일을 했다. 그러면서도 나는 일할 수 있는 건강과 능력 주신 것을 늘 감사하며 언제나 얼굴에는 미소를 잃지 않았다. 사실은 그때가 나에겐 가장 고달프고 힘들었던 시간이었다. 그러나 그 시간들을 극복할 수 있게 해준 것은 온전히 하나님께 감사하며 믿음의 생활을 할 수 있었기 때문일 것이다. 그때 내 생애에서 그 어느 때보다 감사가 넘치는 깊은 신앙생활을 하였던 것 같다.

온종일 고된 일을 끝내고 나서도 수요예배, 금요예배, 주일예배는 물론 주일 저녁예배까지 빼놓지 않고 참석했다. 또한 토요일에는 아이들에게 성경과 한글을 가르쳤고 찬양대에서 봉사하기도 했다. 이렇게 바쁘게 쫓기듯 살아가는 동안 내 시련기도 차츰 지나가고 있었다.

현대그룹을 창업한 정주영 회장의 『시련은 있어도 좌절은 없다』라는 책을 얼마 전 읽을 기회가 있었다. 책 머리말에서 그는 이렇게 말하고 있다. "우리는 이론적으로나 학문적으로 불가능한 일을 해냈다. 우리 국민들의 진취적인 기상과 개척정신, 그리고 열정적인 노력을 부어 이룬 것이다. 진취적인 정신, 이것이 기적의 열쇠였다." 라고.

그가 대구와 거창을 잇는 고령교 복구공사 당시 2년여의 공사 기간 동안 극심한 인플레와 여러 가지 시행착오 등으로 인하여 형제들의 모든 집과 자동차 공장 자리까지 처분하고도 막대한 빚을 짊어지게 되었다. 그 빚을 청산하는 데 20여 년의 세월이 걸렸음에도 그는 이것을 시련이지 실패가 아니라고 여기며 이겨낸 것이다. "나는 생명이 있는 한 실패는 없다" 라면서 어떠한 역경에도 좌절하지 않는 불굴의 의지로서 세계적인 기업으로 성공을 이루어 낸 그의 도전정신에 머리가 숙여졌다.

나는 80여 년의 인생길을 살아왔다. 그동안 왜 힘들고 괴로운 일이 없었겠는가? 나는 어릴 적부터 몸이 허약해서 부모님으로부터 과잉보호를 받으며 세상물정 모르고 곱게만 자라왔다. 그런 내가 1962년 독일에서 석사

학위 공부를 막 시작한 가난한 유학생을 만나면서부터 고생은 시작되었다. 나는 Bonn 대학에서 하던 공부를 접고 주독 한국대사관에서 근무하며 남편의 공부를 도왔다. 남편의 박사학위를 위해 '하이델베르크'로 옮겨 가면서 내가 직장을 그만 두게 되자 시댁에서 송금받는 생활비로는 우리 세 식구가 살아가기 힘들었다. 그곳 목사님의 주선으로 이웃집에서 두 돌 지난 우리 큰아들 동원이와 함께 가서 이 일 저 일 집안일을 도와주며 조금씩 받아오는 돈으로 생활비에 보태었다. 그 고달픈 생활 속에서도 미래가 있기에 나는 실망하지 않고 오히려 남편에게 용기를 주곤 했다.

7년 만에 남편이 박사과정을 마치고 한국으로 돌아왔으나 거할 집도 한 칸 없었으며 생활은 안정되지 않았다. 그때마다 이 모양 저 모양으로 하나님은 나를 붙잡아 주시고 안전한 길로 인도하여 주셨다. 괴로운 일 있을 때는 위로하여 주셨고 곤경에 처하여 어두운 밤길을 걸을 때는 늘 등불이 되어 주시면서 나를 구해주셨다. 또한 주님은 언제나 나에게 삶의 지혜와 용기를 주시었다. 나는 힘들 때면 시편 23편을 수없이 읽고 찬양하였다.

내 영혼을 소생시키고 자기 이름을 위하여
의의 길로 인도하시는 도다
내가 사망의 음침한 골짜기로 다닐지라도
해를 두려워하지 않는 것은 주께서 나와 함께 하심이라

이 성경 말씀을 묵상하면 어려움을 헤쳐 나갈 수 있는 용기가 되살아났다. 나는 천성적으로 명랑하고 긍정적인 성격을 가지고 태어났다. 어떠한 고난이 닥쳐오더라도 나는 결코 실망하거나 좌절하지 않고 "모든 일이 잘되겠지" 하는 긍정적인 마음을 가지고 극복해 나간다. 아무리 열악한 환경에 처해 있어도 늘 밝은 표정을 잃지 않고 있기에 아무도 나의 고통을 눈치채지 못한다. 나는 확신한다. 어떤 어려움에 처할지라도 결코 낙심하지 않고 꿋꿋한 의지로서 맞선다면 반드시 그 고통들을 이겨나갈 수 있으리란 것을.
 한가할 때면 '시련기'라는 단어를 곰곰이 생각해본다. 내게 과연 시련기가 있었던 걸까. 아무리 어려운 시련기도 지내놓고 보면 다 아름답게 느껴진다. 고생스러웠으면 고생스러웠던 대로 그것이 더욱 감미로운 추억을 제공한다. 시련이 '현재 진행형'이면 그것은 이겨내기가 거의 불가능해 보이지만 지나고 보면 아름다운 추억거리요 얘깃거리다. 그 시련이 나를 성장시켰고 이렇게 씩씩하고 당당하게 오늘을 살아갈 수 있는 나를 있게 하여 준 것이 아닐까 싶어 하나님께 감사를 드린다.
　―「아름다운 시련들」 전문

작품평

　나, 신도자의 글은 서로 만나 스스럼없이 다과를 나누며 정담하듯, 솔직하고 오붓한 맛이 깃들어있다. 또한 꾸밈없이 나의 삶을 진솔하게 이야기하고 있다.
　대학에서 문학을 전공했으나 오랫동안 문학을 접고 전혀 다른 분야인 패션디자이너의 길을 걸어왔다. 독일 유학시절, 예전부터의 막연한 꿈이었던 패션디자인 스쿨을 거쳤고 귀국 후에도 국제복장학원 연구과를, 그리고 이화여대 산업미술 대학원 패션디자인과를 졸업했다.
　30여 년 몸담았던 패션디자이너의 길을 접은 후 이제야 제자리로 돌아온 느낌이다. 그러나 그 오랜 세월의 경험들이 모두 나의 글에 스며들고 있지 않을까 싶어 그동안의 나의 삶이 결코 헛된 것만이 아니었다고 생각된다.
　다 늦게 문을 두드린 나를 따뜻하게 맞아 지도하고 이끌어 주신 이음새문학회 이명제 지도 교수님과 그동안 꾸준히 지도하고 나를 다시 문학의 길로 이끌어주신 새문안교회 문예창작반 오인문 지도 교수님의 노고에도 감사를 드린다.

― 자평

신도자
등단 : 2011년 《문학미디어》로 등단.
대표작 : 『은혜와 감사의 사모곡』 『그리움의 빛갈』(공저), 수필집 『추억 속의 하이델베르크』 외 다수.
수상 : 문학미디어 신인문학상 수상.

> 수필

이연숙
[수필 분과 / 정치외교학과 / 1962년 졸업]

대표작
내려놓고 떠나는 연습

작품평

프로필

essay

대표작

내려놓고 떠나는 연습

이연숙

―

구름 사이로 해님이 숨바꼭질하는 뜨락,

밤새 내린 빗방울이 꽃잎마다 방울방울 담고 있어 어찌나 영롱하고 아름다운지, 내 영혼까지 신선하게 일깨워주며 환희로워진다.

띠띵, 땡, 똥……

"언니, 딸과 사위가 영국 가버렸어. 너무 외롭고 힘들어요, 언제 오세요?"

후배의 메시지이다.

"인생 삶 그 자체가 외롭고 힘이 드는 거야, 딸과 사위 때문에 외롭다 하지마라. 누구보다 지혜롭고 현명한 수희 씨야! 이제 좀 내려놓고 놓아주어라. 자신에게 필요한 것은 딸과 사위가 아니라 마음의 수행이야. 우리에겐 그림, 수필이 있어 무아지경으로 열정을 태우다 보면 외롭고 힘이 든다는 생각은 감쪽같이 사라지리니…… 건강해라, 사랑한다."고 답장을 했더니

"언니, 항상 힘들어 할 때 용기를 주어 고마워요. 건강하게 잘 있다 오세요." 한다.

핸드폰 메시지로 주고받은 내용이다.

그녀와 나는 마산, 부산 경상도 문둥이 가시나이로 대학은 서울 유학파이다. 그녀는 이화여대 정외과 한해 후배이고 나보다 한 살 아래지만 나에게 가장 소중한 친구이며 취미뿐만 아니라 닮은 데도 많아 자연히 행동반

경이 같으며 자주 만나게 된다.

크리스찬 대학인 E대학에서 불교라는 같은 종교로 내가 조계사 신도회장 10년 동안 재임할 때 부회장의 일원으로 같이 활동했으며 그 이후 부처님의 좋은 원력을 받은 조원회(조계사와 봉은사의 전직 회장단)에서 매달 모임에 만나고, 매주 월요일은 상명대학 가곡반에서, 또 매주 수요일에는 관악 희곡반에서 시나리오 공부도 같이하며 화가로 수필가로 그림 그리고 수필 쓸 때는 서로 조언도 하고, 때로는 신랄한 비평을 서로 하면서 한 작품씩 엮어 나간다.

나도 남편 없이 기러기 아빠인 셋째 아들과 살지만, 그녀도 남편 없이 두 딸과 살고 있으며 작은딸은 K대학 교수로 학교 근처 방 얻어 나가 살고 결혼한 큰딸과 사위랑 함께 오순도순 깨 볶으며 살았다.

친구들 중에 사위 제일 잘 둔 엄마로 모두 부러워한단다.

그런 딸과 사위가 직장 따라 영국을 가게 되었다며 내가 미국 오기 전부터 혼자 남게 되어 외롭고 두렵다며 걱정을 태산같이 하고 있었다.

딸과 사위는 각자의 삶에 충실할 뿐만 아니라 세계로 뻗어 나가는 대한의 아들, 딸로서 인력 수출에 공헌하는 인재들이다. 언제까지나 엄마나 장모 곁에서 머물고 우물 안 개구리로 살 수는 없다. 그들이 가는 길목에 횃불 들고 박수갈채를 보내자. 이제 그만 내려놓고 놓아주면서 헤어지는 연습을 하자. 놓아준 그들은 두 어깨에 날개를 달고 희망과 자유 찾아 파란 창공으로 비상할 것이다. 놓아주지 못하여 외롭고 두려운 너에게 생각나는 글이 있어 보낸다. 류시화의 시「새는 날아가면서 뒤돌아보지 않는다」에서 따온 일부이다.

"자유로운 새가 있었다. 다른 새들과 마찬가지로 하늘을 날고 열매를 따 먹고 맑은 목청을 자랑했다. 그런데 그 새는 한 가지 습관이 있었다. 자신에게 어떤 일이 일어날 때마다 좋은 일이든 나쁜 일이든 작은 돌 하나씩 모았다. 그리고 그 자신의 모은 돌을 분석하면서 즐거운 일에는 웃고 슬픈 일이 기억나면 울었다. 세월이 흐른 만큼 돌들을 많이 갖게 되었다. 마침내 돌들이 무거워서 새는 하늘을 나는 것이 점점 힘들어졌으며, 어느 날은 더 이상 날 수가 없게 되었다.

몇 년 전만 해도 하늘 높이 날아다니며 아름다운 목소리로 노래하던 새는 이제 땅 위를 걸을 수조차 없어졌다. 혼자서는 한 걸음도 움직이지 못하고 열매를 따먹을 수도 없었다. 새는 끝까지 견디며 자신의 그 무거운 돌들을 지켰다. 얼마 후에는 굶주림과 목마름으로 숨졌다. 그 새를 떠올리게 하는 한 무더기의 쓸모없는 돌멩이들만이 뒤에 남았다.

새는 날아가면서 뒤돌아보지 않는다. 뒤돌아보는 새는 죽은 새다."

이 글은 누구도 아닌 우리들 자신의 삶을 심오하게 참회하며 반추하게 한다. 우린 무거운 짐 하나씩 내려놓고 새털처럼 가볍게 멋진 여행을 함께 떠나자. 그리고 헤어지는 연습도 하자.

― 후략 ―

―「내려놓고 떠나는 연습」일부

작품평

이연숙 작품을 읽어가면서 우선 느낀 점은 작품들은 한마디로 장르(genre)와 폼(form)에서 독자성을 지니면서 작가가 하고 싶은 말, 즉 중심사상(central idea)을 명확히 보여주고 있다는 것이다. 먼저「꿈이 서린 공간」의 경우 방미해서 남동생 집을 묘사하는 장면은 독자가 마치 현장에 있는 것 같은 착각에 빠지게 한다. 그래서 작가의 감정처리가 돋보이는 작품이다.

「지혜로운 노년」은 나무의 나이테를 보면서 인생의 연륜을 덧씌우고 노년을 지혜롭게 살자고 권면하는 대목에서 작가의 슬기를 엿보여주면서 수필의 품위가 어떤 것인지를 말해준다.

「다리 밑 풍경」은 제목에서 내용의 궁금증을 더해주는데, 막상 읽어보면 6·25 전쟁 통에 자식들을 거두시던 엄마의 따뜻한 가슴을 생각하는 내용이다. 이밖에도 「생각을 바꾸다」, 「내려놓고 떠나는 연습」 등 전편에 흐르는 글발들이 "수필은 어떻게 써야 할까?"에 대한 정답을 말해준다. 이연숙 수필은 한 사람의 세계를 손쉽게 규시(窺視)하도록 만들어진 문학의 장르이다. 우리는 한 편의 수필에서 어떤 철학의 사상적 바탕을 알아볼 수가 있고, 작가의 생활 근황도 알 수 있다.

내가 아는 이연숙 작가는 다양한 사람들의 생활과 사상을 수필이라는 문학의 형식에 의해 섭렵해 보려는 저널리즘적인 호기심이 많은 분이라 앞으로도 그의 붓을 통해 많은 명작들이 나오리라 기대된다. 오늘 '수필다운 수필'을 읽을 수 있어서 행복하다.

— **장석영** 시인. 수필가

이연숙
등단 : 2011년《한맥문학》수필과 시로 등단.
대표작 : 수필집 『명동찬가』『다리밑 풍경』『부겐베리아 사랑』. 시집 『생의찬미』 『꽃가마』 외 다수.
수상 : 한맥문학수필대상, 순수문학수필대상, 에세이스트 수필대상, 한국펜 수필대상, 한국문학수필 최고상 등 수상.
현재 : 한맥문학회 명예회장. 국제펜한국본부 이사 및 교류위원장. 한반도문학 부회장 및 고문. 삼강문학 고문.

수필

최양자
[수필 분과 / 간호학과 / 1967년 졸업]

대표작
나의 발이여 나의 날개여

작품평

프로필

essay

대표작

나의 발이여 나의 날개여

최양자

많이 걸었나. 발바닥이 화끈거린다. 양말을 벗고 무심히 발을 본다. 발은 태어날 때 어둡고 딱딱한 소라처럼 굽은 산도를 제일 나중에 빠져나온다. 나온 즉시 발바닥을 가볍게 자극한다. 아기가 호흡하도록 돕는다. 탯줄이 잘리고 엄마와 아기가 완전히 분리된다. 이 순간부터 인간은 독립된 자아가 되고 혼자 살아 남아야 한다. 분만실에서 아기 발 도장은 엄마 손도장과 함께 부모의 자식임을 증명하는 인감이 된다. 그러고 보면 발은 출생 시 인간의 존재를 제일 먼저 문서화하는 부위이기도 하다.

걷기를 언제쯤에 했는지를 생각하면 발은 연습의 달인 노력가다. 돌이 가까워지면 한 발 한 발 자국을 뗄 수 있게 된다. 엉덩방아를 몇천 번 찧었든 그런 것은 아픔이 아니다. 첫걸음부터 걸을 수 있었다는 경우는 홍길동에게도 통하지 않는다. 수천수만 번 연습으로 걸음마를 배운다. 발자국을 떼면서 손잡아 주는 것이 그렇게 신나지 않다. 한 발자국 떼고 숨을 가다듬고 또 한 발자국을 스스로 떼었을 때 얻는 기쁨이 더 컸기 때문이었을까. 발은 성인이 되면 남녀의 차이는 있으나 길이는 대충 25센티미터 전후다. 넓이는 8센티미터 전후로 손보다 약간 클 뿐이다. 그 크기로 신체 맨 아래 부위에서 커다란 항아리를 인 듯 무거운 머리와 골반을 떠받치고 있으면서 별 투정 없이 과묵하다. 거기다 인체의 평형을 유지하는 기관으로 왼발 오른발이 시소처럼 몸의 균형을 잡아주니 걷고 달릴 수 있다. 건강검진에서 빠지지 않는 것이 평형감각이다. 우리가 살아가는 데도 중심을 잘 잡아야 치우치지 않는다.

발의 균형은 곧 세상살이의 균형이기도 하다. 걷기 시작하면서 신발에 갇혀 지내니 불만이 있을 법한데 별말이 없다. 가끔 자신의 존재를 알리기 위해 발바닥에 굳은살이나 티눈을 동원하기도 한다. 발가락 중에서도 새끼발가락이 안쓰러울 때가 있다. 다른 발톱처럼 하나로 되어 있지 않고 비뚜름하게 갈라져 있다. 그것도 삐뚤게. 신체 제일 귀퉁이 자리에서 당하는 고통의 무게를 상징한다고나 할까.

새끼발톱은 제 모습이 싫어 숨어있는 것인지도 모르겠다. 어쩌다 봉숭아 물을 들일 때도 엄지발톱이나 대접받지 새끼발톱까지는 관심이 없다. 툭하면 사람들은 보잘것없음을 표현할 때 '새끼발가락에 때만도 못하다.'라고 하는데 없어도 될 것 같은 보잘것없는 새끼발가락이 우리가 걷는 데 얼마나 중요한지 모르고 하는 말이다.

우리는 눈을 뜨면 걷는다. 아니 난다. 날개가 없는 우리 인간은 발로 날수밖에 없다. 발을 내려다본다. 그러다 천천히 마사지한다. 발을 다듬는 것은 내 날개를 정비하는 것과 같다. 부드러워진 발은 내가 가고 싶은 곳을 향해 언제든 날아갈 수 있을 것 같다. 시각적으로 발은 땅 위를 걷고 있는 것처럼 보이지만 상상 속에서는 어쩌면 늘 세상을 날고 있는지도 모를 일이다. 나의 발은 나의 날개, 발걸음이 경쾌할수록 나의 날개도 활기에 넘친다.

"날자꾸나. 나의 발이여, 나의 날개여."

─「나의 발이여 나의 날개여」 전문

작품론

거북이처럼 느리지만 진득하게 내 길을 걸어왔다. 돌아가는 방법도 모르고 건너뛸지도 몰라 그저 묵묵히 걸어 무사히 교수직에서 정년퇴직했다.
늘 팽이처럼 바쁘게 살던 내가 남은 삶을 어떻게 살아야 하나 생각이 많았다. 요즘에는 평생교육을 받아야 하는 시대에 살아야 하니 다른 분야를 공부하고 싶었다. 알고자 하면 보이는지 신문에서 시립대학 평생교육원에 관한 공지를 보게 되었고 그곳에서 글쓰기 공부를 선택했다.

수필 교실에서 유명한 선생님을 만나 강의를 듣고 추천해 주는 책을 읽으며 수필 쓰기에 긴 세월 동안 빠져 살았다. 학교에 학위가 있듯 수필계에서 등단 관문을 통해 이제는 제2의 직업처럼 수필가로 자리매김하였다.
동네 천변을 자주 걷는다. 걸으며 보이는 주변의 푸른 숲. 날아드는 참새들의 노랫소리가 경쾌하다. 텃새처럼 사는 오리는 종일 먹이 사냥에 해가 저물고 언제 날아왔는지 백로의 깊은 사색에 빠진 모습도 보게 된다.

사람들이 거니채지 못하고 하찮게 여기고 무심히 지나치는 작고 허름한 것들에 눈이 닿는다. 쪼그리고 앉아야 보이는 꽃. 2mm 크기의 꽃. 너무 작아 애달프고 안쓰러움에 핸드폰으로 사진찍기도 겁난다. 실같이 가느다란 줄기에 매달려 꽃을 피우는 꽃마리꽃에 빠진다.
걸으며 만나는 주변 사물들과 이야기하는 시간이 길어지고 깊어진다.
모리스 마테를링크 「꽃의 지혜」에서 '꽃은 아래로 끌어내리는 숙명에서 위로 솟아오르는 일에 자신의 모든 것을 건다.'는 사실에 숙연해진다.

'수필은 발로 쓰는 거야' 하시던 스승님의 말씀을 되새기며 오늘도 나는 모자를 쓰고 수필을 쓰기 위해 천변으로 나간다. 걸으며 늘 보는 것이지만 만날 때마다 새로워지는 변화의 모습을 알게 되고 그들과 속 깊은 이야기를 하며 생각을 곰삭여 글을 쓴다. 내 작품은 사물들과의 교감에서 빚어진다.

― 자평

최양자
등단 : 2011년《한국수필》, 2012년《에세이문학》등단.
대표작 : 작품집『나의 발이여 나의 날개여』외 다수.
현재 : 에세이문학, 이대동창문인회 이사. 한국여성문학인회 회원.

시 ▶

김미란
[시 분과 / 특수교육학과 / 1983년 졸업]

대표작
What a wonderful world
정동길 재즈

작품평

프로필

poem

대표작

What a wonderful world

김미란

―

뜀박질하던 해가 동네 김밥집 뾰족지붕에 걸터앉은 오후 끄트머리입니다
개천 물길 거슬러, 토닥이며 앉힌 연둣빛 둘레길 걸어갑니다
11마리 새끼 오리들 어미 꽁무니 줄기차게 줄기차게 쫓아다닙니다
목도 길고 다리도 긴 왜가리 물속 버들치 집어내는 주둥이 장관입니다
그 재미 찍겠다며 구경하던 할아버지 휴대전화 꺼내 떨리는 초점 맞춥니다
회색 후드티셔츠 여자가 늘어나는 목줄 묶인 검정 푸들 끌고 갑니다
이른 저녁 마실 나온 부부 걸어가며 웃음꽃 환하게 퍼뜨립니다
세월이란 녀석 쉬고 간 벤치, 할머니들 찬거리 주제로 토론 활기찹니다
유모차에 아가 누인 젊은 새댁 물에 비친 하늘 말갛게 내려다봅니다
봄날에 당치않은 하늬바람 불어 부끄럽게 내민 이파리 허둥대며 춤춥니다
아까부터 여기저기서 저녁 짓는 푸근한 냄새 풍겨옵니다
김밥집 뾰족지붕에 앉았던 해 슬며시 내려와 방문 닫습니다

― 「What a wonderful world」 전문

정동길 재즈

후다닥 버스 올라
촉촉한 마음 챙겨올 계획
언제라도 성공 내주는
황홀한 정동길

광화문역에서 내려
길목 들어서면
키다리 나무들
긴 팔로 계절 색칠하고
올망졸망 커피숍 유리 통창으로
방금 구워낸 따끈한 빵 손짓한다
여고생이었을 중년 몇몇
까르르 사진 찍으며
떠나지 못하는 졸업한 학교 앞
병풍으로 한쪽 벽 열어가는
덕수궁 돌담길 거기엔
이문세 노래처럼
모든 게 변해가도
다정하게 걷는 연인들
아직도 남아있다

세련된 오렌지색 돌의자에
조심스레 걸터앉아

와플과 향긋한 커피 한 잔
호강으로 잔치하려는데
말라버린 내 추억에 물기 도는 건
정동길이 연주하는 재즈가
봄처럼 안겨드는 때문일까?
— 「정동길 재즈」 전문

작품평

   모든 예술 작품은 작가의 상상력과 창의력의 산물이다. 그 작품 속에는 작가의 마음과 생각, 그리고 삶이 녹아 있다. 시를 읽으면 그것을 쓴 시인의 마음과 생각 그리고 삶이 보이고 그의 모습과 행동이 이해된다. 그래서 시는 작가의 가장 중요한 한 부분이며 바로 시인 그 자체인지도 모른다.
   김미란 시인은 누구나 마주할 수 있는 상황을 독자가 새삼스레 공감하며 감동할 수 있도록 세밀하고 아름답게 표현하는 남다른 능력을 지닌 듯하다. 그녀의 시를 읽으면 풍부한 표현의 독특한 향기가 가득한 언어의 공간 속에서 울고 웃고 사색하며 노닐다 나온 듯한 느낌이 든다. 감동적인 영화 한 편을 본 것처럼 마치 주인공과 하나가 된 듯한 감정도 든다. 화음이 화려한 멜로디가 높고 낮게 또는 빠르거나 느리게 연주된 인생이란 협주곡을 들은 것 같기도 하다.

   우리는 매일 이러저러한 이유로 사람들을 만난다. 보고 싶은 친구나 지인들은 일부러 약속하여 만난다. 하지만 친구나 지인이 아닌 많은 사람도 만나고 산다. 슈퍼마켓에서 물건을 살 때도 만나고, 대중교통을 이용할 때도 만나고, 병원이나 은행에 갈 때도 만나고, 길을 걷다가도 만난다. 어떤 이들과는 가벼운 눈인사를 나누기도 하고 짧은 얘기를 하기도 하지만 대부분 많은 수의 사람은 그저 스쳐 지나가기만 하며 살아간다. '옷깃만 스쳐도 인연'이라고 하는 말을 모르는 사람은 아무도 없을 텐데 그렇게 만나는 인연에 대하여 애정을 갖고 관심을 기울이는 것은 아무나 할 수 있는 쉬운 일은 아니다. 그저 스쳐 지나가는 많은 사람은 풍경의 한 부분처럼 시야에서 사라져 간다. 하지만 초하의 시 속에는 풍경처럼 스쳐 지나가는 사람에 관한 관심과 애정이 소박하고 따뜻하게 녹아 있다. 그래서 독자에게 인간에 대하여, 존재에 대하여, 생명에 대하여 다시금 생각해 보게 만들어 주는 마력이 있다.

「What a wonderful world」에는 시인이 이른 저녁에 동네 개울 옆 산책로를 걷다가 만나게 되는 이웃들의 평범한 모습이 정감 있게 그려져 있다. 시인이 생각하는 것은 '저녁 짓는 푸근한 냄새'가 풍겨오는 일상이 바로 'wonderful world'라는 것을 느낄 수 있다. 그런 평화로운 세상에서 살아가는 평범한 사람들의 스치는 모습을 구체적으로 묘사하고 있다. 예를 들면, 떨리는 손으로 사진을 찍는 할아버지, 푸들을 끌고 가는 여자, 저녁 마실 나온 부부, 찬거리를 얘기하는 할머니들, 유모차를 세우고 하늘이 비친 개울물을 바라보는 젊은 여인. 그들은 우리가 일상에서 아무렇지 않게 마주칠 수 있는 평범한 사람이다. 그러한 사람을 구체적으로 묘사하며 시를 쓸 수 있는 것은 그들을 바라보는 시인의 마음속에 인간을 향한 관심과 애정이 있기에 가능한 일이다. 그와 함께 버들치를 물어 올리는 왜가리와 봄바람에 흔들리는 이파리도 노래하고 있다. 인간과 더불어 존재하는 작은 생명을 대하는 관심이 세세하게 느껴지는 부분이다.

「정동길 재즈」에서는 모교 앞에서 웃으며 사진 찍는 중년 여인들의 모습이 시인의 눈길을 끌고 있다. 누구나 한 번쯤은 경험할 수 있는 그 순간을 스냅사진처럼 노래할 수 있는 것도 인간에 대한 시인의 관심과 애정에서 비롯된 능력이다. 시인의 작품에는 인간에 대한 따뜻한 애정이 듬뿍 녹아 있다.

 길을 가다 우연히 마주치게 되는 낯선 사람들을 무심히 지나치지 않고 그들의 모습을 세심히 표현하는 시를 쓸 수 있는 시인의 마음과 능력은 탁월하다. 작품을 통해 시인의 따뜻한 인간애와 시적인 감성에 공감을 갖게 하기 때문이다. 이것은 독자로 하여금 시에서 살아 움직이는 인물들을 향한 연민과 애정을 불러일으킨다.

— **황은수** 시인, 영문학 박사

김미란

등단 : 2013년《生活文學》시, 2025년《한국수필》수필 등단.
대표작 : 시집『햇비』외 다수.
수상 : 生活文學작품상, 문학생활작품상 등 수상.
현재 : 법무부 사회통합프로그램(KIIP) 한국어 강사. 한국문인협회, 한국여성문학인회, 이대동창문인회, 국제PEN한국본부 회원. 생활문학회 이사.

▶ 시

이혜경
[시 분과 / 교육학과 / 1983년 졸업]

대표작

언젠가는 매화
책갈피 이력

작품평

프로필

poem

대표작

언젠가는 매화

이혜경

―

찬바람 속에서 키운 꿈
하얀 눈을 덮고 견뎠어요
금방 숨이 멎을 것 같은 고통
입술 꾹 다물고 참아 내었어요
한번이 아니었지요
살아오며 맞은 비바람 헤아릴 수 없고
온갖 시련이 덮쳐왔어요
봉오리를 맺는 날 찾아온 눈보라가
채찍으로 휘감겨도
눈 한번 깜빡하지 않고
밤새도록 하늘을 바라 보았어요
언젠가는 봄이 올테니까요
너무 외로운 날이면
별을 세어보다 잠들었어도
꿈을 잊지 않았어요
그때마다 쌓인 것은 인내의 향기
향기를 가득히 모았어요
봄의 시작은

내가 활짝 피어나는 날부터예요
서 있는 곳에 짙은 향기 풍기거든
웃음으로 맞아주세요
제일 먼저 핀 꽃이라고 불러주세요
―「언젠가는 매화」 전문

책갈피 이력

나이는 어디로 먹는 것일까
아무런 흔적 없는데 꿈틀거린다
새파란 풀숲의 싱그런 내음
황홀한 시절이 뒤로 밀렸다
꽃을 피우고 열매 열릴 때
오늘처럼 되리라 상상하지 못하고
일상이 켜켜이 쌓인 시간인 줄 몰랐다
걷다가 우연히 들어간 헌책방
익숙한 냄새가 코를 찔렀다
종이마다 배어나오는 냄새
세월을 태우는 흔적일까
헌책 사이 보이는
좋은 문장에서
지나온 삶의 구절은 없는데
저절로 읊조려지는 나의 노래

지혜롭지 못한

낡은 책장 갈피마다 불협화음

걸음이 만든 박자는 리듬이 없었다

책장을 넘기며 돌아보는

나의 길

몇 장 남지 않았어도

어딘가 쓸모 있겠지

갈피에 쓰인 문자가 환하다

— 「책갈피 이력」 전문

작품평

이혜경 시인은 무엇을 얻고자 하는 욕구보다는 남을 위한 행복의 재단사를 자처한다. 찬란하게 빛나지만 가질 수 없는 별과 밤하늘을 밝혀 길을 찾게 하는 달이 되려는 게 아니라 그 빛을 받아 품어 남을 위한 빛으로 발하기를 원한다. 작은 것에 만족하고 얻지 못해도 실망하지 않는 삶, 고통이 따르지만 미래의 열매를 위하여 가지를 솎아내고 달려가는 시인의 인생여행은 현재도 멈추지 않는다. 이혜경 시인의 특성을 말한다면 다른 어떤 것보다 삶을 천착하는 힘과 현재를 성찰하는데 있다. 자신의 존재와 그에 대한 이해에 근거하여 자연과 세계, 타자와 역사의 의미를 되돌아보는 과정을 밝힌다. 삶과 예술, 문화와 역사는 시인의 자기 이해에서 변화되고 실현되는 과정이자 결과다. 작품마다 성찰의 특성이 뚜렷하게 드러나고 있다. 이것은 자기 모습을 이해하는 진화적 과정에서 생긴 능력이다.

시인은 예언자다. 스스로 터득한 예지력이 커서 어떠한 난관도 혼자 뚫는다. 모든 사람은 자기 자신에게 예언자지만 그것의 크기로 삶을 살아가지는 않는다. 또한 자기의 예지력을 믿지 않는 게 보통이다.

그러나 이혜경 시인은 그것을 벗어나 살다 보니 그렇게 된 게 아니라 스스로 그렇게 되었다. 「내 인생의 화가」라는 시에서 '내 삶은 내가 그린다'고 표현하였다. 어떤 고난이 찾아와도 이길 수 있다는 신념이 있어 자신에게 최면을 걸고 그길을 따라가다 기어코 이겨낸다. 이혜경 시인에게는 과거와 미래가 만나는 지금이 가장 중요한 시점이다. 현재의 삶은 과거를 돌아보고 동시에 미래를 꿈꾸는 것으로 이해한다. 현재를 해석하는 순간순간 경험과 기억을 통해서 의미를 전달하고 있다. 과거는 닫힌 시간이 아니고 현재에 의하여 끊임없이 해석되는 열린 시간이라고 밝힌다. 시인은 고난을 어떻게 이겨내며 무슨 힘을 발휘해야 하는지 교훈적인 체험을 시 속에 잘 녹여내고 있다. 자신이 피운 꽃은 반드시 열매를 맺는다는 것을 강력하게 믿는 시인은 분명하게 새 삶을 찾아 녹여내어 시로 표현하고 있다.

— 이오장 시인, 문학평론가

이혜경
등단 : 2013년 《문예사조》 시, 《국제문단》 수필 등단.
대표작 : 시집 『책갈피 이력』 『언젠가는 매화』 『한송이 흰 백합화』 외 다수. 수필집 『내 삶의 뒤안길』 『살며! 보며! 사랑하며!』 『살아온 흔적, 살아갈 시간』 외 다수. 시집 공저 『불에 도착하기까지』 『악마의 빛깔』 『너스레 영업정지』 외 다수.
수상 : 시와 창작 문학대상, 전국교단수기 동상, 이화동창글짓기대회 행복상, 문예빛단문학대상(수필) 등 수상.
현재 : 한국문인협회, 한국현대시인협회, 한국수필가협회, 한국사이버문예협회, 이대동창문인회 이사. 서울교원문학회, 한국 NGO 신춘문예 운영위원.

▶ 시

권은영
[시 분과 / 국어국문학과 / 1962년 졸업]

대표작
오늘의 섬
길의 끝

작품평

프로필

poem

대표작

오늘의 섬

권은영

―

오늘의 섬은
등 기댈 벗 하나 없이
홀로 서서
오늘을 보내고 있다

눈을 뜨면
서늘히 칼끝으로 그은
세상의 냉정한 수평선
귀를 열면
갈매기 노래를 닮은
세상의 이명耳鳴

삶은 섬이다
망망한 안개 세상
번뜩이는 비바람이 친구일까
아슴아슴 외로운 길을

등대를 바라보고 가듯

고독한 걸음으로
하늘의 등대를 바라보고 간다
―「오늘의 섬」 전문

길의 끝

어제는 종일 길을 걸었다
오늘도 쉼 없이 길을 걸었다
내일도 길을 가야 한다

아직껏
묻지 않았다
보이지 않는
길의 끝

누구나 두드리면
활짝 열리는
하늘의 문門은
길의 끝에서
기다리고
약속의 길을
따라가야 한다
―「길의 끝」 전문

작품평

「오늘의 섬」

이 시는 오늘의 삶을 섬의 이미지로 끌어들이고 있다. 여기서의 섬은 절해고도에서의 그 고도와도 같은 섬이다. 망망대해 한가운데 고립돼 있는 고독한 섬, 외로운 섬이다. "등 기댈 벗 하나 없이/ 홀로 서서"란 구절에서 그 점이 여실히 드러나고 있다. 그 섬이 등조차 기댈 벗 하나 없다고 했다. 그 섬은 결국 고독한 인간의 은유라고 볼 수 있다. 그 외로운 인간이 "오늘을 보내고 있다"라고 했으니 그러한 인간과 시간적으로 어울리게 되는 오늘이란 시점 역시 궁극적인 세계를 내포한 그런 시제라고 보겠다. 그렇기 때문에 그 고독한 인간이 살아가는 오늘이란 시간대 역시 타인에게는 회의적 시제로 보일 수밖에 없다……

— 후략 —

— **최규창** 시인, 언론인

「길의 끝」

결론부터 말한다면 길의 끝은 없다.
더 정확하게 말한다면 길은 없다.

— 중략 —

권은영 시인은 여기에서 한 걸음 더 나가 자연을 만들고 인간을 만든 창조주의 문으로 가는 길을 펼친다. 하늘과 인간과의 길은 약속이다.

가지 않을 수 없는 길이고 비껴갈 수 없는 영원한 길이다. 오직 그 길만이 약속의 땅으로 인도하는 종착점이 없는 영원한 길이다. 하므로 길의 끝은 없는 것이며 오직 말씀만 남는다. 시인은 누구나 두드리면 열리는 하늘의 문지기는 아니지만, 그 문을 바라보는 위치에서 세상을 바라본다. 길의 시작을 알고 있다는 증거이고 길의 끝이 없다는 것을 확인하는 인도자 역할을 하면서 시를 썼다.

— 후략 —

— **이오장** 시인, 문학평론가

권은영

등단 : 2015년 《창조문예》 시 등단.
대표작 : 시집 『길 위에서』 『오늘의 섬』 외 다수.
수상 : 창조문예문예상, 한국기독교문학상 등 수상.
현재 : 한국기독교문인협회, 한국기독교시인협회 이사. 한국문인협회 회원.

시 ▶

유수진
[시 분과 / 독어독문학과 / 1994년 졸업]

대표작
폭포
피아노

작품평

프로필

poem

대표작

폭포

유수진

폭포는 순간이 없다.
멈춤이 없다.
멈춤이 없으니
지구의 부속품 중 하나

폭포 아래에는 지구의 명치가 있어서 지구와 같은 시간을 흐르고 지구와 같은 기억을 간직하고 지구와 같은 길이를 짊어지고 지구와 같은 두통을 앓는다. 지구의 이마를 짚는 폭포. 쏟아지는 이유를 들어보자. 움푹하게 팬 곳을 더 움푹하게 파는 낙하가 그곳에 있으니, 움푹하게 팬 곳을 치는 주먹들이 있으니.

그곳에 소란이 있으니.

폭포 위에서 사람이 죽었다. 그건 떨어지는 물보다 더 빠른 죽음이었겠지. 그건 쏟아지는 하늘보다 더 파란 죽음이었겠지. 순간이 있었다면 치솟는 일 같은 건 생각도 않고 아래로 아래로 순응하며 살 수 있었을 텐데. 차라리 바닥을 천명으로 여기고 손안의 주먹밥이 식은 걸 팔자 탓으로 돌릴 수 있었을 텐데. 문득 올려다본 곳엔 두 손이 묶인 채 위로 위로 끌려 올라

가는 폭포가, 파랗게 질려서 밑동까지 덜덜 떠는 폭포의 귀청들이,

    폭포를 보고 있으면 계속 흐르는 중인지
    계속 치솟는 중인지 모를 때가 있다.
    함께 흐르는 듯 함께 치솟는 듯 폭포에게
    무엇을 봤냐고 물어본다.

    귀가 어두워서 모른다고
    못 들었다고
    못 봤다고 하고

바닥에서 다시 튀어 오르는 물은 마치 무명천이 펄럭이는 것 같다.

흘러간 물을 되돌리려 안간힘을 쓰는 폭포. 이미 흘러간 물줄기는 천 리를 지나고 만 리를 지나고 지금쯤 어느 별에 닿았을 것인데.

    우리가 몰라서 그렇지 낮마다 밤마다
    아무도 모르게 폭포는
    그 옛날의 물줄기를 계속 끌어올리고 있다네.
    ―「폭포」 전문

피아노

검은색에서 나는 소리와
흰색에서 나는 소리에는 순서가 있다.
흰색과 검은색이 번갈아 부딪힌다.
그것은 벽의 말투, 일기를 쓰는 습관,
귓속에는 참 잘했어요 스탬프가 들었고

보이지 않는 곳이 옆집이고
들리는 곳이 옆집입니다.

눈을 감으면 더 선명해지는 불화
세상일은 늘 이런 식이지.
벽을 등지고 나서야 소리를 터트리지.
낮과 밤이 서로의 깃발을 펼치면
펄럭이는 마음으로 양말의 목을 밤까지 당겨 올린다.
아마도 옆집은 손잡이를 당기는 심정으로
벽과 벽의 경계에 불행을 버리는 중일지도 모른다.
어느 방에도 던지지 못할 것들
넘치는 불행을 벽에 던지는 것일 지도 모른다.

굳이 벽을 등지지 않아도
벽에 기대지 않아도
눈을 감고도
흰색과

검은색 소리를 구분할 줄 알아서
벽 너머에 있는 피아노를
동의도 구하지 않고 흥얼흥얼
따라 부르곤 한다.
— 「피아노」 전문

작품평

「폭포」

「폭포」를 올해의 당선작으로 선정하는 데 합의했다. 이 작품은 폭포라는 소재를 죽음과 대비하면서 역동적인 이미지를 구축하는 데 성공하고 있다. 후반부로 가면서 힘찬 긴장감이 더해지는 이 시는 폭포가 "그 옛날의 물줄기를 계속 끌어올리고 있다"는 인식으로 발전한다. 시인의 인식이 독자에게 충분히 전이되어 설득력을 얻는 지점이다. 이분은 ~중략~ 유보를 통해 고통을 드러내는 방식에 능하다. 구문의 적절한 반복으로 시의 가독성을 높이고 있는 점도 좋게 보았다.

— 제주4·3평화문학상 시 부문 심사위원 (시인 김사인, 이문재, 안도현)

4·3평화문학상 수상작 「폭포」에 대하여 — 「기억과 애도」 중 일부

유수진의 「폭포」는 망각의 기전에 저항하는 치열한 몸부림이다. 시는 '순간'도 '멈춤'도 없이 낙하하는 폭포의 모습을 기술하는 것으로 개시된다. 정지가 아닌 끊임없는 운동이 폭포의 본질이라는 점에서 이는 운동을 통해 '나태'와 '안정'을 깨트리는 김수영의 폭포와 닮았다. 하지만 유수진은 여기서 멈추지 않고 한 걸음 더 나아간다. 폭포가 낙하하는 곳이 "지구

의 명치"라는 지점이 그러하다. 신체의 급소 중 하나인 명치는 가슴뼈 아래 움푹 파인 곳으로 아주 약한 타격만으로도 온몸으로 통증이 전달되는 곳이다. 유수진의 폭포가 멈춤 없이 "쏟아지는 이유"도 여기에 있다. 지구의 "움푹하게 팬 곳"을 끊임없이 자극하여 가슴 깊은 곳에 묻혀 있는 통증을 모든 사람에게 전달하는 것이 폭포의 바람이다.

문제는 그 통증을 우리가 모두 함께해야 하는가이다. 이를 이해하기는 어렵지 않다. "사람이 죽"은 것이다. ~중략~ "바닥을 천명으로 여기고" "주어진 삶에 소박하게 순응"하던 사람들이 곳곳에서 "두 손이 꽁꽁" 묶인 채 덜덜 떨며 "파랗게 질린" 얼굴로 끌려가 비참하게 죽은 것이다. 하지만 우리는 그들을 포함해 그들과 가까운 사람들이 겪은 슬픔과 고통을 알지 못한다. 아니 조금 더 정확히 말하자. 우리는 그들이 겪은 고통에 대해 그동안 "귀가 어두워서/ 모른다고 못 들었다고/ 못 봤다"는 태로로 일관해 왔다.

— **김대현** 문학평론가

유수진
등단 : 2015년 《시문학》 시 신인우수작품상 수상. 2021년 《전북일보》 신춘문예 시 당선으로 등단.
대표작 : 작품집 『4·3표류기』 『선택받는 글쓰기』 외 다수.
수상 : 제주4·3평화문학상.

수필

송마나
[수필 분과 / 외국어교육학과 / 1973년 졸업]

대표작

하늘비자
파랑
영혼의 주름

작품평

프로필

essay

대표작

하늘비자

송마나

―

　뭉게뭉게 구름이 피어오른다. 부풀어 오른 구체(具體)마다 갓 태어난 아기 우주들이 팽창한다. 인간도 작은 우주라는데 나는 왜 하늘로 날아오르지 못할까. 하늘비자를 받아 가볍게 상승하는 구름이 마냥 부럽다. 구름은 비자에 출생지를 '강'이라고 적었을 것이다. 구름의 본질은 물 입자와 같기 때문이다. 그런데도 그는 액체로서 강물이 되어 땅을 굽이치지 않고, 공기와 같은 가벼움으로 산을 넘어 창공으로 날아오른다. 하늘 저 높은 곳에서는 하늘 한 조각이 된다.
　― 「하늘비자」 일부

파랑

　하늘에서 종소리가 울렸다. 산소가 희박한 산마루를 오르는 내 심장의 고동소리였는지도 모른다. 종소리가 닿는 곳마다 꽃이 피었다. 푸른 꽃이 피었다. 소설 『푸른 꽃』의 주인공 하인리히의 마음을 앗아간 것은 키가 큰 푸른색 꽃이었으나, 내 귀를 사로잡은 것은 손톱보다 작은 푸른 꽃의 웃음소리였다. 그

웃음소리는 바람 따라 흩어졌고 바람이 스치는 곳마다 푸른 꽃들이 피어났다.
—「파랑」일부

영혼의 주름

책의 바코드는 우주의 압축된 주름, 내가 책의 주름을 펼쳐 읽을 때마다 문자들은 몸 안으로 천천히 스며들어 모세 혈관을 타고 머릿골에 주름을 만들었다. 뇌에 쭈글쭈글 주름이 졌다는 것은 책의 암호를 풀어 그 안의 지식과 지혜를 흡입하고 사탕처럼 빨아 먹어 정신이 풍요로운 황금빛으로 물들었다는 이야기다. 이마에 주름이 깊어갈수록 내면의 주름은 빽빽하게 영글어가는 것을. 우주마저도 중력 주름으로 덮여 있다고 하지 않은가.
—「영혼의 주름」일부

작품평

송마나의 수필은 자아와 세계, 언어와 감각의 미묘한 관계를 사유의 언어로 풀어내며 존재의 본질에 다가서는 깊은 성찰을 보여준다.

오민석 평론가는, 송마나의 문장이 '정신과 의식의 탄탄한 긴장'으로 가득 차 있다고 평가한다.「하양-흰 너머 흰」에서 "나를 꼭 닮은 백발의 내가 말을 건넨다"는 문장은 오랜 자아 탐구의 결과물이며, "이렇게 얼룩진 단어들을 무의식에 담아두고서 발화되기 이전의 언어로 글을 쓸 수 있을까"

라는 물음은 작가의 내면이 무의식의 심층에 닿아 있음을 보여준다.

송마나의 수필은 상호텍스트성과 다성성(多聲性)이 어우러져 입체적인 언어의 합주를 빚어낸다. 그는 텍스트 속에 타자의 언어를 침투시키고, 자신의 언어를 다른 말들 사이로 흘려보냄으로써 수필을 '사유의 교향곡'으로 확장시킨다. 독자는 그의 글을 읽으며 하나의 독백이 아닌 다양한 음성이 겹쳐져 울리는 합창을 듣게 된다.

또한 송마나의 수필은 매우 예민한 감성의 촉수를 지니고 있다.「파랑」에서 '손톱보다 작은 푸른 꽃의 웃음소리에서 종소리를 들을 수 있다'는 표현은 시각과 청각이 교차하며 감각의 하모니를 빚어낸다. 그는 감각적 경험을 미학적으로 변주함으로써 이미지에 시적 깊이를 부여한다.

박양근 평론가는 송마나의 수필이 평범한 사물을 고도의 사유로 끌어올리는 힘에 주목한다.「영혼의 주름」에서는 주름치마, 햇빛의 주름, 노인의 얼굴 주름, 책의 바코드 등 일상의 '주름'을 통해 인간 존재와 우주의 구조를 사유하게 한다. 특히 "책의 바코드는 우주의 압축된 주름"이라는 문장은 시적 상상력과 철학적 통찰이 결합된 은유의 결정체다. 이는 책을 읽으며 생겨나는 뇌의 주름을 '정신의 풍요로움'으로, 노인의 얼굴에 새겨진 주름을 의식의 변화와 축적된 서사로 확장해 간다.

이처럼 송마나의 수필은 깊은 성찰과 섬세한 감성을 문학적 언어로 녹여내어 독자로 하여금 삶을 새롭게 사유하도록 이끈다. 그의 글은 단순한 독서를 넘어, 존재를 응시하게 한다.

— **오민석** 문학평론가, **박양근** 문학평론가

송마나
등단 : 2016년《에세이문학》수필, 2017년《한국산문》평론 등단.
대표작 : 『하늘비자』.
현재 : 에세이문학 이사. 철학수필 동인. 현대불교신문 '송마나의 시절인연'에 칼럼 연재.

아동
문학

송영숙
[아동문학 분과 / 도서관학과 / 1970년 졸업]

대표작
다섯 살 할머니 나비처럼 걷다

작품평

프로필

Children's literature

대표작

다섯 살 할머니

송영숙

―

외할머니의 엄마, 외증조 할머닌
다섯 살 할머니,
진짜 나이는 아흔 다섯.

그림 그리기를 좋아하시는
다섯 살 할머니,
오늘 알록달록 돛단배를 그렸다.

"아이구, 잘 그렸네, 우리 엄마.
배 타고 어디 가시려우?"
외할머니가 물었다.

"순흥면 지동리.
엄마가 보고 싶어."
다섯 살 할머니가 훌쩍이신다.

"어쩌지?
엄마 고향 동네엔 배가 못 들어가는데……"

외할머니 말씀.

얼른 다섯 살 할머니 그림에
강을 그려 뱃길을 터 드렸다.

"자, 할머니 울지 마.
배 타고 엄마 보러 갈 수 있어."

좋아라 손뼉 치며 방끗 웃는
다섯 살 할머닌,
천진한 내 동생 같다.
―「다섯 살 할머니」 전문

나비처럼 걷다

아파트 뒷동산 오솔길
짧은 오르막길

지하철 타러가는 지름길
내가 즐겨 걷는 길

배롱나무 꽃잎 잔뜩 떨어진
오늘 아침 오솔길

떨어진 꽃잎 밟으면 아플까
나비처럼 가볍게 걷는다.

오솔길 옆 작디작은 풀꽃 위를
팔랑거리는 나비처럼
— 「나비처럼 걷다」 전문

작품평

「다섯 살 할머니」는 3대·4대에 걸친 조손 간의 사랑이 깃들어 있다. 우리는 늘상 할머니의 손주 사랑을 이야기하지만, 이 시에서는 어린 손주가 할머니를 얼마나 정답고 알뜰하게 사랑하는지 읽는 이의 가슴까지 촉촉이 젖어들게 한다. 「나비처럼 걷다」에는 동심이 살아있다. 지하철로 가는 지름길, 뒷동산 오솔길에 떨어져 있는 배롱나무 꽃잎, 밟히면 꽃잎이 아파할까봐 차마 꽃잎을 밟지 못하고 나비처럼 가볍게 날고 싶은 시인의 아름다운 시심을 배롱나무 꽃잎처럼 깔아놓은 시.

— **신현득** 시인

송영숙
등단 : 2017년 《아동문학평론》 동시 신인상으로 등단.
대표작 : 동시집 『다윤이 연필 될래요!』 『다예의 핑크돼지』 『재봉틀 책상』 『다섯 살 할머니』 『독서교육 이야기』 『돌아보고 내다보고』 외 다수.
수상 : 2000년 독서문화상 대통령상, 2024년 어린이문화진흥회 어린이문화상 수상.
현재 : 이대동창문인회, 한국문인협회, 한국아동문학인협회, 한국동시문학회 회원. 고구려아이문학사랑회 회장.

시

한해경
[시 분과 / 관현악과 / 1973년 졸업]

대표작
물음표(?)를 펴면 느낌표(!)
나무 마네킹

작품평

프로필

poem

대표작

물음표(?)를 펴면 느낌표(!)

한해경

물음표는 누가 만들었을까?
나는 마음속 질문을 제대로 꺼내 놓는가?
질문이 없는 건 모두 알고 있다는 뜻인가?
질문을 많이 하면 치매에 안 걸릴까?
질문 뒤에는 꼭 답을 들어야 할까?

물음표를 펴면 느낌표라니!
답을 찾으면 기뻐하며
구부러진 것을 곧게 폈으리라는 상상
질문과 답,
둘의 간극은 멀고도 가까운 것
부부 사이인가 이웃사촌 사이인가?
스승과 제자 사이인가?

누구나 태어나면서
한가득 갖고 나온 물음표
너무 아끼지는 말아야지
백화점 쇼윈도 눈부신 봄옷들

신상들이 느낌표가 되어 판치고 있네
구부린 것을 펴는 게
삶이고 기쁨이라며 기호가 답하네
―「물음표(?)를 펴면 느낌표(!)」 전문

나무 마네킹

계절의 옷 벗어던지고
알몸된 겨울나무들
런웨이 마친 모델처럼 서 있다

깡마른 체형
꽃무늬 속에 가리고 숨겼던
비정규직의 상처들
암 덩이 같아서 꼭꼭 감쌌던 치부까지
알몸으로 드러났다

봄 패션으로 연두 입고
초록 무성한 계절 펴 날랐는데
튼실한 열매는커녕
팔뚝도 없는 토르소라니!

계절의 패션쇼에

홀린 듯 침 흘리던 호객들
너나없이 떠나버리고
텅 빈 쇼윈도 뚜벅뚜벅 걸어 나온
저 여자를 보라

고독한 성자로 서 있다
— 「나무 마네킹」 전문

작품평

「물음표(?)를 펴면 느낌표(!)」

AI 시대에는 질문의 힘이 더욱 중요해졌다. 시인은 "물음표(?)를 펴면 느낌표(!)"라는 인상적인 은유를 통해, 질문이 곧 깨달음과 환희로 이어질 수 있음을 시적으로 풀어낸다. 물음표를 물리적으로 펴면 느낌표가 된다는 기발한 상상은, 시인만이 찾아낼 수 있는 섬세한 발견이자 언어의 축복이다.

시 속 화자는 일상 속에서 "나는 질문을 제대로 꺼내는가?" "답을 꼭 들어야 할까?" 같은 질문들을 던지며 독자의 사고를 자극한다. 그러나 시는 예상과 달리 질문의 답을 향하지 않고, "구부러진 것을 펴서 느낌표가 되었다"는 상상으로 전환된다. 이 반전은 탁월하며 신선하다. "질문과 답, / 둘의 간극은 멀고도 가까운 것"이라는 대목에서는 질문과 답 사이의 심리적 거리감을 재치 있게 탐색하며, 부부·이웃·스승과 제자에 비유해 능청스러운 전개를 이어간다. "누구나 태어날 때부터 물음표를 갖고 나온다"는 마무리는 시 전체의 중심 사상을 절묘하게 정리한다. 마지막으로 "삶이란 구부린 것을 펴는 기쁨"이라는 구절은 유쾌하면서도 깊은 여운을 남긴다.

AI 시대, 질문은 곧 삶의 방식이자 진보의 열쇠임을 이 시는 유려하게 상기시킨다.

— **이영식** 시인

「나무 마네킹」

시는 채움보다 비움에서 실마리를 찾는다. 쓸데없는 설명보다 절제된 침묵, 여백의 미가 중요한 이유다. 「나무 마네킹」은 말의 절제가 돋보이는 작품으로, 시인은 겨울나무의 앙상한 모습에서 '토르소'를 연상하며 시를 전개한다. 봄여름엔 화려했던 나무가 겨울엔 "런웨이 마친 모델처럼" 알몸으로 서 있는 장면은 마네킹과 절묘하게 병치된다. 시인의 예리한 시선은 그녀의 몸에서 "비정규직의 상처들", "꼭꼭 감쌌던 치부"를 읽어내며, 나무와 모델을 자유롭게 넘나든다. 푸르렀던 잎과 열매는 모두 사라지고 "팔뚝도 없는 토르소"만 남은 현실은 쓸쓸하고도 충격적이다. 계절마다 성대했던 패션쇼의 뒤안길, "텅 빈 쇼윈도"를 홀로 걸어 나오는 여성의 모습은 강한 여운을 남긴다. 이러한 극적 전환은 시인의 치밀한 구상과 문학적 역량을 드러낸다. 마지막 행 "고독한 성자로 섰다"는 시 전체의 품격을 끌어올리며, 삶의 깊은 고뇌와 연결되는 여운을 남긴다. 시인의 절제된 언어는 말 없는 울림으로 독자를 사로잡는다.

— **이영식** 시인

한해경
등단 : 2019년 《창조문예》로 등단.
대표작 : 작품집 『꽃이 진 자리마다』『나무 마네킹』『강물처럼 흐르다』(공저)『2020년, 봄이 없다』(공저)『무슨 색깔을 좋아하세요?』(공저)『수금을 울리다』(공저) 등 다수.
현재 : 한국문인협회, 창조문예문인회, 이대동창문인회, 한국기독교문인협회, 한국경기시인협회 회원.

수필

김영애
[수필 분과 / 국어국문학과 / 1962년 졸업]

대표작
믿음의 가정의 삶이란

작품평

프로필

essay

대표작

믿음의 가정의 삶이란

김영애

―

　유리창 너머로 눈이 살살 내리는 날, 우리가 처음 만났던 첫해에 서울 명동 거리를 팔짱을 끼고 한없이 걸었던 것을 얘기하면서 수줍어 하는 남편의 얼굴에 두 개의 보조개가 쏙 들어간 것이 꼭 어린아이 같다. 해마다 첫눈이 내리면 남편의 직장에서 전화가 걸려온다. '여보, 오늘 집에 가면 동내를 한바퀴 걸어야지"하면 나는 "준비하겠어요" 하던 것이 엊그제 같은데, 오늘은 쓸쓸하게 창밖을 내다본다. 지금 생각하면, 1960년도에 한국에서는 많은 학생들이 미국에 가서 사는 것을 꿈꾸는 시대였던 것 같다. 우리도 그중에 하나였다. 교육, 정치, 종교의 도시인 필라델피아에 와서 남편은 펜실베니아 대학병원에서 교육을 받고 교수 생활을 할 때 기차를 타고 다니며 근무를 했다. 남편은 부모로부터 받아온 기독교 교육에서 비롯하여, 기차 안에서 성경을 읽다가 예수님과 함께하는, 새로 거듭나는 체험을 하고 어렸을 때에 가졌던 세계 선교의 꿈이 생각이 나서 1984년부터 미국 의료선교부(World Medical Mission)를 통해 단기 선교를 시작했다. 꿈처럼 지나가는 세월이었다. 선교지에 가서 보니 그들의 마음을 열기 위해서는 그 나라 말로 노래를 불러 주는 것이 제일 좋은 것임을 깨달았다. 그때 마침 친구가 생일 선물로 준 책(NEVER TO LATE)을 읽으며 음악공부를 하였다. 또한 한국에서 이민 오는 분들의 2세들을 위하여 미국 선교단체에서 이사라는 직분을 감당했다. 미국 선교단체에서 운영하는 법을 배워 2세에게 넘겨주었다. 나는 성실하게 남편 곁에서 배우자 역할을 하면서 많은 것을 배웠다. 기독교 가정에서의 질서와 아내가 해야 할 일과 자녀들의 교육을 담당하는 것을 둘이서 공부하면서 배웠다. 한 가정의 주인은 남편이요, 그 다음은 아내요, 다음은 첫딸이요, 다음은 막내딸이다. 이러한 가정의 질서를 세우니까 가정이 행복하였다. 남편은 선교와 직장생활을 하면서도 가정을 위하여 저녁 식사를 같이 하고 아이들과 운동이나 휴가를 즐겼고, 교회 생활에서 일찍 일어나 새벽기도 시간 전에 길거리에 떨어진 종이 줍는 조그만 일을 하고, 직장에서는 다른 사람보다 10분 일찍 출근하고 10분 늦게 퇴근하는 작은 일에 성실하였다. 내가 남편과 함께 믿음의 가정으로 살았던 지난 세월들은 사랑으로 예수님을 믿는 가정을 만들어가는 후회 없는 행복한 삶이었다. 2023년 11월에 건강하던 남편이 하룻저녁에 열 번이나 토했다. 먹은 것이 잘못되었나 생각하고 내과의사를 찾았는데 의사는 남편의 말을 듣고 빨리 병원 응급실로 가라고 한다. 병원에 가니까 벌써 입원실이 기다리고 있었다. 15일 동안 모든 검사가 끝나고 퇴원하는 날이었다. 병명은 신장이 망가져서 투석을 해야 한다고 한다. 우리는 며칠 전까지만 해도 건강하였는데 너무 놀랐다. 더욱 놀라운 것은 간이식을 하겠느냐고 묻는 의사의 말에 남편은 한마디로 젊은 사람에게 주고 나는 내가 살 만큼 살았으니 투석을 원한다고 하는 것이다. 남편은 젊은이들의 병까지도 생각한 것이다. 그는 이 년 동안 투석을 하면서 사도행전7:55,56 나오는 스데반 집사와 같이 예수님을 만나고 죽겠다고 늘 이야기하더니 소원대로 2024년 12월 14일 아침에 일찍 샤워를 하고 면도를 하고 손톱 발톱을 깎았다. 그리고 아침 점심 저녁을 다른 때보다도 많은 식사를 했다. 그리고 투석을 시작하고 자다가 4번을 화장실에 갔는데 마지막 두 번은 아무것도 없다고 하니까 그럼 됐어 하더니 침대로 가던 중 잠깐 쉬었다가 가자고 하더니 하늘을 쳐다보고 잠시 웃고 나서 무릎을 꿇고 고개를 숙이고 절을 하고 12월15일 새벽에 88세의 나이로 하늘나라에 갔다. 그가 원하는 대로 예수님을 만나고 아무 미련 없이 하늘나라에 갔다. 나는 남편을 위해서 마지막까지 그가 원하는 것을 지키기로 했다. 그가 평소에 내 장례식은 내가 천국에 가니까 울지 말고, 검은색 옷 입지 말고, 노래는 내가 좋아하는 것을 불러 달라고 종종 이야기를 했다. 장례식이라는 말 대신(CELEBRATION) 천국 가는 축제의 날이라고 했다. 축제를 하는 날 필라델비아의 음악인들과 젊은이들이 교회에 참석하여 슬픔보다 즐거움으로 "주의 은혜라" 찬송을 부르며 하늘나라 가는 환송예배를 하였으므로 예수를 믿는 사람의 죽음이 어떠한가를 체험하는 날이 되었다. 나는 나의 남편이 사는 날 동안 하나님을 늘 가까이 모시고 행복하게 살아간 남편을 존경하면서 이 글을 썼다. 그를 처음 만나서 연애를 6년, 결혼해서 61년 모두 67년을 하루 같이 지낸 남편과 이별하는 것은 당해보지 않으면 모를 만큼 다른 사람은 이해를 못하는 부분이다. 그러나 내가 천국에 가서 만나리라는 소망을 갖고 열심히 살고 있다.

　—「믿음의 가정의 삶이란」 전문

작품평

「믿음의 가정의 삶이란」

　어느 눈 오는 날 전희근 김영애 두 젊은이가 주안에서 만나, 6년의 변함없는 사귐에서 서로의 신앙 꿈 인생을 설계하다가, 사랑의 안식년에 결혼했다. 61년 동안 한반도에서 태평양 건너 미국 필라델피아에 정착, 의사 성악가 교회의 장로로서 성실하게 활동하며, 회혼식을 맞이할 때까지 사랑스런 잉꼬부부로 진실하며, 맡은 일에 신실하며, 이웃에게 친절을 베풀며 살아왔다. 세계를 누비며 찬양하며 의료선교에 열심이었다. 그런데 작년

말에 하나님의 부르심받고, 천국으로 떠나셨다. 지난날의 그 아름다운 추억은 그리움의 씨앗이었다. 그 마음밭에 천국 소망 해후의 싹을 틔어 쓰여진 수필이다. 신앙가정의 삶을 관조하게 만들 것이다.

— 자평

김영애
등단 : 2021년 《창조문예》 수필 등단.
대표작 : 『수필과그림 Essay and Painting』 외 다수.
현재 : 수필가. 자유기고가.

희곡 ▶

김영희
[희곡 분과 / 약학과 / 1973년 졸업]

대표작
두 여자 사이

작품평

프로필

play

대표작

두 여자 사이

김영희

은주 : 혹시 당신이……

또 또 찾아봐

(사이) 혹시……

가시진……

인섭 : 아버지가 일본에서 돌아가시고는 일체

그 얘긴 끝이야.

은주는 물을 마시고 홍민자를 본다.

홍민자 : 네게 짐을 남기지 않으려고 했는데

(사이) 새로 시작하기 어렵……

은주 : 어머니가 좀 시원시원했으면 좋겠어요.

말도 뜨문뜨문하는 거 말고 남겨놓지 마시고요.

인섭 : 좀 쉬어야겠어. 자기도 헛소린지……

쉬어. 아 여보! (애틋해져 손을 만진다)

인섭이 방으로 들어간다.

홍민자 : 말을 해보려는데 시작이 잘 안 돼.

난 말이다. (사이) 젊었을 때도 말할 사람이 없었지만
시장에 가보면 하루하루 살아가는 사람들이 웃고
떠들고 하잖니. 아는 얼굴은 하나도 없어.

은주 : 시장이 그렇죠 뭐.

홍민자 : 외로우니까 그들 속에 있곤 했단다.

은주 : 어머니 속마음으로 하시는 얘기네요.

어머니를 알 수가 없어요.
모르니까 그다음부턴 알아보려는 생각이 없고요.

홍민자 : 같이 밥 먹는 거 외에 얘기다운 걸 한 적이 없지?

은주 : 이렇게 다가오는 분이……

왜 같이 식사하는 거 거부하죠?

홍민자 : 거부한다고?

난 짭짤한 걸 좋아하는데 넌 달콤한 걸 좋아하고
애들 음식이라 먹을 수가 없어.

은주 : 죄송해요.

홍민자 : 넌 나처럼 우울한 분위기가 전혀 없이 밝고 명랑해.

네가 살아온 다복한 집의 교육도 좋고
난 진심으로 좋아하지.

은주 : 표정엔 전혀……

홍민자 : 지난 2년 동안 우리에게 무슨 일이 있었냐?

어째서 말이 없냐?

은주 : 저도 생각하는 중이에요..

남편이 말이죠. 옆에 있으면 어떨까요?
결혼한 부부를 독립시켜야 하지 않을까요?

홍민자 : 그래. 마음 아프다.

은주 : 이렇게 말하는 분이면

　　　아니지요. (외면한다)

홍민자 : 너를 처음 본 건 병원에 있을 때였어. 결혼 전이었지?

　　　아들한테 여자가 생긴 게 여간 좋지 않아. 난 자유로와 지는구나.

　　　아들만 보고 살았지.

　　　그런데 내 자리가 비어지기 시작하더라. 먼지 같은……

　　　네 말대로 따로 살아봤으면 홀로서기가 될 수 있었을까?

　　　밖에 나가 걸어 다녀야 할 시간에 집안에 웅크리고만 있으니……

은주 : 집에서 전 말할 대상이 없어요.

　　　어쩌다가 친구를 만나면 예전의 나로 대하는데 몇 년 사이 전 아아!

홍민자가 편지 하나를 건넨다.

은주 : 일본 직인이 있고

　　　아직도 간직하고 있네요.

홍민자 : 시아버지가 보낸 거야. (미소)

　　　　오래전이지만 그렇지 않아.

은주 : 어머니는 그냥 시어머니일 뿐.

　　　저에게 따사로움이 없나요?

　　　그렇더라도 어쩔 수 없어요.

홍민자 : 그렇다더라. 잊혀진다는 게.

은주 : 너무 외롭다고만 하셔서 듣기가 괴로워져요.

　　　난 우울하거나 외로우면

　　　세상이 아름다운 데. 소풍갈 곳도 많고. 밝은 태양을 바라보면.

　　　어려웠던 과거도 잊어버리면……

홍민자 : 애쓴단다.

은주 : 어머니 손주도 예쁘잖아요.

홍민자 : 예뻐.

— 희곡 〈두 여자 사이〉 일부

작품평

희곡은 갈등의 예술이다. 갈등이 위기를 거쳐 클라이맥스에서 반전이 일어났을 때 관객들은 카타르시스를 느낀다. 희곡은 무대화를 전제로 하기에 연극적 묘미가 풍부해야 한다.

「두 여자 사이」에서는 카타르로 일을 간 아들이 휴가를 받아 오는데 갑자기 모친이 사라진다. 모친과 교감 못하는 아들, 어머니에게서 벗어나고픈 외아들의 갈등이 드러난다. 이를 눈치 챈 어머니는 결국 남편의 고향 제주도에 있음이 밝혀진다. 어머니의 가출은 며느리와 아들이 오붓한 시간을 갖게 하기 위한 배려임을 알게 되고, 20년 전 일본에 있는 아버지의 편지를 발견한 아들은 비로소 어머니의 외로움을 알게 된다는 내용이다.

이 작품은 희곡의 구성이 탄탄하고 반전이 감동을 주기에 충분하며 어머니가 유령처럼 허상으로 며느리에게만 보이는 등 연극적 묘미가 풍부한 작품이다.

「두 여자 사이」를 당선작으로 선정한다.

— 심사위원 **강준 극작가, 노승택 프로듀서 희곡 신인상 심사평**

김영희
등단 : 2023년 계간 《문학과 의식》 희곡 신인상 수상으로 등단.
대표작 : 2012년 극작 수업 시작으로 10여 편의 희곡 작품 〈두 여자 사이〉〈남해〉〈굴레〉〈늦은 오후에 병을 만나니〉〈약국 이야기〉〈출판 기념회〉〈죽음들〉〈약속〉〈아우라지 소나무〉 외 다수.
현재 : 이대동창문인회 회원.

시 ▶

신옥희
[시 분과 / 약학과 / 1985년 졸업]

대표작
사월의 산사
그의 미소 – 사유의 방

작품평

프로필

poem

대표작

사월의 산사

신옥희

———

새벽 네 시 산사에 종소리 울리면
하늘 땅 열리면서 생명은 깨어난다
고요를 하얗게 덧칠한 눈
누가 보낸 정령인가

나이를 잊고 사는 하늘 가린 주목이
절벽을 뛰어내린 구송폭포 계곡물
욕심을 쓸어내리며
산다는 건 빚 지는 일

산벚꽃 날아와 마당을 적시는 날
추울 때 뒤엉켰다 기지개 켠 진달래
영지(影池) 앞 연보라 현호색
자현님 미소라며

배를 타고 건너온 청평사 깊은 골짝
입구에 들어서니 비바람이 격하다
바위 위 세월 품은 글씨체

마음을 만져주네
— 「사월의 산사」 전문

그의 미소 – 사유의 방

어둠이 끝날 때쯤
 빛으로 다가온 그
  저승과 이승을
   이어주는 수막새
    천년을
     버텨온 미소
      동토凍土 녹이는
       설련화
— 「그의 미소 – 사유의 방」 전문

작품평

　국립중앙박물관 2층 전시실, 〈사유의 방〉에 4번 갔다. 뜨거운 여름 지하철에서 내려 아스팔트를 한참 걸어 2층에 올라간다. 두 점의 반가사유상이 천년 전 지은, 온화하고 신비로운 미소 그대로 나를 반겨준다.
　「그의 미소」는 경북문협 시조 부문 수상작품이다.

춘천 청평사에 4번째 간 날이었다. 토요일 청평사 입구에 도착하니 비를 실은 구름이 바람과 함께 우리를 반긴다. 저녁 식사까지 마치고 숙소에 쉴 때쯤 산사는 계곡 물소리에 빗소리까지 합쳐진다. 잠자다 새벽에 일어나니, 산사는 밤새 내린 비를 하얀 눈으로 덮고 누워있다. 「사월의 산사」는 제3회 최만리 문학상을 수상하는 영광을 안겨 준 시조다.

— 자평

신옥희
등단 : 2024년 《계간문예》 수필 등단.
수상 : 2024년 경북문협 시조부문, 2025년 제3회 청백리 최만리 시조문학상 등 수상.
현재 : 한국약사문인회, 이대동창문인회 회원.

이대동창문인회
역대 작고 회장 연보

■ **이봉순**(李鳳順. 1940년 문과 졸업. 시인. 2013년 작고)
- **대표작 / 활동** : 도서관학 선구자로 활동. 이화여대 도서관장 30년 재임.
- **주요 경력** : 한국 최초 여성 대학도서관장. 한국도서관협회 회장. 이화여대 100주년 기념도서관 건립 주도.

  제1대 이대동창문인회 회장 역임

■ **강성희**(姜成姬. 1947년 영문과 졸업. 희곡작가. 2009년 작고)
- **대표작** : 희곡 〈자장가〉〈변주〉〈내가 없는 방〉〈엘리 엘리 이 손을〉, 희곡집 『영혼의 오후』 등.
- **주요 경력** : 대한민국예술원 회원. 한국희곡작가협회 회장. 보관문화훈장(1998). 한국여성연극인상(2006).

  제2대 이대동창문인회 회장 역임

■ **최귀동**(崔貴童. 1948년 영문과 졸업. 시인. 작고 연월일 미상)
- **대표작 / 활동** : '서정(西庭)' 필명으로 시 활동. 벨기에 루뱅 등 유학.
- **주요 경력** : 문학적 활동 기록 제한적.

  제3대 이대동창문인회 회장 역임

- **신동춘**(申東春. 1953년 영문과 졸업. 시인. 2014년 작고)
  - **대표작** : 시「사랑의 이야기」「탈선」「용이와 연필」 등.
  - **주요 경력** : 《현대문학》 등단. 동인지 《여류시》 활동. 문예한국대상(2005), 불교학 전공 및 번역 활동.

  제4대 이대동창문인회 회장 역임

- **윤남경**(尹男慶. 1953년 국문과 졸업. 소설가. 2008년 작고)
  - **대표작** : 소설집 『산수 인생』 『월방 마님』, 단편 「5급 공무원」, 콩트집 『새벽을 여는 손』.
  - **주요 경력** : 코리아타임즈 기자. 동아방송 PD. 《새가정》 편집위원.

  제5대 이대동창문인회 회장 역임

- **이영희**(李英熙. 1954년 영문과 졸업. 수필가. 2021년 작고)
  - **대표작** : 수필집 『레몬이 있는 방』 『살며 사랑하며』, 동화집 『책이 산으로 된 이야기』 등.
  - **주요 경력** : 한국일보 문화부장·논설위원. 대한민국 아동문학상·소천아동문학상 등 수상.

  제6대 이대동창문인회 회장 역임

- **김양식**(金良植. 1954년 영문과 졸업. 시인. 2024년 작고)
  - **대표작** : 시집 『정읍후사』 『숫고양이 한 마리』 『새들의 해돋이』 『겨울로 가는 나무』 『석양이 눈부시어』 등.
  - **주요 경력** : 세계시인대회상, 이화문학상, 한국펜문학상, 인도 PADMA SHRI 문화훈장, 한·인도 문화교류 기여.

  제7대 이대동창문인회 회장 역임

■ **오순정**(吳順貞. 문학평론가)
- **대표작/활동** : 세부 작품 기록 미상.

   제8·9대 이대동창문인회 회장 역임

■ **조경희**(趙敬姬. 1939년 문과 졸업. 수필가. 2005년 작고)
- **대표작** : 수필집 『낙엽의 침묵』 『치자꽃』 『하얀꽃들』, 등단작 「측간단상」.
- **주요 경력** : 조선일보·서울신문 기자. 한국여류문학인회 회장. 한국예총 회장. 대한민국예술원 회원.

   제10·11·12대 이대동창문인회 회장 역임

— 이 책을 만드는데 수고하신 분

회장 김현숙 부회장 김영두 부회장 이진화 이사 박숙희 이사 이예경
이사 이혜경 이사 신정희 감사 홍경자 감사 이자숙

이대동창문인회 작가 대표작품선집

1쇄 발행일 | 2025년 11월 20일

지은이 | 김현숙
펴낸이 | 정화숙
펴낸곳 | 개미
editor | 최대순
art director | 정의수

출판등록 | 제313 - 2001 - 61호 1992. 2. 18
주소 | (04175) 서울시 마포구 마포대로 12, B-103호(마포동, 한신빌딩)
전화 | (02)704 - 2546
팩스 | (02)714 - 2365
E-mail | lily12140@hanmail.net

ⓒ 김현숙, 2025
ISBN 979 - 11 - 993786 - 3 - 6 03810

값 25,000원

잘못된 책은 바꾸어 드립니다.
무단 전재 및 복제를 금합니다.